职业教育
计算机
系列教材

AutoCAD 2010 中文版
信息技术
工程设计教程

王公儒　卢　勤◎主　编
蒋　晨　杨剑涛◎副主编
罗爱玲◎主　审

同济大学出版社
TONGJI UNIVERSITY PRESS
·上海·

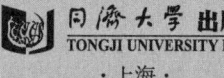
东软电子出版社

内 容 提 要

本书针对信息技术工程项目的设计特点与技术人员的实际需求，讲解了 AutoCAD 在该领域的应用，以常用的绘图工具软件 AutoCAD 2010 为基础，内容全面，具有较强的实用性，书中配套提供了 PPT 课件及相关图纸信息，方便读者使用。本书内容主要包括信息技术 AutoCAD 应用、制图基本知识、AutoCAD 2010 的基本操作、网络拓扑图设计、综合布线系统图设计、计算机网络系统配电设计与智能建筑系统设计案例。

本书可作为职业院校计算机类、电子信息类专业课的教材，也可作为信息技术工程设计、施工和维护人员的参考用书。

图书在版编目(CIP)数据

AutoCAD 2010 中文版信息技术工程设计教程 / 王公儒，卢勤主编. —上海：同济大学出版社，2023.4
 ISBN 978-7-5765-0619-8

Ⅰ. ①A… Ⅱ. ①王… ②卢… Ⅲ. ①信息技术—工程设计—计算机辅助设计—AutoCAD 软件—教材 Ⅳ. ①G202-39

中国国家版本馆 CIP 数据核字(2023)第 001184 号

AutoCAD 2010 中文版信息技术工程设计教程

王公儒 卢 勤 主 编
蒋 晨 杨剑涛 副主编
罗爱玲 主 审

责任编辑	张 莉
助理编辑	屈斯诗
责任校对	徐逢乔
封面设计	渲彩轩
出版发行	同济大学出版社　　www.tongjipress.com.cn
	(地址：上海市四平路 1239 号　邮编：200092　电话：021-65985622)
经　　销	全国各地新华书店
排　　版	南京文脉图文设计制作有限公司
印　　刷	常熟市大宏印刷有限公司
开　　本	787mm×1092mm　1/16
印　　张	13.75
字　　数	343 000
版　　次	2023 年 4 月第 1 版
印　　次	2023 年 4 月第 1 次印刷
书　　号	ISBN 978-7-5765-0619-8

定　价　56.00 元

本书若有印装质量问题，请向本社发行部调换　　　版权所有　侵权必究

前言

随着计算机科学技术发展及信息技术的广泛应用，CAD 技术快速发展，使工程设计更科学化、系统化和先进化。在各类 CAD 设计软件中，AutoCAD 是世界范围内最早开发，也是用户群最庞大的 CAD 软件，其开放性的平台和简单易行的操作方法深受工程设计人员的喜爱。目前 AutoCAD 设计教程主要针对机械、建筑、电气等行业领域，少有适合信息技术行业专门的设计教程，本书是专门针对信息技术工程项目设计特点和技术人员实际需求编写的设计教程。

PPT 课件及图纸资源下载

本书以常用的 AutoCAD 2010 中文版软件为基础，全面介绍了各类图形、图纸的绘制，包含 AutoCAD 软件在信息技术行业中的应用范围、相关绘图国家标准、常用绘图和编辑命令以及二维图形的基本绘图方法等；同时精选信息技术工程关键工作任务，以各种典型工程实例为模型，重点介绍网络拓扑图、网络系统电气图、综合布线系统图、弱电及强电工程施工图等工程设计方法和步骤，给出了多种设计案例；将 CAD 绘图方法与工程设计原则和步骤等相结合，内容全面，实用性强。

本书分为四大部分。第一部分为 AutoCAD 介绍和基本操作方法：单元一介绍了 CAD 技术的发展和在信息技术领域的行业应用，单元二介绍了相关绘图现行国家标准和行业规范，单元三介绍了软件操作和基本图形绘制方法。第二部分为信息技术工程设计方法和步骤：单元四介绍了网络拓扑图的设计和绘图方法，单元五介绍了综合布线系统图的设计规范及绘图方法，单元六介绍了综合布线七个子系统的设计规范及施工图纸的绘制。第三部分为单元七，介绍了智能建筑配电系统的结构、设计及工程图的绘制方法。第四部分为设计实例：单元八给出了智能建筑系统典型设计案例和 CAD 工程图纸，单元九给出了信息技术工程典型设计案例和 CAD 工程图纸。

本书由西安开元电子实业有限公司与多所院校合作编写，王公儒、卢勤任主编，蒋晨、杨剑涛任副主编，王公儒（西安开元电子实业有限公司）负责教材规划与统稿并编写了单元三和单元六，卢勤（天津电子信息职业技术学院）编写了单元一，蒋晨（西安开元电子实业有限公司）编写了单元二和单元七，杨剑涛（玉溪第二职业高级中学）编写了单元四，程兆兆（江西现代技师学院）编写了单元五，赵小齐（西安开元电子实业有限公司）编写了单元八和单元九。

本书适合用作高等职业院校计算机网络技术类、计算机应用类、物联网工程类、电子信息类等信息技术类专业课或者选修课教材，也适合用作各种技能大赛工程设计培训教材和指导书,还适合建筑设计院、系统集成商等信息技术工程设计、施工和维护人员自学使用。

  本书由西安交通大学机械工程学院罗爱玲教授主审,承蒙罗爱玲教授认真严谨地对本教材进行了修改,提出了许多宝贵的建议,在此表示衷心的感谢。

  由于编者水平有限,书中难免有不足之处,欢迎广大工程师和师生批评指正,提出宝贵的建议。

编 者

2023 年 2 月

前言

单元一　信息技术 AutoCAD 应用 ………………………………………… 1
  1.1　CAD 技术应用概况 ……………………………………………………… 1
  1.2　信息技术行业 CAD 应用 ………………………………………………… 2

单元二　制图基本知识 ………………………………………………………… 4
  2.1　制图国家标准简介 ……………………………………………………… 4
  2.2　三视图的画法 …………………………………………………………… 10
  2.3　机件形状的各种表示方法 ……………………………………………… 12

单元三　AutoCAD 2010 基本操作 …………………………………………… 16
  3.1　AutoCAD 2010 的操作界面 ……………………………………………… 16
  3.2　绘图系统配置 …………………………………………………………… 17
  3.3　图形文件及其操作方法 ………………………………………………… 19
  3.4　绘图辅助工具 …………………………………………………………… 22
  3.5　二维图形的常用绘图命令 ……………………………………………… 25
  3.6　二维图形常用的编辑命令 ……………………………………………… 36
  3.7　图层与图块 ……………………………………………………………… 44
  3.8　文本、表格和尺寸标注 ………………………………………………… 48
  3.9　图案填充 ………………………………………………………………… 57
  3.10　样板文件的制作 ………………………………………………………… 62

单元四　网络拓扑图设计 ……………………………………………………… 67
  4.1　计算机网络拓扑图的概念 ……………………………………………… 67
  4.2　网络拓扑图的设计方法 ………………………………………………… 69
  4.3　网络拓扑图设计实例 …………………………………………………… 73

单元五　综合布线系统图设计 ………………………………………………… 84
5.1　综合布线系统图的概念 ……………………………………………… 84
5.2　综合布线工程的设计方法 …………………………………………… 86
5.3　综合布线系统图设计实例 …………………………………………… 88

单元六　综合布线施工图设计 ………………………………………………… 92
6.1　工作区子系统 …………………………………………………………… 92
6.2　水平子系统 ……………………………………………………………… 101
6.3　管理间子系统 …………………………………………………………… 110
6.4　垂直子系统 ……………………………………………………………… 117
6.5　设备间子系统 …………………………………………………………… 124
6.6　建筑群和进线间子系统 ………………………………………………… 132

单元七　计算机网络系统配电设计 …………………………………………… 138
7.1　计算机网络系统供配电与照明控制 …………………………………… 138
7.2　计算机网络系统防雷与接地 …………………………………………… 157

单元八　智能建筑系统设计案例 ……………………………………………… 167
8.1　视频监控系统工程设计案例 …………………………………………… 167
8.2　入侵报警系统工程设计案例 …………………………………………… 175
8.3　停车场系统工程设计案例 ……………………………………………… 180
8.4　出入口控制系统工程设计案例 ………………………………………… 185

单元九　信息技术系统设计实例 ……………………………………………… 193
9.1　西安西元电子科技有限公司平面图 …………………………………… 193
9.2　某小区住宅楼平面图 …………………………………………………… 196
9.3　某学校学生公寓楼平面图 ……………………………………………… 196
9.4　某酒店平面图 …………………………………………………………… 204

附录1　配套电子资源中的标准目录 …………………………………………… 210
附录2　配套电子资源中的图纸目录 …………………………………………… 211

参考文献 ………………………………………………………………………… 213

单元一 信息技术 AutoCAD 应用

教学任务

通过各类教学实例,全面系统地介绍信息技术 CAD 的设计及图纸绘制。本单元着重介绍 CAD 在信息技术领域的应用。

技能目标

(1) 认识 CAD 技术概况。
(2) 了解信息技术领域 CAD 技术的应用范围。

1.1 CAD 技术应用概况

CAD/CAM(计算机辅助设计及制造)技术产生于 20 世纪 50 年代后期发达国家的航空和军事工业中,随着计算机软硬件技术和计算机图形学技术的发展而迅速成长起来。1989 年美国国家工程科学院将 CAD/CAM 技术评为当代(1964—1989)十项最杰出的工程技术成就之一。近几十年来,CAD 技术和系统有了飞速的发展,CAD/CAM 迅速普及。在工业发达国家,CAD/CAM 技术的应用已迅速从军事工业向民用工业扩展,由大型企业向中小企业推广,由高技术领域的应用向日用家电、轻工产品的设计和制造普及,而且这一技术正在从发达国家流向发展中国家。

CAD 是一个范围很广的概念,概括来说,CAD 的设计对象有两大类,一类是机械、电气、电子、轻工和纺织产品;另一类是工程设计产品,即工程建筑,国外简称 AEC(Architecture、Engineering & Construction)。而如今,CAD 技术的应用范围已经延伸到艺术、电影、动画、广告和娱乐等领域,产生了巨大的经济及社会效益,有着广泛的应用前景。

CAD 在机械制造行业的应用最早,也最为广泛。采用 CAD 技术进行产品设计不但可以使设计人员"甩掉图板",更新传统的设计思想,实现设计自动化,降低产品的成本,提高企业及其产品在市场上的竞争能力;还可以使企业由原来的串行式作业转变为并行式作业,建立一种全新的设计和生产技术管理体制,缩短产品的开发周期,提高劳动生产率。如今世界各大航空、航天及汽车等制造业巨头不但广泛采用CAD/CAM技术进行产品设计,而且投入大量的人力物力及资金进行CAD/CAM软件的开发,以保持技术上的领先地位和国际市场上的优势。

计算机辅助建筑设计(Computer Aided Architecture Design,简称CAAD)是CAD在建筑方面的应用,它为建筑设计带来了一场真正的革命。随着CAAD软件从最初的二维通用绘图软件发展到如今的三维建筑模型软件,CAAD技术已开始被广为采用,这不但可以提高设计质量,缩短工程周期,还可以节约2%~5%的建设投资。近几年来,我国每年的基本建设投资都有几千亿元之多,如果全国大小近万个工程设计单位都采用CAAD技术,则可以大大提高基本建设的投资效益。

CAD技术还被用于轻纺及服装行业中。以前我国纺织品及服装的花样设计、图案的协调、色彩的变化、图案的分色、描稿及配色等均由人工完成,速度慢、效率低,而目前国际市场上对纺织品及服装的要求是批量小、花色多、质量高、交货迅速,这使得我国纺织产品在国际市场上的竞争力不强。采用CAD技术以后,其大大加快了我国纺织及服装企业走向国际市场的步伐。

如今,CAD技术已进入人们的日常生活中,在电影、动画、广告和娱乐等领域大显身手。美国好莱坞电影公司主要利用CAD技术构造布景,可以利用虚拟现实的手法设计出人工不可能做到的布景。这不仅能节省大量的人力、物力,降低电影的拍摄成本,而且还可以给观众营造一种新奇、古怪和难以想象的环境,获得极高的票房收入。比如《星球大战》《外星人》《侏罗纪公园》等科幻片以及完全用三维计算机动画制作的影片《玩具总动员》都取得了极大的成功。轰动全球的大片《泰坦尼克号》应用了大量的三维动画制作,用计算机真实地模拟了泰坦尼克号航行、沉船的全过程。此外,动画和广告制作中也充分利用了计算机造型技术,实质上也是一种虚拟现实技术。虚拟现实技术还被用于各种模拟器及景物的实时漫游、娱乐游戏中。

近十年来,在CIMS工程和CAD应用工程的推动下,我国计算机辅助设计技术应用越来越普遍,越来越多的设计单位和企业采用这一技术来提高设计效率与产品质量,改善劳动条件。目前,我国从国外引进的CAD软件有好几十种,国内的一些科研机构、高校和软件公司也都立足于国内,开发出了自己的CAD软件并投放市场,我国的CAD技术应用呈现出一片欣欣向荣的景象。

1.2 信息技术行业CAD应用

信息技术产业是一门新兴的产业。它建立在现代科学理论和科学技术基础之上,采用先进的理论和通信技术,是一门带有高科技性质的服务性产业。信息技术产业的发展对整个国民经济的发展意义重大,它的活动使经济信息的传递更加及时、准确、全面,有利于各产业提高劳动生产率;信息技术产业加速了科学技术的传递速度,缩短了科学技术从创制到应用于生产领域的距离;信息产业的发展推动了技术密集型产业的发展,有利于国民经济结构的调整。

正是由于这些优点,计算机技术产生以来,信息技术便有了突飞猛进的进步。它的应用已经渗透到社会的各行各业,极大地提高了社会生产力水平,为人们的工作、学习和生活带来了前所未有的便利。

CAD 技术在信息技术行业中的应用也是广泛的,与传统的机械行业和建筑行业相比,其应用有许多相通之处,又存在着一些不同。例如在常用的电力系统和计算机网络系统中,具体应用通常可分为两大模块,即强电工程设计和弱电工程设计。

1. 强电工程设计

在电力系统中,36 V 以下的电压称为安全电压,1 kV 以下的电压称为低压,1 kV 以上的电压称为高压。直接供电给用户的线路称为配电线路,如用户电压为 380/220 V,则称为低压配电线路,也就是家庭装修中所说的强电(因它是家庭使用最高的电压)。

使用 CAD 技术可进行各类强电系统工程系统图和施工图的设计,包括以下各个系统模块:

(1)变配电系统。
(2)动力配电系统。
(3)照明配电系统。
(4)防雷接地系统。
(5)备用电源系统。

2. 弱电工程设计

弱电工程是区别于 220 V/50 Hz 及以上强电的电力系统工程。智能建筑中的弱电主要有两类,一类是国家规定的安全电压等级及控制电压等低电压电能,有交流与直流之分,交流 36 V 以下,直流 24 V 以下,如 24 V 直流控制电源或应急照明灯备用电源;另一类是载有语音、图像、数据、控制信号等信息的综合布线系统和网络应用系统,如语音通信系统、闭路电视系统、计算机网络系统等。

使用 CAD 技术可进行各类弱电系统工程原理图、系统图和施工图等的设计,是智能建筑设计的基本方法和技术,主要包括以下各个系统:

(1)语音通信系统。
(2)计算机网络系统。
(3)综合布线系统。
(4)物联网系统。
(5)有线电视系统。
(6)视频监控系统。
(7)智能广播系统。
(8)智能安防报警系统。
(9)智能消防系统。
(10)智能停车场系统。

单元二 制图基本知识

教学任务

在进行综合布线系统图的设计时,工程技术人员一般使用 AutoCAD 软件完成。要设计并绘制一张符合国标的图纸,设计人员必须熟悉制图国家标准,掌握三视图绘制方法以及机件形状的各种表示方法。

技能目标

熟悉相关制图国家标准,掌握以下制图规范和方法:
(1) 工程制图的图幅与比例选取。
(2) 工程制图的字体与图线选用。
(3) 三视图的绘制方法和各种机件形状的表示方法。

2.1 制图国家标准简介

2.1.1 图纸图幅

1. 图纸图幅尺寸

(1) 纸张尺寸分类

过去我国是以开数,如 8 开、16 开等来表示纸张的大小,现在采用中华人民共和国国家标准《印刷、书写和绘图纸幅面尺寸》(GB/T 148—1997)。纸张尺寸分为 A、B、D 三类,三类图纸的长宽之比均为 $\sqrt{2}:1$。其中 A 类纸张主要用于普通印刷品,如复印纸、打印纸等;B 类纸张主要用于海报与图表的制作;D 类纸张为标准印张。

(2) A 类纸张的尺寸

根据《印刷、书写和绘图纸幅面尺寸》(GB/T 148—1997)规定,制图主要使用 A 类纸张。A 类纸张尺寸的长宽比都是 $\sqrt{2}:1$,即纸张尺寸的长是宽的 $\sqrt{2}$ 倍,舍去最接近的毫米值,即是

A类纸张尺寸的具体大小。

把 A0 定义成面积为 1 m²,长宽比为 $\sqrt{2}$: 1,即长为 1 189 mm、宽为 841 mm 的纸张。把 A0 纸张沿着长边对折变为 2 张 A1,把 A1 纸张沿着长边对折变为 2 张 A2,把 A2 纸张沿着长边对折变为 2 张 A3,把 A3 纸张沿着长边对折变为 2 张 A4。

常用的各种工程设计绘图纸张的尺寸分别如下。

A0 纸张尺寸:宽为 841 mm,长为 1 189 mm,面积为 1 m²。
A1 纸张尺寸:宽为 594 mm,长为 841 mm,面积为 0.5 m²。
A2 纸张尺寸:宽为 420 mm,长为 594 mm,面积为 0.25 m²。
A3 纸张尺寸:宽为 297 mm,长为 420 mm,面积为 0.125 m²。
A4 纸张尺寸:宽为 210 mm,长为 297 mm,面积为 0.062 m²。

在实际工程设计中,一般按照《技术制图 图纸幅面和格式》(GB/T 14689—2008)规定,绘制技术图样时,图纸优先使用如表 2-1 所规定的图纸幅面尺寸,也允许选用表中所规定的加长幅面尺寸,图纸的基本幅面尺寸和加长幅面尺寸如图 2-1 所示。

表 2-1　　　　　　　　　　图幅尺寸(单位:mm)

基本幅面尺寸		加长幅面尺寸	
幅面代号	尺寸 B×L	幅面代号	尺寸 B×L
A0	841×1189	A3×3	420×891
A1	594×841	A3×4	420×1189
A2	420×594	A4×3	297×630
A3	297×420	A4×4	297×841
A4	210×297	A4×5	297×1051

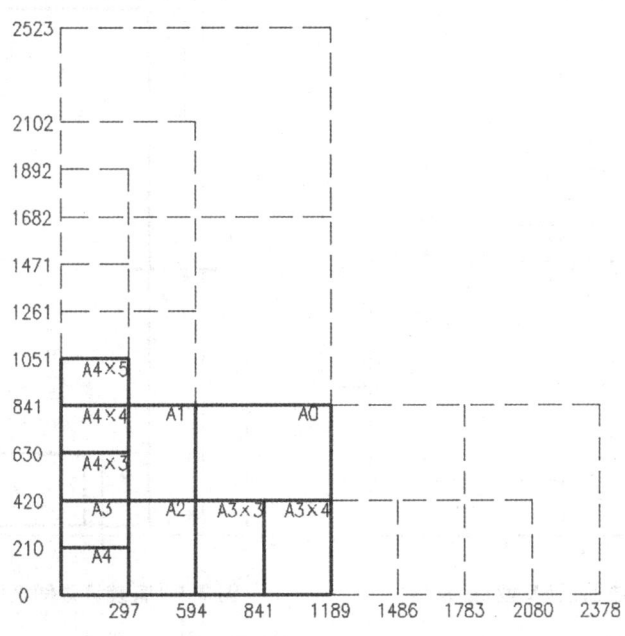

图 2-1　图纸的幅面尺寸(单位:mm)

必要时可以对 A0~A3 幅面长边尺寸单独加长,但应符合如表 2-2 所示的规定。

表 2-2　　　　　　　　　　图纸长边加长尺寸(单位:mm)

幅面代号	长边尺寸(L)	长边加长后的尺寸
A0	1 189	1 486(A0+1/4L)　1 635(A0+3/8L)　1 783(A0+1/2L)　1 932(A0+5/8L) 2 080(A0+3/4L)　2 230(A0+7/8L)　2 378(A0+1L)
A1	841	1 051(A1+1/4L)　1 261(A1+1/2L)　1 471(A1+3/4L)　1 682(A1+1L) 1 892(A1+5/4L)　2 102(A1+3/2L)
A2	594	743(A2+1/4L)　891(A2+1/2L)　1 041(A2+3/4L)　1 189(A2+1L) 1 338(A2+5/4L)　1 486(A2+3/2L)　1 635(A2+7/4L)　1 783(A2+2L) 1 932(A2+9/4L)　2 080(A2+5/2L)
A3	420	630(A3+1/2L)　841(A3+1L)　1 051(A3+3/2L)　1 261(A3+2L) 1 471(A3+5/2L)　1 682(A3+3L)　1 892(A3+7/2L)

2. 图框格式

用计算机进行工程图纸设计时,图纸的幅面和格式必须按照《技术制图 图纸幅面和格式》(GB/T 14689—2008)的规定。

在 CAD 工程制图中所用到的图纸幅面形式分为有装订边和无装订边两种。

(1) 有装订边的图幅形式

有装订边的图纸幅面形式分为 X 型和 Y 型,一般用于机械图、建筑安装图、综合布线工程系统图和施工图等成套图纸,如图 2-2、图 2-3 所示。

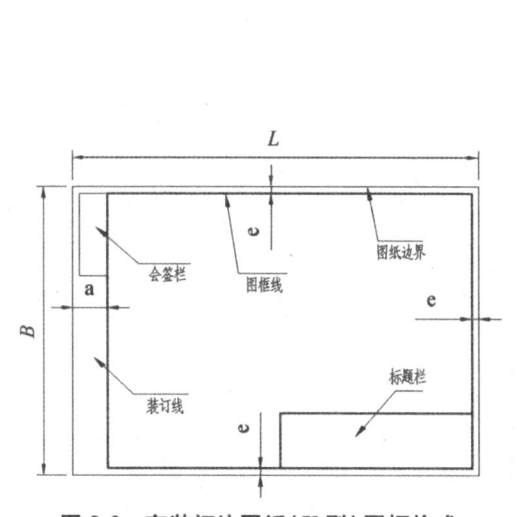

图 2-2　有装订边图纸(X 型)图框格式

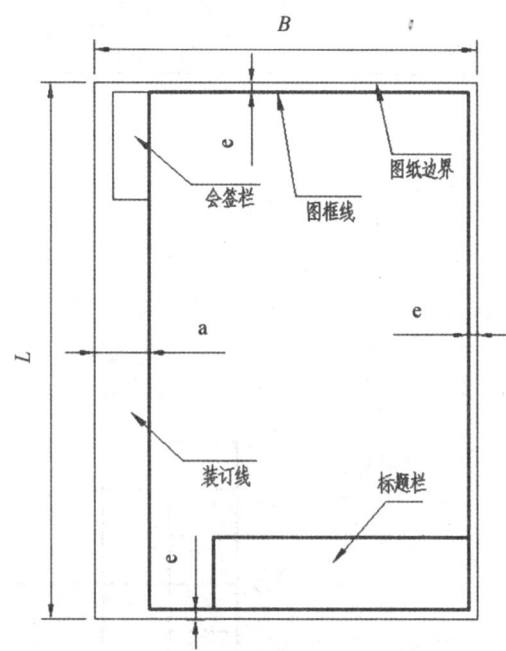

图 2-3　有装订边图纸(Y 型)图框格式

（2）无装订边的图幅形式

无装订边的图纸幅面形式分为 X 型和 Y 型，一般用于矿图，即矿井设计、施工和管理中用到的图纸，如图 2-4、图 2-5 所示。

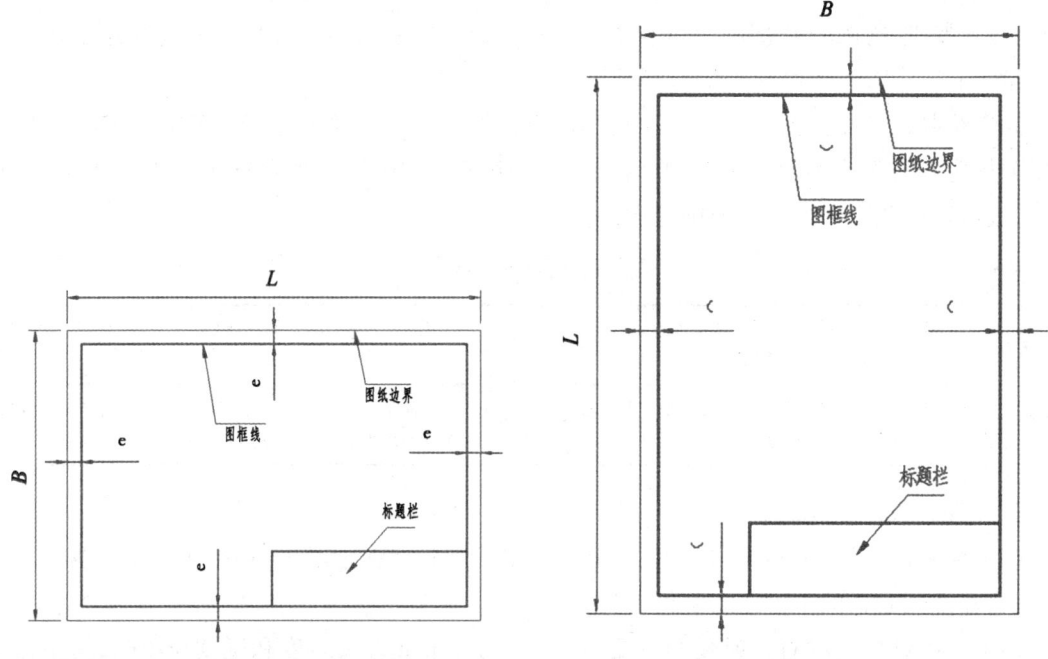

图 2-4　无装订边图纸（X 型）图框格式　　　　图 2-5　无装订边图纸（Y 型）图框格式

图框的基本尺寸见表 2-3。如果在制图过程中有必要加长图框的话，参考表 2-3，选择合适的图框尺寸。

表 2-3　　　　　　　　　　图框尺寸（单位：mm）

幅面代号	A0	A1	A2	A3	A4
B×L	841×1189	594×841	420×594	297×420	210×297
e	20	20	10	10	10
c	10	10	10	5	5
a	25	25	25	25	25

注：在 CAD 绘图中对图纸有加长加宽的要求时，应按基本幅面的短边尺寸（B）成整数倍增加。

2.1.2　比例

1. 比例的概念

比例：图中图形与其实物相应要素的线性尺寸之比。

原值比例：比值为 1 的比例，即 1∶1。

放大比例：比值大于 1 的比例，如 2∶1 等。

缩小比例：比值小于1的比例，如1∶2等。

2. 比例的选取

在绘制图纸过程中，绘制的图纸大小不可能与实物的大小一模一样，所以，在绘制图形时，要选取适当的比例。用计算机绘制图样时，比例的大小应符合国标规定，GB/T 14690—1993《技术制图 比例》与《房屋建筑制图统一标准》（GB/T 50001—2017）分别规定了机械制图与建筑制图中关于图纸比例的选择规范。

如在绘制建筑相关图纸时，应按照《房屋建筑制图统一标准》（GB/T 50001—2017）比例的相关规定。对于比例的选择，一般按表2-4中规定的常用比例系列选用适当的比例，如有必要，也可以选取可用比例系列中的比例。

表 2-4　　　　　　　　　　绘图所用的比例

常用比例	1∶1，1∶2，1∶5，1∶10，1∶20，1∶30，1∶50，1∶100，1∶150，1∶200，1∶500，1∶1 000，1∶2 000
可用比例	1∶3，1∶4，1∶6，1∶15，1∶25，1∶40，1∶60，1∶80，1∶250，1∶300，1∶400，1∶600，1∶5 000，1∶10 000，1∶20 000，1∶50 000，1∶100 000，1∶200 000

3. CAD图纸中的比例

（1）绘制同一物件的各个视图应采用相同的比例，并在标题栏的比例一栏中填写。必要时，可在视图名称的下方或右侧标注比例。

（2）当图纸中孔的直径或板的厚度等于或小于2 mm以及斜度和锥度较小时，可不按比例而夸大画出，如局部放大图。

（3）画图时比例不可随意确定，应按照表2-4选取，尽量采用1∶1的比例画图。

（4）图样不论放大或缩小，图样上标注的尺寸均为机件的实际大小，而与采用的比例无关。

2.1.3　字体

1. 技术制图中字体要求

根据《技术制图 字体》（GB/T 14691—1993）规定，技术制图中的字体的公称尺寸系列为：1.8 mm，2.5 mm，3.5 mm，5 mm，7 mm，10 mm，14 mm，20 mm。在实际制图中，文字的大小应该从标准规定的公称尺寸系列选取，如有特殊要求，需书写更大的字时，其高度应按$\sqrt{2}$的倍数递增，并且字体的书写应做到字体端正、笔画清楚、排列整齐、间隔均匀。

2. CAD制图中字体要求

CAD工程图中所用的字体应符合《技术制图 字体》（GB/T 14691—1993）、《房屋建筑制图统一标准》（GB/T 50001—2017）以及《CAD工程制图规则》（GB/T 18229—2000）等标准对制图中字体的规定与要求。

图样及说明中的汉字，宜采用长仿宋体（矢量字体）或黑体，同一图纸字体种类不应超过两种。长仿宋体字的宽度约为高度的0.7倍，黑体字的宽度与高度应相同。大标题、图册封面、地形图等的汉字,也可书写成其他字体,但应易于辨认。

3. CAD 制图中字体与图幅的关系

根据 GB/T 18229—2000《CAD 工程制图规则》的规定,CAD 工程图的字体与图纸幅面之间的大小关系参见表 2-5。

表 2-5　　　　　　　字体与图纸幅面之间的大小关系(单位:mm)

图幅字体	A0	A1	A2	A3	A4
字母数字	3.5				
汉字	5				

2.1.4　图线

技术制图中用图线表示物体的几何形状,具体表示与要求应遵照 GB/T 17450—1998《技术制图 图线》以及 GB/T 4457.4—2002《机械制图 图样画法 图线》中的有关规定。

1. 图线定义

图线:起点和终点间以任意方式连接的一种几何图形,形状可以是直线或曲线、连续线或不连续线。

当一条图线形成圆时,图线的起点和终点可以重合;当图线长度小于或等于图线宽度的一半时,称此图线为点。

2. 图线的宽度

图线一般分为粗、中、细三种。GB/T 17450—1998《技术制图 图线》规定,图线宽度的推荐系列为:0.13 mm,0.18 mm,0.25 mm,0.35 mm,0.5 mm,0.7 mm,1 mm,1.4 mm,2 mm。

技术制图中,一般粗线、中粗线与细线的宽度比为 4∶2∶1。

CAD 制图过程中,粗线的宽度 b 应按图的大小和复杂程度在 0.5~2 mm 中选择,一般取 0.7 mm,粗线与细线的宽度比为 3∶1。

3. 图线的基本线型及应用

根据 GB/T 4457.4—2002《机械制图 图样画法 图线》、GB/T 14665—2012《机械工程 CAD 制图规则》规定,CAD 制图中常用的图线基本线型有粗实线、细实线、虚线、点画线、双点画线等,并利用大写字母 A、B、C 等来表示各线型的代号,具体参见表 2-6。

表 2-6　　　　　　　图线的基本线型及应用

图线名称	图线型式及代号	图线宽度	用途
粗实线	——————— A	b	可见轮廓线
细实线	——————— B	$b/3$	尺寸线、尺寸界线及剖面线等
波浪线	∼∼∼∼∼ C	$b/3$	断裂处的边界线及视图和剖视的分界线
双折线	─╱╲─╱╲─ D	$b/3$	断裂处的边界线

(续表)

图线名称	图线型式及代号	图线宽度	用途
虚线	------------ F	b/3	不可见轮廓线与棱边线
细点画线	—·—·—·— G	b/3	轴线及对称中心线
粗点画线	—·—·—·— K	b/3	有特殊要求的线
双点画线	—··—··—·· J	b/3	相邻辅助零件的轮廓线、可动零件极限位置的轮廓线

4. 图线画法

（1）同一图样中同类图线的宽度应基本一致。虚线、点画线及双点画线的线段长度和间隔应各自大致相等。

（2）两条平行线（包括剖面线）之间的距离应不小于粗实线的两倍宽度，其最小距离不得小于 0.7 mm。

（3）绘制圆的对称中心线时，圆心应为线段的交点。点画线和双点画线的首末两端应是线段而不是短画，且超出图形轮廓线 2~5 mm。

（4）在较小的图形上绘制点画线或双点画线有困难时，可用细实线代替。

（5）图线不得与图中的文字、数字或符号等重叠，不可避免时，必须保证文字清晰。

5. 图线的颜色

设计人员在用 CAD 绘图时，为了图形美观、方便拾取与修改以及施工者更好地阅读图纸，一般通过不同的颜色对图线加以区分。设计时，屏幕上的图线一般应按表 2-7 中提供的颜色显示，相同类型的图线应采用同样的颜色。

表 2-7　　　　　　　　　　图线的颜色

图线类型		颜色	图线类型		颜色
粗实线	———————— A	白色	虚线	------------ F	黄色
细实线	———————— B	绿色	细点画线	—·—·—·— G	红色
波浪线	～～～～ C	绿色	粗点画线	—·—·—·— K	棕色
双折线	—⋀—⋀— D		双点画线	—··—··—·· J	粉红色

2.2 三视图的画法

2.2.1 正投影法的基本投影特性

正投影法中，物体上的平面和直线的投影有以下三个投影特性。

1. 实形性

当物体上的平面和直线平行于投影面时，平面的投影反映平面图形的真实形状，直线的投影反映直线段的实长。

2. 积聚性

当物体上的平面和直线垂直于投影面时,平面的投影积聚成为直线,直线的投影积聚成为一点。

3. 类似性

当物体上的平面和直线倾斜于投影面时,平面图形的投影为缩小的类似形,直线的投影仍为直线,但长度缩短。

从上述平面和直线的投影特性可以看出:绘制物体的投影时,为了使投影反映物体表面的真实形状,并使画图简便,应该让物体上尽可能多的平面和直线平行或垂直于投影面。

2.2.2 三视图的投影规律

根据《技术制图 通用术语》(GB/T 13361—2012)规定,由前向后投射的视图为主视图,由上向下投射所得的视图为俯视图,由左向右投射的视图为左视图。根据《技术制图 投影法》(GB/T 14692—2008)规定,在视图中,物体的可见轮廓线用粗实线表示,不可见轮廓线用虚线表示,如图2-6所示。

为了使三个视图能画在一张图纸上,V面保持不动,H面绕V面和H面的交线向下旋转90°后与V面重合;W面绕V面和W面的交线向后旋转90°后与V面重合,如图2-7所示。为了便于画图和看图,在三视图中不画投影面的边框线,各视图之间的距离可根据图纸幅面适当确定,也不注写视图的名称,如图2-8所示。

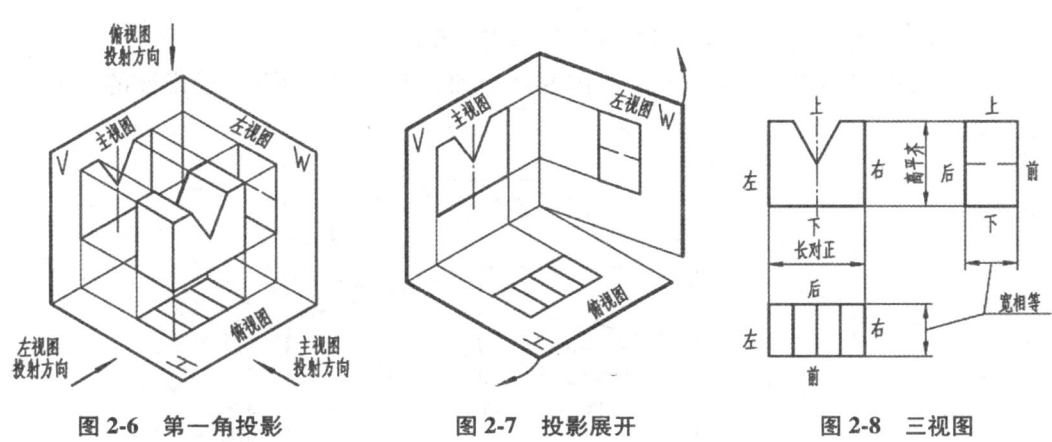

图 2-6 第一角投影　　　　图 2-7 投影展开　　　　图 2-8 三视图

三视图的位置关系是:以主视图为准,俯视图在主视图的正下方,左视图在主视图的正右方。因此,三视图之间存在下述关系:

主视图和俯视图　　　　长对正
主视图和左视图　　　　高平齐
俯视图和左视图　　　　宽相等

"长对正、高平齐、宽相等"是三视图之间的投影规律,不仅适用于整个物体的投影,也适用于物体中的每一局部的投影。

2.3 机件形状的各种表示方法

根据《技术制图 图样画法 视图》(GB/T 17451—1998)规定,技术图样应该采用正投影法绘制,并优先采用第一角画法。绘制机械图样时,首先考虑看图方便,根据机件的结构特点,选用适当的表达方法。在完整清晰地表达机件各部分形状的前提下,力求制图简便。

2.3.1 图样表达的要求

(1) 主视图:绘制视图时,一般把表达机件信息最多的那个视图作为主视图。主视图通常表示机件的工作位置、加工位置或者安装位置。

(2) 视图最少化:在能表达清楚视图的基础上,尽量使机件的视图越少越好。

(3) 轮廓实线化:尽量避免使用虚线表达机件的轮廓及棱线。

(4) 视图清晰:在绘制图纸时,应尽量避免不必要细节的重复。

2.3.2 视图

视图是指向投影面投影所得的图形。视图主要用于表达物体的外形。图样画法中的各种基本表示方法有基本视图、向视图、局部视图和斜视图。

1. 基本视图

(1) 基本视图:机件向基本投影面投射所得的视图。

(2) 六视图的形成:规定正六面体的六个面为基本投影面,各投影面的展开方法如图 2-9 所示。

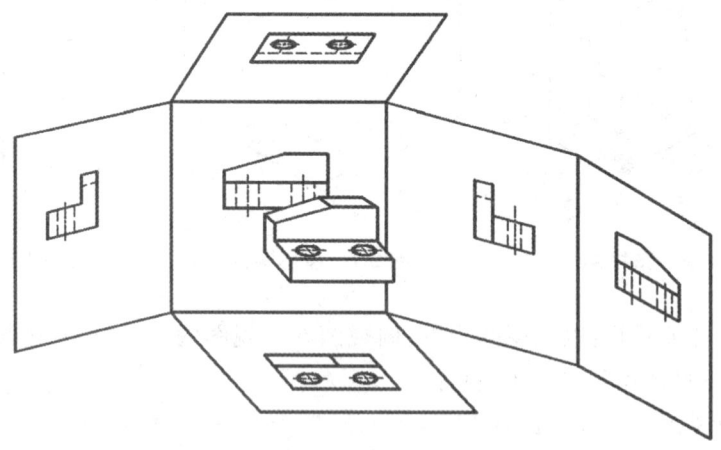

图 2-9 基本视图的配置

六个基本视图名称及其投射方向的规定如下:

① 主视图——由前向后投射所得的视图;

② 俯视图——由上向下投射所得的视图；
③ 左视图——由左向右投射所得的视图；
④ 右视图——由右向左投射所得的视图；
⑤ 仰视图——由下向上投射所得的视图；
⑥ 后视图——由后向前投射所得的视图。

（3）六视图的配置关系：六个基本视图的配置关系如图 2-10 所示。

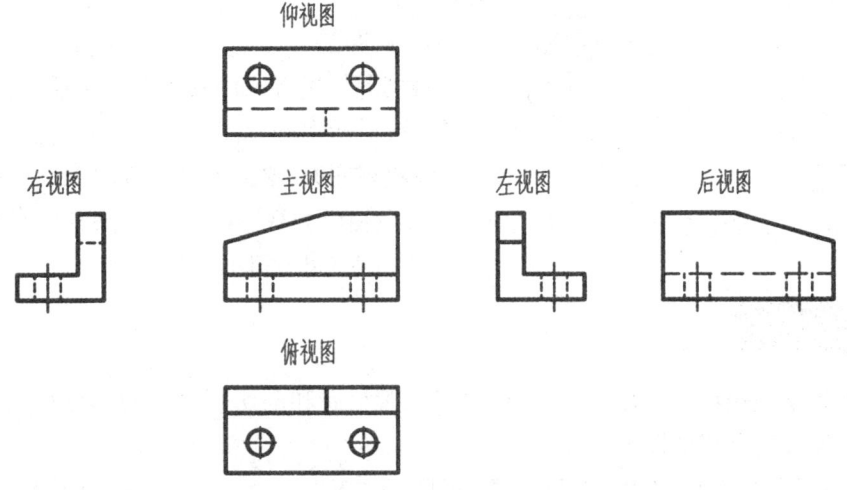

图 2-10　六视图的配置关系

2. 向视图

向视图是指可自由配置的视图。

在同一张图纸内按基本视图配置视图时，一律不标注视图的名称。如不能按基本视图配置视图时，应在视图的上方标注视图的名称"×"，在相应的视图附近用箭头指明投影方向，并标注相同的字母，如图 2-11 所示。"×"为大写拉丁字母。

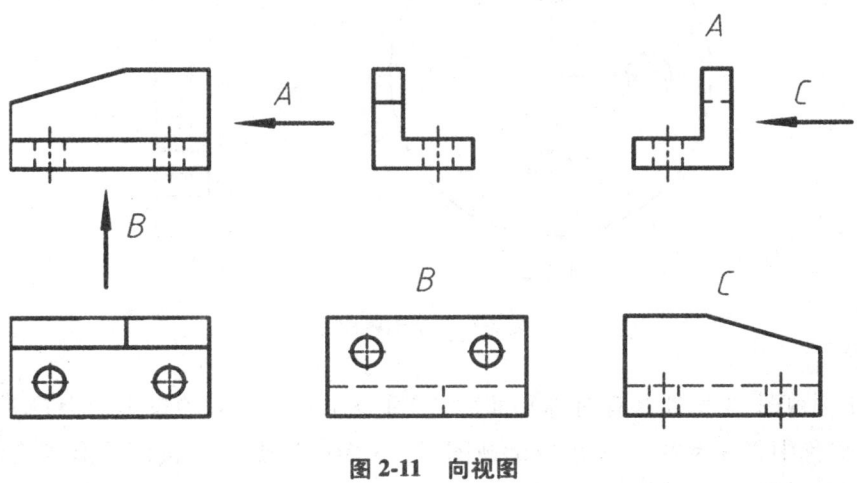

图 2-11　向视图

3. 局部视图

局部视图是指将机件的某一部分向基本投影面投射所得的视图。

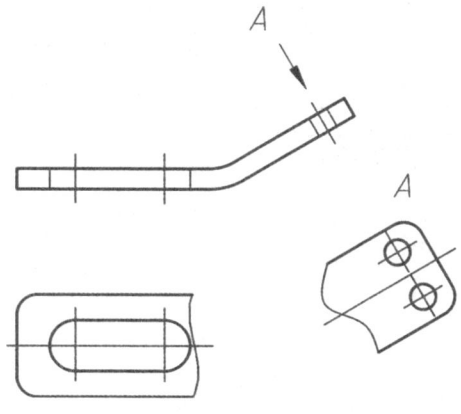

图 2-12 局部视图、斜视图

画局部视图时,一般在局部视图上方标注视图的名称"×",在相应的视图附近用箭头指明投射方向,并标注相同的字母。当局部视图按投影关系配置,中间又没有其他图形隔开时,可省略标注,如图 2-12 所示。

4. 斜视图

斜视图是指将机件向不平行于任何基本投影面的平面投射所得的视图。

画斜视图时,必须在视图的上方标注视图的名称"×",在相应的视图附近用箭头指明投影方向,并标注相同的字母,如图 2-12 所示。

2.3.3 剖视图

剖视图是指假想用剖切面剖开机件,将处在观察者和剖切面之间的部分移去,而将其余部分向投影面投射所得的图形。

一般应在剖视图的上方用字母标出剖视图的名称"×—×"。在相应的视图上用剖切符号表示剖切位置,用箭头表示投影方向,并注上同样的字母。当剖视图按投影关系配置,中间又没有其他图形隔开时,可省略箭头。

(1) 全剖视图:用剖切平面完全地剖开机件所得的剖视图,如图 2-13 所示。

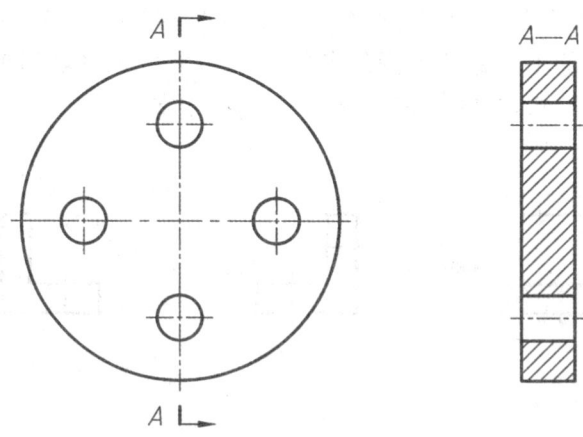

图 2-13 全剖视图

(2) 半剖视图:当机件具有对称平面时,在垂直于对称平面的投影面上投影所得的图形,可以以对称中心线为界,一半画成剖视图,另一半画成视图;当机件的形状接近于对称,且不对称部分已另有图形表达清楚时,也可以画成半剖视图,如图 2-14 左所示。

（3）局部剖视图：用剖切平面局部地剖开机件所得的剖视图。局部剖视图用波浪线分界，波浪线不应和图样上其他图线重合。当被剖结构为回转体时，允许将该结构的中心线作为局部剖视与视图的分界线，如图 2-14 右所示。

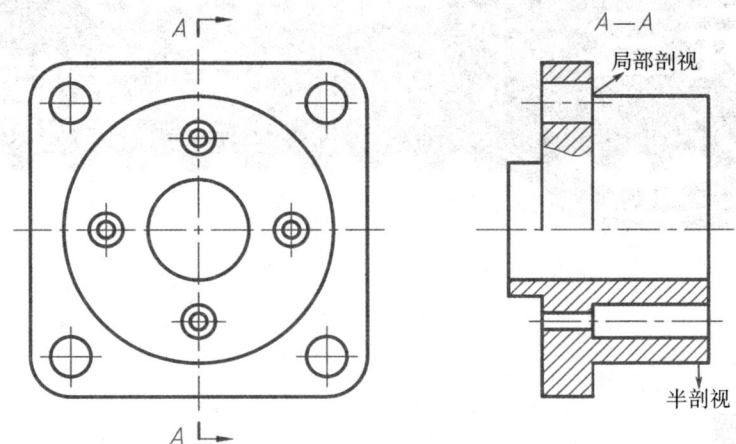

图 2-14　半剖视图和局部剖视图

2.3.4　断面图

断面图是指假想用剖切平面将机件的某处切断，仅画出剖切面与机件接触部分的图形，如图 2-15 所示。

2.3.5　局部放大图

局部放大图是指将机件的部分结构，用大于原图形所采用的比例画出的图形。局部放大图可画成视图、剖视图、剖面，它与被放大部分的表达方式无关，如图 2-15 所示。

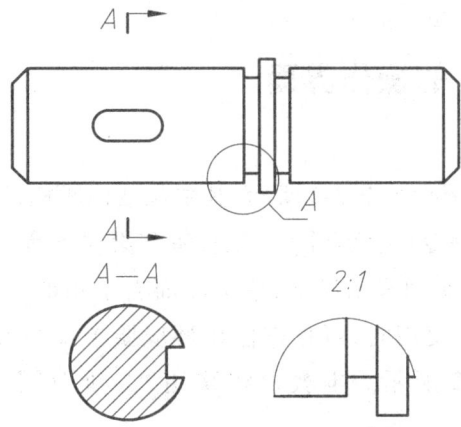

图 2-15　断面图、局部放大图

单元三 AutoCAD 2010 基本操作

教学任务

AutoCAD 基本操作包括基本命令和平面绘图,平面绘图是 AutoCAD 绘图的基础。复杂的图形都是由简单的点、线构成,本单元将介绍 AutoCAD 2010 软件的基本操作方法,学习点、线、圆、多边形等二维图形元素的基本绘图方法,掌握 AutoCAD 绘图的基本技能。

技能目标

(1) 熟悉 AutoCAD 2010 的系统配置方法和基本文件操作。
(2) 掌握常用的绘图和编辑命令及绘图辅助工具的使用。
(3) 掌握二维图形的基本绘图方法。
(4) 独立完成标题栏和样板文件的绘制。

3.1 AutoCAD 2010 的操作界面

AutoCAD 2010 的操作界面如图 3-1 所示,其中包括标题栏、绘图区、十字光标、菜单栏、若干工具栏、坐标系图标、命令行、状态栏、布局标签和滚动条等。

AutoCAD 2010 有多种页面显示风格,单击界面右下角的"二维草图与注释"按钮,打开"工作空间"选择菜单。使用时,可根据使用环境要求及个人习惯,进行不同风格的工作空间显示切换,如图 3-2 所示。本教材将采用"二维草图与注释"风格的界面进行介绍。

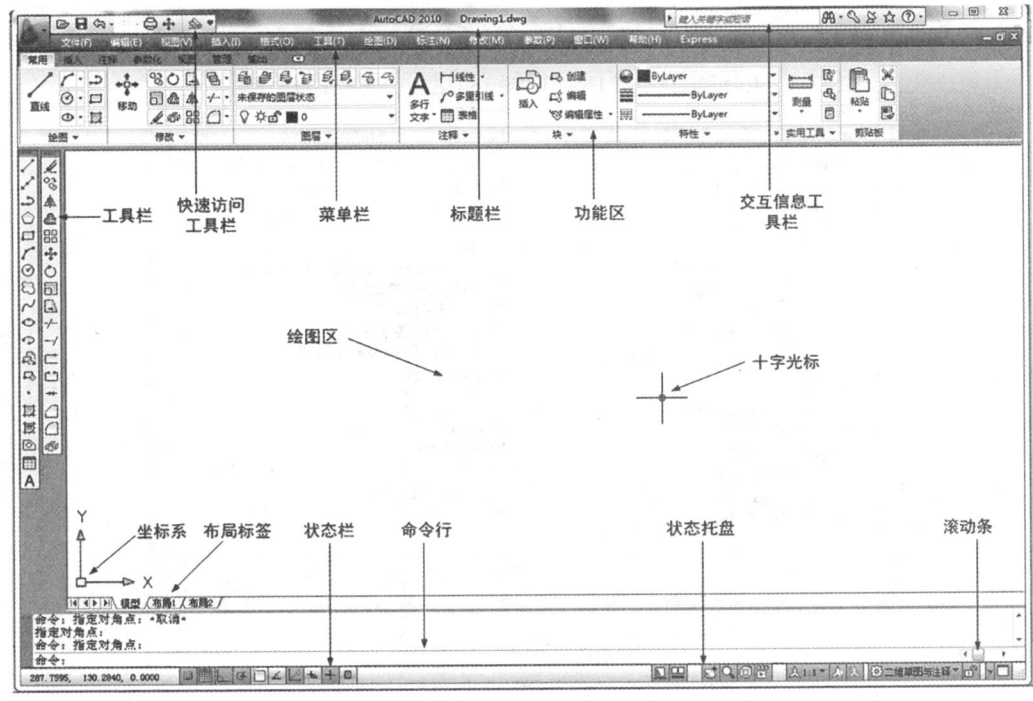

图 3-1 AutoCAD 2010 中文版的操作界面

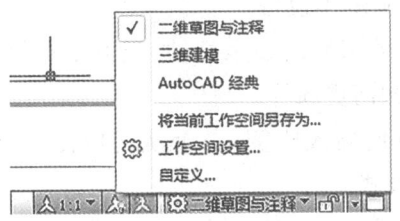

图 3-2 工作空间转换

3.2 绘图系统配置

选择菜单栏的"工具"→"选项"命令,打开"选项"对话框。该对话框中包括文件、显示、打开和保存、打印和发布、系统、用户系统配置、草图、三维建模、选择集和配置10个选项卡,如图3-3所示。

文件选项卡:指定 AutoCAD 搜索支持文件、驱动程序、菜单文件和其他文件的文件夹,还指定一些可选的用户定义设置,如哪个目录用于进行拼写检查。

显示选项卡:设置窗口元素、显示精度、布局元素、显示性能、十字光标大小和参照编辑的褪色度等 AutoCAD 绘图环境特有的显示属性。

打开和保存选项卡:设置文件保存、文件打开、文件安全措施、外部参照和ObjectABX 应

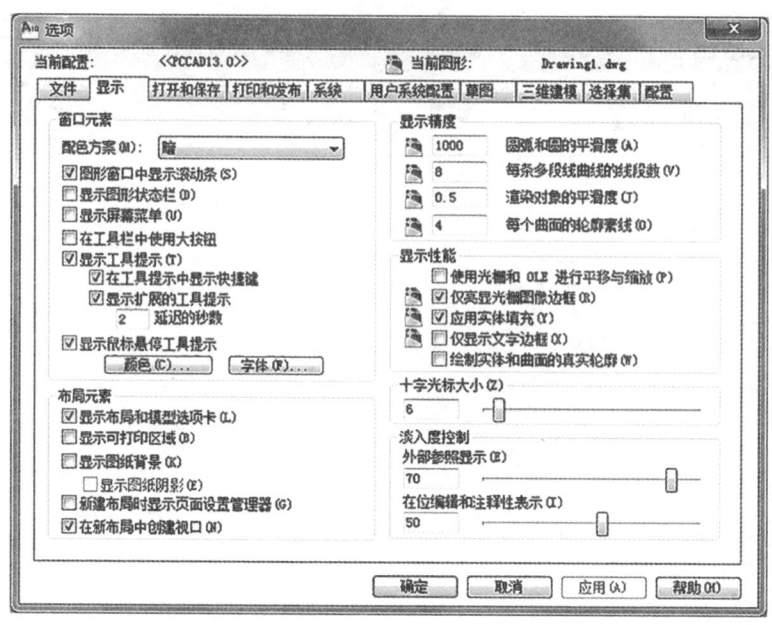

图 3-3 "选项"对话框

用程序等属性。

打印和发布选项卡：设置 AutoCAD 的输出设备。在一些情况下，为了输出较大幅面的图形，可以使用专门的绘图仪作为输出设备。

系统选项卡：设置当前三维图形的显示特性、当前定点设备以及指定"模型"选项卡和"布局"选项卡上的显示列表如何更新等。

用户系统配置选项卡：设置插入比例、是否使用快捷菜单、对象的排序方式以及控制 AutoCAD 中按键和单击右键方式。

草图选项卡：自动捕捉设置、自动追踪设置、自动捕捉标记框颜色大小及 AutoSnap 靶框的显示尺寸设置。

选择集选项卡：设置拾取框大小、夹点大小以及选择模式等。

配置选项卡：用于实现新建系统配置文件、重命名系统配置文件以及删除系统配置文件等操作。

下面介绍 3 个常用的参数设置。

1. 修改图形窗口中十字光标的大小

光标的长度系统预设为屏幕大小的 5%，可以根据绘图的实际需要更改大小。改变光标大小的方法为：在绘图窗口中选择工具菜单中的选项命令。屏幕上将显示"选项"对话框，打开"显示"选项卡，在"十字光标大小"的编辑框中直接输入数值，或者拖动编辑框右边的滑块，即可以对十字光标的大小进行调整。

2. 修改绘图窗口的颜色

在默认情况下，AutoCAD 2010 的绘图窗口是黑色背景、白色线条，根据用户的使用习惯,可以对窗口颜色进行更改。

在图 3-3 所示的选项卡中单击"颜色"按钮,将显示如图 3-4 所示的"图形窗口颜色"对话框。单击"颜色"字样下方的下拉箭头,在下拉列表中选择需要的窗口颜色进行更改。

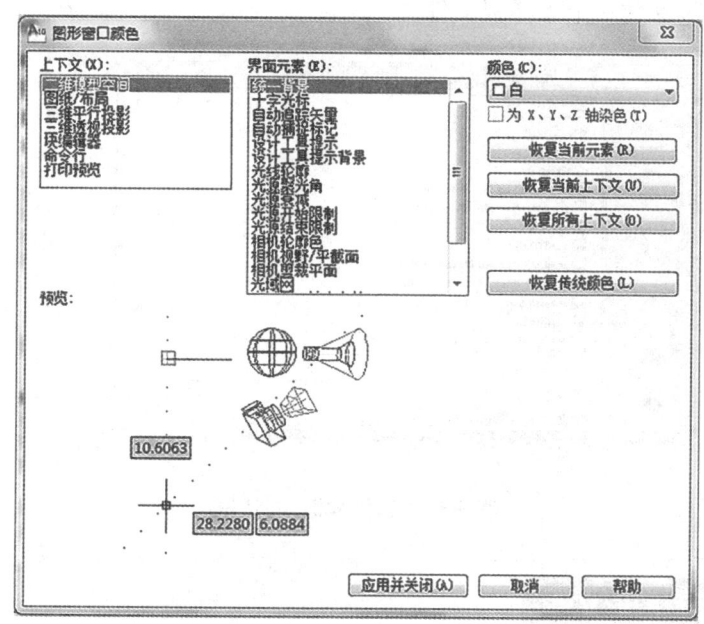

图 3-4 "图形窗口颜色"对话框

3. 自动保存时间的设置

绘制一张 CAD 图样往往需要花费很长时间,为了防止电脑意外死机或意外断电,造成不必要的损失,在绘图之前根据需要可以更改系统自动保存时间。在"选项"对话框中选择"打开和保存"选项卡,在"文件安全措施"选项区中,更改"保存间隔分钟数",可以设定为 20 min 或更短时间。

3.3 图形文件及其操作方法

用 AutoCAD 软件制作并保存的文件统称为图形文件。对图形文件的操作有:新建文件、打开已有图形文件、保存图形文件和关闭图形文件。

3.3.1 新建文件

在 AutoCAD 2010 中,创建新图形文件的方法有 3 种,分别如下:
(1) 在命令行中输入"new",按"Enter"键;
(2) 在菜单栏中选择"文件"→"新建"命令;
(3) 在快速访问工具栏中单击"新建"按钮 。

执行"新建"命令后,会弹出"选择样板"对话框,如图3-5所示。选择对应的样板后,单击"打开"按钮,即可创建新的图形。

如果初学者不知道如何选择样板文件,可以单击"打开"按钮旁的下拉菜单,选择"无样板打开-公制(M)",新建一个无样板文件。

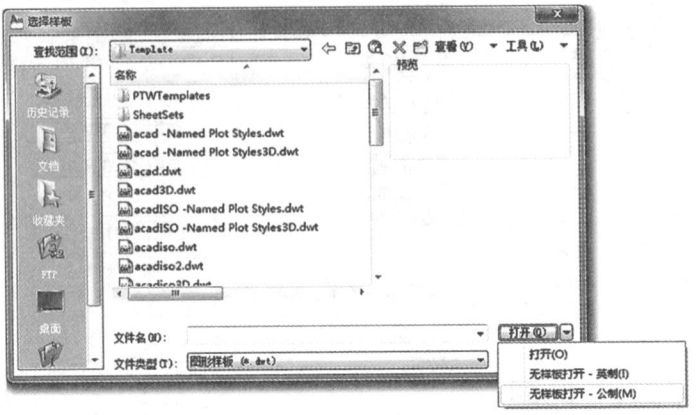

图3-5 "选择样板"对话框

3.3.2 打开已有图形文件

在AutoCAD 2010中,打开已有图形文件的方法有3种,分别如下:
(1) 在命令行中输入命令"open",按"Enter"键;
(2) 在菜单栏中选择"文件"→"打开"命令;
(3) 单击快速访问工具栏中的"打开"按钮 。

执行"打开"命令后,会弹出"选择文件"对话框,如图3-6所示。选择文件后,单击"打开"按钮,即可打开文件。

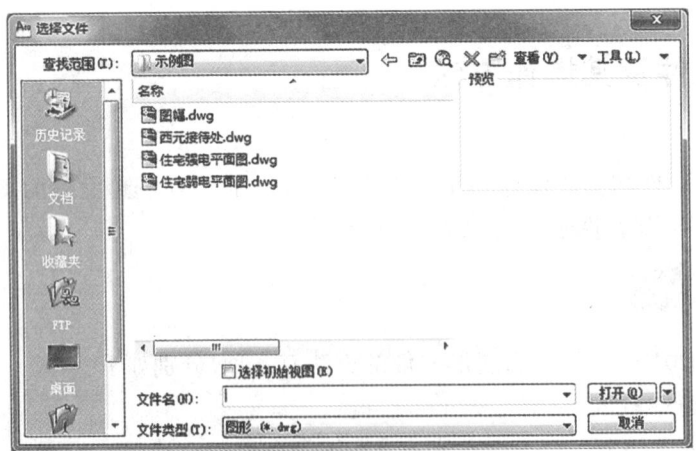

图3-6 "选择文件"对话框

3.3.3 保存图形文件

在 AutoCAD 2010 中,保存图形文件的方法有 4 种,分别如下:

(1) 在命令行中输入"qsave";

(2) 在菜单栏中选择"文件"→"保存"命令;

(3) 单击快速访问工具栏中的"保存"按钮 ;

(4) 选择"文件"→"另存为"命令,将当前图形保存到新的位置,系统弹出"图形另存为"对话框,如图 3-7 所示。输入新名称,单击"保存"按钮。

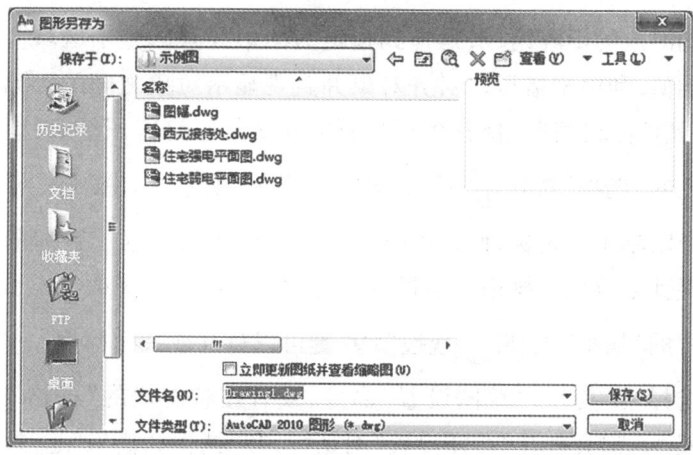

图 3-7 "图形另存为"对话框

3.3.4 关闭图形文件

绘图结束后,需要退出 AutoCAD 2010 时,可以使用以下一种方法关闭。

(1) 在菜单栏中选择"文件"→"关闭"命令;

(2) 在绘图窗口中单击"关闭"按钮 ;

(3) 单击标题栏右侧的"关闭"按钮 。

执行"关闭"命令后,如果文件没有保存,会弹出"AutoCAD"对话框,如图 3-8 所示。单击"是"按钮,保存并关闭图形;单击"否"按钮,不保存并关闭图形;单击"取消"按钮,返回图形。

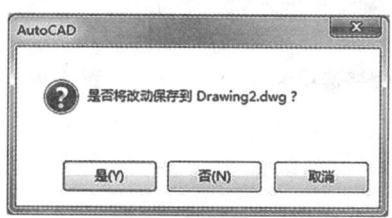

图 3-8 关闭提示对话框

3.4 绘图辅助工具

要快速顺利地完成图形绘制工作,有时要借助一些辅助工具,比如用于准确确定绘制位置的精确定位工具和调整图形显示范围与方式的显示工具等。下面简略介绍这两种辅助绘图工具。

3.4.1 栅格和捕捉

栅格由有规则的点的矩阵组成,延伸到指定为图形界限的整个区域。使用栅格与在坐标纸上绘图十分相似,利用栅格可以对齐对象并直观显示对象之间的距离。如果放大或缩小图形,可能需要调整栅格间距,使其更适合新的比例。在打印图纸时,栅格不会被打印出来。单击状态栏上的"栅格"按钮 或按"F7"键可以打开或关闭栅格。

捕捉模式用于限制十字光标,使其按照用户定义的间距移动。当"捕捉"模式打开时,光标似乎附着或捕捉到不可见的栅格。捕捉模式有助于使用箭头键或定点设备来精确地定位点。单击状态栏上的"捕捉"按钮 或按"F9"键可以打开或关闭捕捉。

在菜单栏中选择"工具"→"草图设置"命令,或者在状态栏的"栅格"和"捕捉"按钮上右击鼠标选择"设置",都会打开"草图设置"对话框,在"捕捉和栅格"选项卡中,可以对栅格捕捉属性进行设置,如图 3-9 所示。启用栅格和捕捉后的效果,如图 3-10 所示。

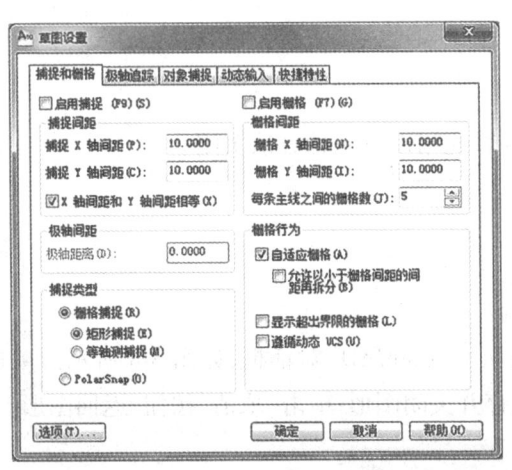

图 3-9　草图设置中捕捉和栅格选项卡

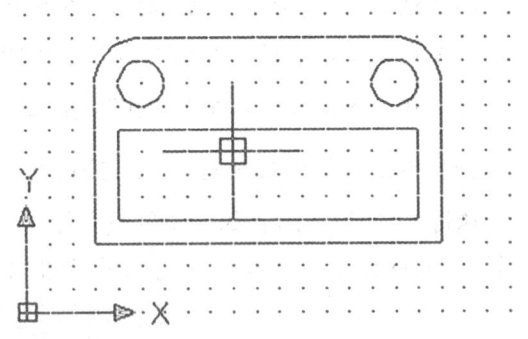

图 3-10　启用栅格和捕捉后的效果

3.4.2 极轴追踪

极轴追踪是在创建或修改对象时,按预先设定的角度增量来追踪特殊点,即捕捉相对于初始点且满足指定的极轴角的目标点。单击状态栏上的"极轴追踪"按钮 或按"F10"键可以打开或关闭极轴追踪。

极轴追踪设置主要是设置追踪的距离增量和角度增量,以及与之相关联的捕捉模式。这些设置可以通过"草图设置"对话框中的"极轴追踪"选项卡来实现,如图 3-11 所示。启用极轴追踪后的效果如图 3-12 所示。

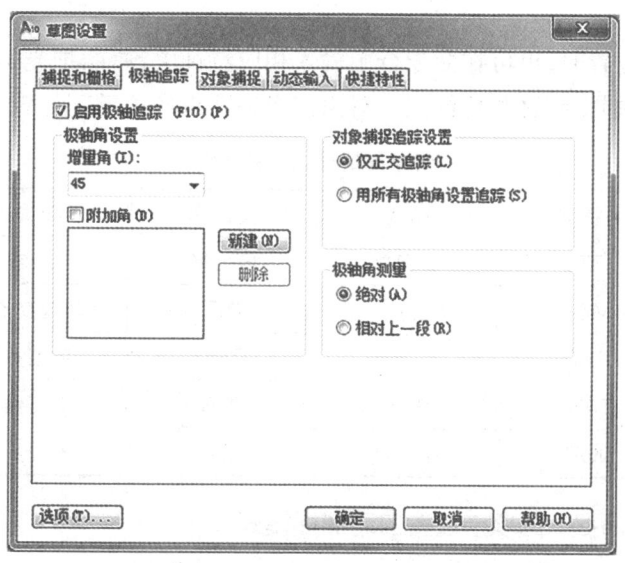

图 3-11　草图设置中极轴追踪选项卡

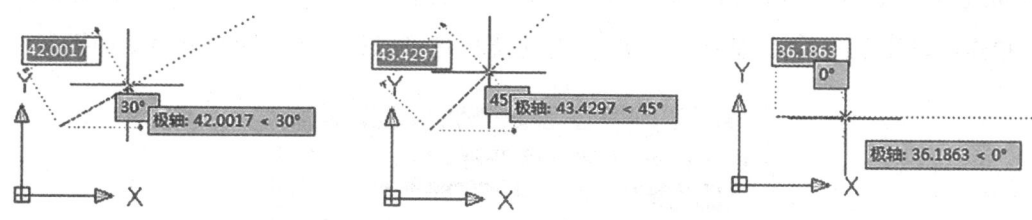

图 3-12　启用极轴追踪后的效果

3.4.3　对象捕捉

当绘制精度要求非常高的图纸时,细小的差错也许会造成重大的失误。为了提高绘图的准确度,AutoCAD 提供了对象捕捉功能,这样可以快速、准确地绘制图形。

对象捕捉是指用鼠标在屏幕上捕捉某个特殊点时,能将该点的精确位置显示并确定下来。实现对象捕捉的常用方法有两种:单点捕捉模式和自动捕捉模式。

1. 使用"对象捕捉"工具栏中的图标按钮设置单点捕捉模式

在菜单栏选择"工具"→"工具栏"→"AutoCAD"→"对象捕捉"命令,打开"对象捕捉"工具栏,如图3-13所示。在绘图过程中,当系统提示需要指定点位置时,可以单击"对象捕捉"工具栏中相应的特征点按钮,再把光标移动到要捕捉对象上的特征点附近,AutoCAD会自动提示并捕捉到这些特征点。

图3-13 "对象捕捉"工具栏

当需要指定点位置时,也可在命令行中输入相应特征关键词,把光标移动到要捕捉对象的特征点附近,即可捕捉到这些特征点。对象捕捉特征点的关键字如表3-1所示。

表3-1 对象捕捉模式及关键字

模式	关键字	模式	关键字	模式	关键字
临时追踪点	TT	捕捉自	FROM	端点	END
中点	MID	交点	INT	外观交点	APP
延长线	EXT	圆心	CEN	象限点	QUA
切点	TAN	垂足	PER	平行线	PAR
节点	NOD	最近点	NEA	无捕捉	NON

2. 使用"对象捕捉"选项卡设置自动捕捉模式

单点捕捉只能解决一次点捕捉问题,而设置自动捕捉模式后,只要不取消就可一直使用,且同时还能设置多种捕捉模式。

通过"草图设置"对话框的"对象捕捉"选项卡可进行自动捕捉方式设置,如图3-14所示。单击状态栏上的"对象捕捉"按钮 或按"F3"键可以打开或关闭自动对象捕捉。

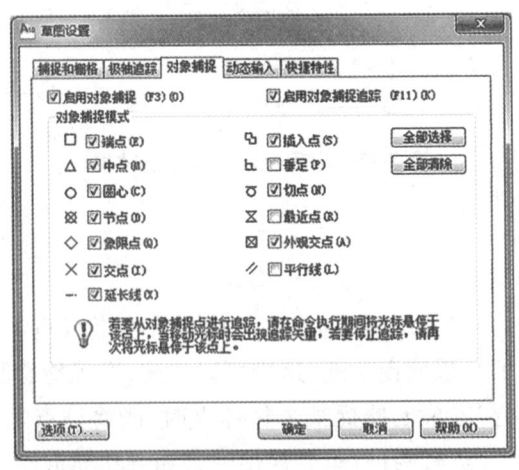

图3-14 草图设置中对象捕捉选项卡

3.4.4 正交模式

正交模式主要用于绘制水平线和垂直线,即在命令的执行过程中,光标只能沿 X 轴或者 Y 轴移动。所有绘制的线段和构造线都将平行于 X 轴或 Y 轴,因此它们相互垂直成 90°相交,即正交。

单击状态栏上的"正交模式"按钮 或按"F8"键可以打开或关闭正交模式。

3.5 二维图形的常用绘图命令

3.5.1 绘制点

绘制点是按设置的点样式画点,执行绘制点命令的 3 种方法如下:

(1)在菜单栏中选择"绘图"→"点",显示如图 3-15 所示的绘制点选项,可从中进行选择;

(2)单击"绘图"面板上的"点"按钮及下拉列表 ;

(3)在命令行中输入"point(po)",按"Enter"键。

在菜单栏中选择"格式"→"点样式"命令,打开如图 3-16 所示的"点样式"对话框,可以改变点的形状和大小。

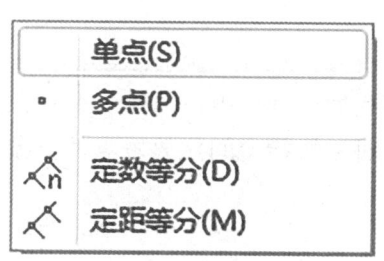

图 3-15 "点"子菜单

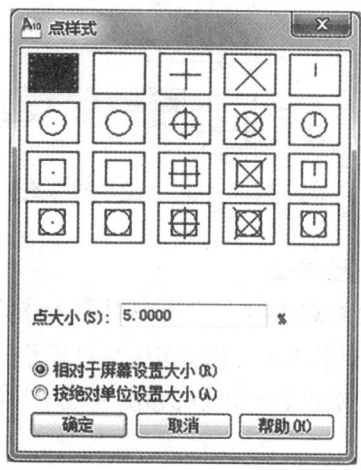

图 3-16 "点样式"对话框

绘制点的方式有以下四种。

1. 单点绘制

用户确定了点的位置后,绘图区将出现一个点,如图 3-17 所示。

图 3-17 单点命令绘制的图形

2. 多点绘制

用户可以同时画多个点,如图 3-18 所示。

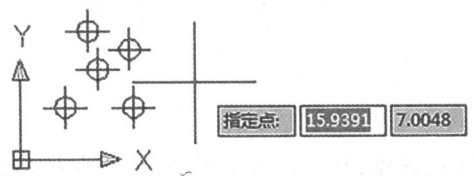

图 3-18 多点命令绘制的图形

3. 定数等分画点

定数等分画点是将点对象或块沿对象的长度或周长等间隔排列。如图 3-19 所示,用户选择一个要定数等分的对象,当输入该对象被等分的数目 4 后,AutoCAD 2010 会自动沿选定对象等间距位置上画出点。

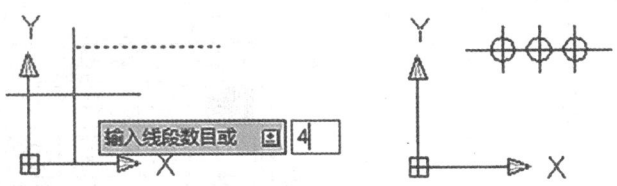

图 3-19 定数等分点绘制的图形

4. 定距等分画点

定距等分画点是将点或块在对象上指定间距处放置。用户选择一个对象,输入每一段定距的长度值后,AutoCAD 2010 会自动沿选定对象按指定间隔放置点的对象,从最靠近选择对象的点的端点处画出点,如图 3-20 所示。

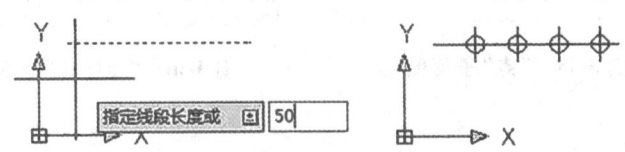

图 3-20 定距等分点绘制的图形

3.5.2 绘制线

AutoCAD 2010 中常用的直线类型有直线、射线、构造线。下面将分别介绍这三种线条的绘制。

1. 绘制直线

绘制直线是绘制给定端点的连续直线段。执行绘制直线命令的 3 种方法如下：

（1）在菜单栏中选择"绘图"→"直线"命令；

（2）单击"绘图"面板上的"直线"按钮 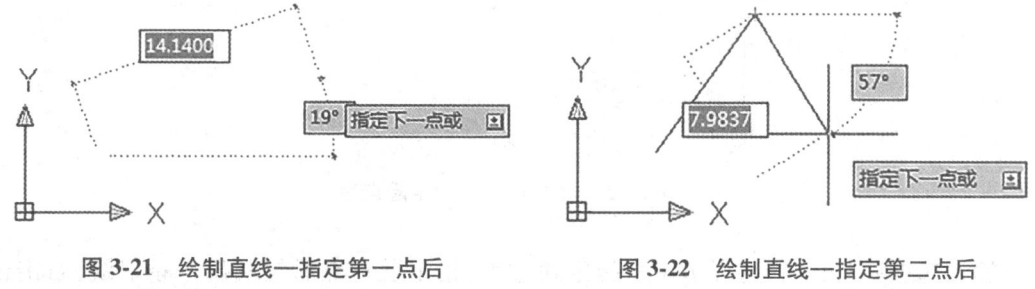 ；

（3）在命令行中输入"line(l)"，按"Enter"键。

执行上面任意一种方法后，命令行将提示用户指定第一点，指定第一点后绘图区如图 3-21 所示。

输入第一点后，命令行将提示用户指定下一点的坐标值或放弃，指定第二点后绘图区如图 3-22 所示。

图 3-21　绘制直线—指定第一点后　　　图 3-22　绘制直线—指定第二点后

输入第二点后，命令行将提示用户再次指定下一点的坐标值或放弃，指定第三点后绘图区如图 3-23 所示。

完成以上操作后，命令行将提示用户指定下一点或闭合/放弃，输入"C"，按"Enter"键，闭合直线完成绘制，如图 3-24 所示。

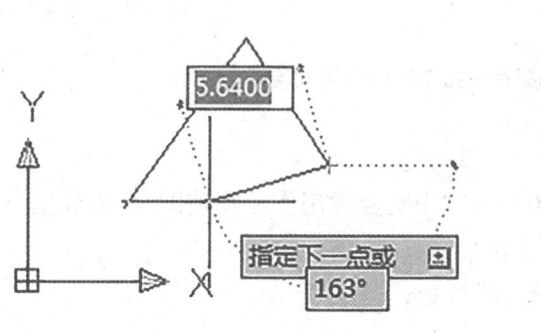

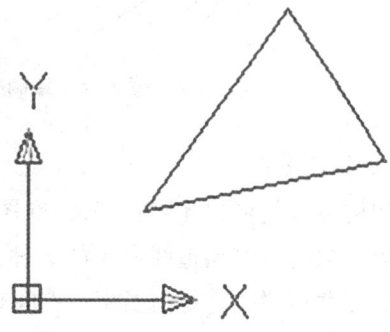

图 3-23　绘制直线—指定第三点后　　　图 3-24　绘制直线—闭合直线

2. 绘制射线

绘制射线是创建单向无限长的线。射线具有一个有限确定的起点，并单向无限延伸。在图形绘制中它常用作绘图辅助线来确定一些特殊点或边界。执行绘制射线命令的 3 种方法如下：

(1) 在菜单栏中选择"绘图"→"射线"命令；

(2) 单击"绘图"面板上的"射线"按钮 ；

(3) 在命令行中输入"ray"，按"Enter"键。

执行上面任意一种方法后，命令行将提示用户指定起点，指定起点后绘图区如图 3-25 所示。

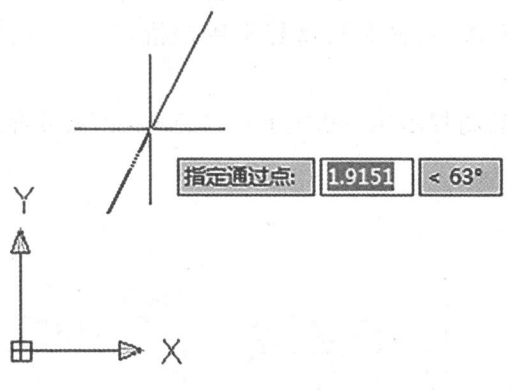

图 3-25　绘制射线—指定起点后

输入起点后，命令行将提示用户指定通过点，指定通过点后绘制出一条射线，右击鼠标或按"Enter"键结束绘制，如图 3-26 所示。

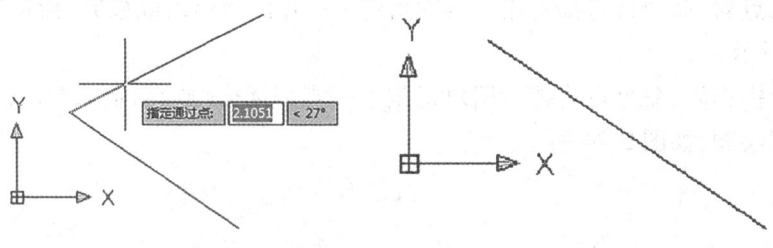

图 3-26　绘制射线—指定通过点完成绘制

3. 绘制构造线

绘制构造线是创建无限长的线，在图形绘制中它也常用作绘图辅助线，来确定一些特殊点或边界。执行绘制构造线命令的 3 种方法如下：

(1) 在菜单栏中选择"绘图"→"构造线"命令；

(2) 单击"绘图"面板上的"构造线"按钮 ；

(3) 在命令行中输入"xline"，按"Enter"键。

执行上面任意一种方法后,命令行将提示用户指定点,指定点后绘图区如图 3-27 所示。

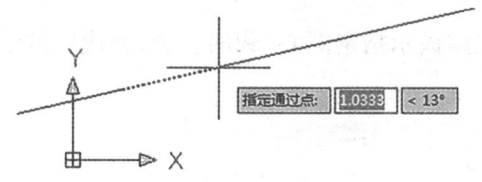

图 3-27　绘制构造线—指定点后

指定第一点后,命令行将提示用户指定通过点,连续指定通过点可绘制多条构造线,右击鼠标或按"Enter"键结束绘制,如图 3-28 所示。

图 3-28　绘制构造线—指定通过点完成绘制

3.5.3　绘制圆、圆弧、圆环

1. 绘制圆

圆是构成图形的基本元素之一。执行绘制圆命令的 3 种方法如下:

(1) 在菜单栏中选择"绘图"→"圆"命令;

(2) 单击"绘图"面板上的"圆"按钮及下拉菜单 ；

(3) 在命令行中输入"circle(c)",按"Enter"键。

绘制圆的方式有多种,下面举例介绍其中常用的 6 种。

(1) 圆心和半径画圆

选择绘制圆命令后,根据提示指定圆心、圆的半径,完成圆的绘制,如图 3-29 所示。

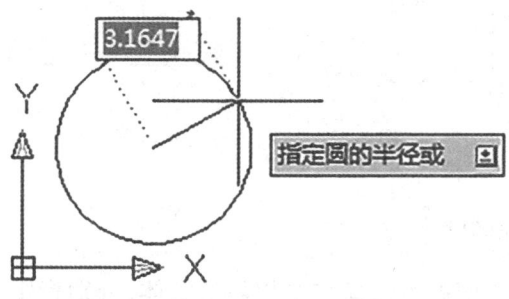

图 3-29　绘制圆—圆心和半径画圆

(2)圆心和直径画圆

选择绘制圆命令后,根据提示指定圆心、圆的直径,完成圆的绘制,如图 3-30 所示。

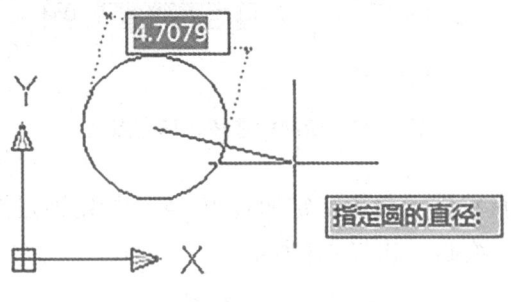

图 3-30　绘制圆—圆心和直径画圆

(3)两点画圆

选择绘制圆命令后,根据提示依次指定圆直径的两个端点,完成圆的绘制,如图 3-31 所示。

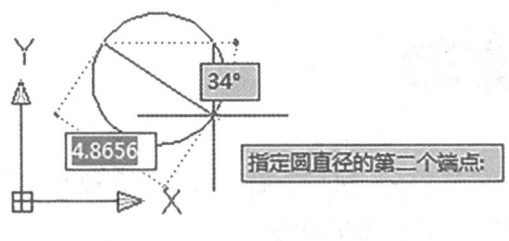

图 3-31　绘制圆—两点画圆

(4)三点画圆

选择绘制圆命令后,根据提示依次指定圆上的三个点,完成圆的绘制,如图 3-32 所示。

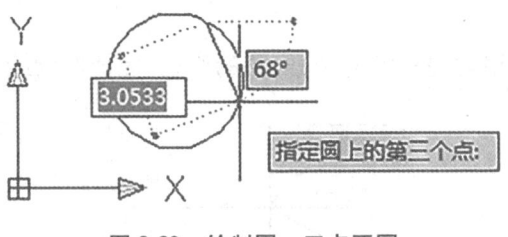

图 3-32　绘制圆—三点画圆

(5)相切、相切、半径画圆

选择绘制圆命令后,根据提示选择与之相切的实体,分别指定对象与圆的两个切点,如图 3-33 所示。

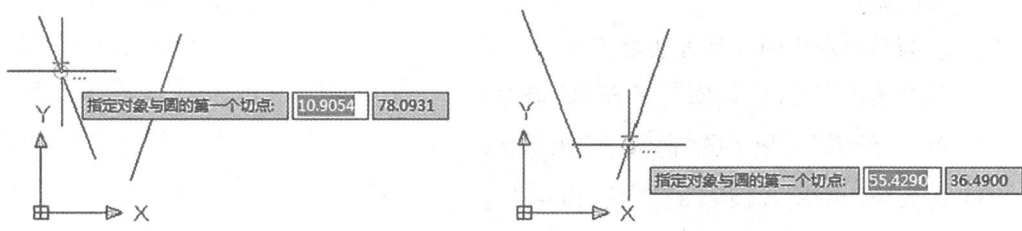

图 3-33 绘制圆—指定两个切点

指定两个切点后,根据提示指定圆的半径,完成圆的绘制,如图 3-34 所示。

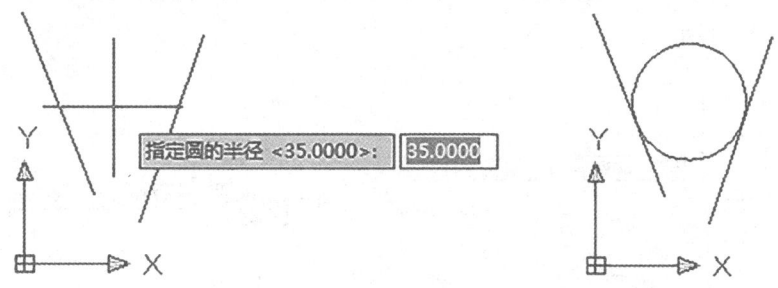

图 3-34 绘制圆—指定半径和完成绘制

(6) 相切、相切、相切画圆

选择绘制圆命令后,根据提示依次指定三个切点,完成圆的绘制,如图 3-35 和图 3-36 所示。

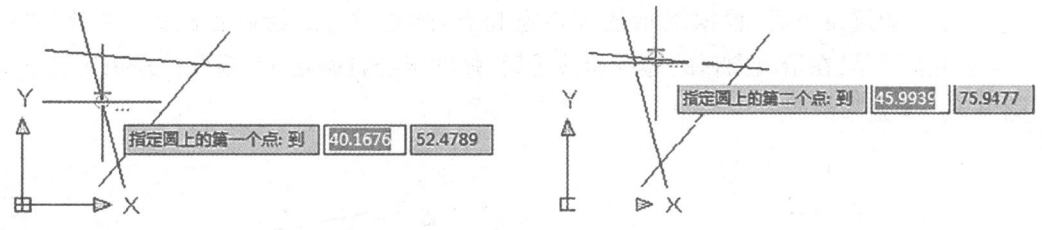

图 3-35 绘制圆—指定第一切点和第二切点

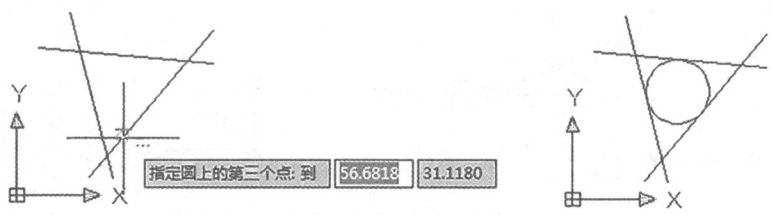

图 3-36 绘制圆—指定第三切点完成绘制

2. 绘制圆弧

执行绘制圆弧命令的3种方法如下：

(1) 在菜单栏中选择"绘图"→"圆弧"命令；

(2) 单击"绘图"面板上的"圆弧"按钮；

(3) 在命令行中输入"arc(a)"，按"Enter"键。

绘制圆弧的方式有多种，下面举例介绍其中常用的5种。

(1) 三点画弧

选择绘制圆弧命令后，根据提示依次指定起点、第二点和端点，可以顺时针或逆时针绘制圆弧，如图3-37所示。

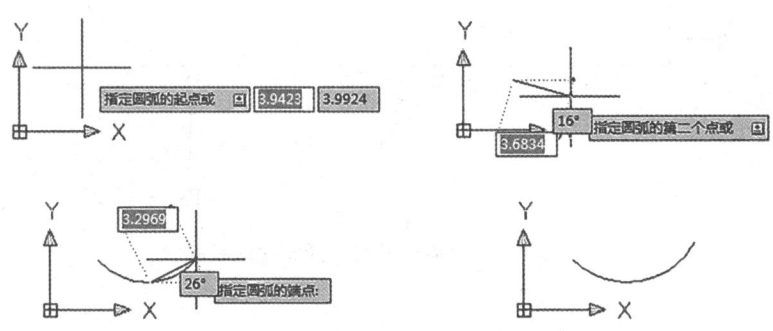

图 3-37 绘制圆弧—三点画弧

(2) 起点、圆心、端点画弧

选择绘制圆弧命令后，根据提示依次指定起点、圆心、端点，绘制出圆弧，如图3-38所示。需要注意的是，在给出圆弧的起点和圆心后，弧的半径就确定了，端点只是决定弧长，因此，圆弧不一定通过终点。

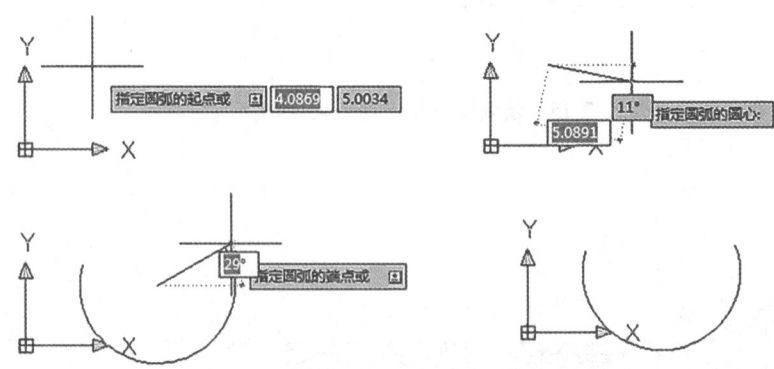

图 3-38 绘制圆弧—起点、圆心、端点画弧

（3）起点、圆心、角度画弧

选择绘制圆弧命令后，根据提示依次指定起点、圆心、角度，绘制出圆弧，如图 3-39 所示。注意：此处的角度为包含角，即圆弧的中心到两个端点的两条射线之间的夹角，如夹角为正值，按逆时针方向画弧；如为负值，则按顺时针方向画弧。

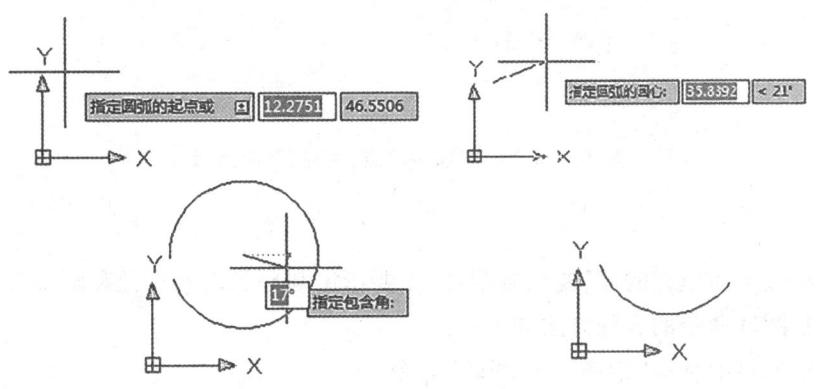

图 3-39　绘制圆弧—起点、圆心、角度画弧

（4）起点、圆心、长度画弧

选择绘制圆弧命令后，根据提示依次指定起点、圆心、弦长，绘制出圆弧，如图 3-40 所示。注意：所画圆弧按逆时针画时，如果弦长为正值，则绘制出的圆弧是与给定弦长相对应的最小圆弧；如果弦长为负值，则绘制的圆弧是与给定弦长相对应的最大圆弧。所画圆弧按顺时针画时则正好相反。

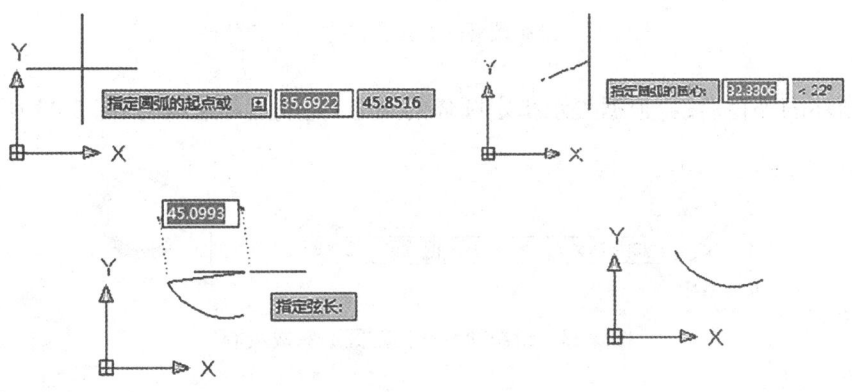

图 3-40　绘制圆弧—起点、圆心、长度画弧

（5）起点、端点、角度画弧

选择绘制圆弧命令后，根据提示依次指定起点、端点、角度（此角度也为包含角），绘制出圆弧，如图 3-41 所示。当角度为正值时，按逆时针画弧，否则按顺时针画弧。

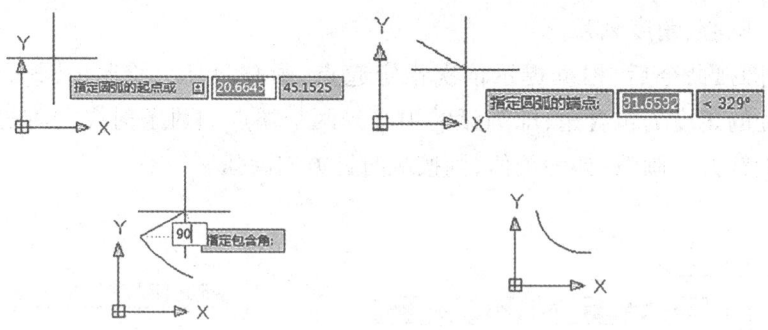

图 3-41 绘制圆弧—起点、端点、角度画弧

3. 绘制圆环

圆环是经过实体填充的环,要绘制圆环,需要指定圆环的内外直径和圆心。

执行绘制圆环命令的 3 种方法如下:

(1)在菜单栏中选择"绘图"→"圆环"命令;

(2)单击"绘图"面板上的"圆环"按钮 ◎ ;

(3)在命令行中输入"donut(do)",按"Enter"键。

执行上面任意一种方法后,根据提示依次指定圆环的内径和外径,如图 3-42 所示。

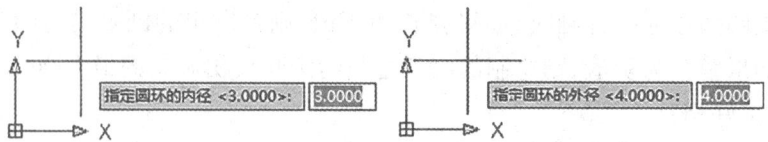

图 3-42 绘制圆环—指定圆环的内径和外径

指定圆环的外径后,再根据提示指定圆环的圆心,完成圆环绘制,如图 3-43 所示。

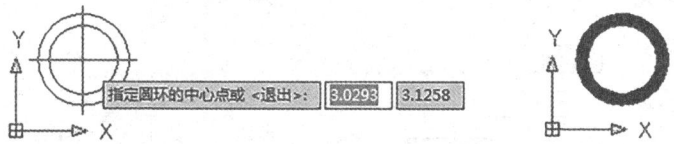

图 3-43 绘制圆环—指定圆心完成绘制

3.5.4 绘制矩形、正多边形

1. 绘制矩形

执行绘制矩形命令的 3 种方法如下:

(1)在菜单栏中选择"绘图"→"矩形"命令;

(2)单击"绘图"面板上的"矩形"按钮 ▭ ;

(3) 在命令行中输入"rectangle(rec)",按"Enter"键。

执行上面任意一种方法后,根据提示依次指定矩形的两个对角点,完成绘制,如图3-44所示。若要指定矩形尺寸,在指定起点后,输入"D",按"Enter"键,分别输入矩形的长和宽,即可绘制指定尺寸的矩形。

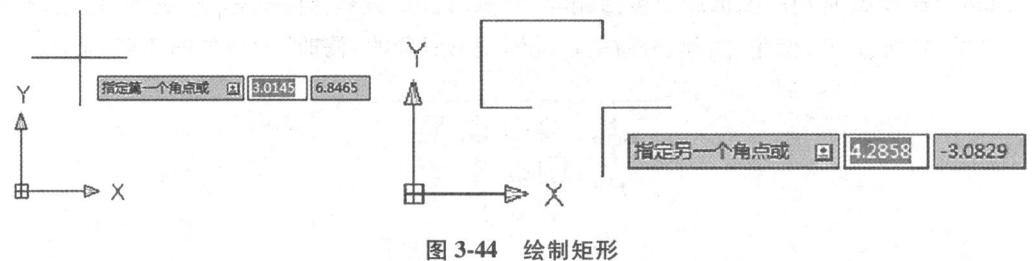

图 3-44 绘制矩形

2. 绘制正多边形

正多边形是指有 3~1 024 条等长边的闭合多段线,创建正多边形是绘制等边三角形、正方形、正六边形的简便快速方法。

执行绘制正多边形命令的 3 种方法如下:

(1) 在菜单栏中选择"绘图"→"正多边形"命令;

(2) 单击"绘图"面板上的"正多边形"按钮 ⬠ ;

(3) 在命令行中输入"polygon(pol)",按"Enter"键。

执行上面任意一种方法后,根据提示输入边的数目,指定中心点,选择正多边形内接于圆或外切于圆,如图 3-45 所示。

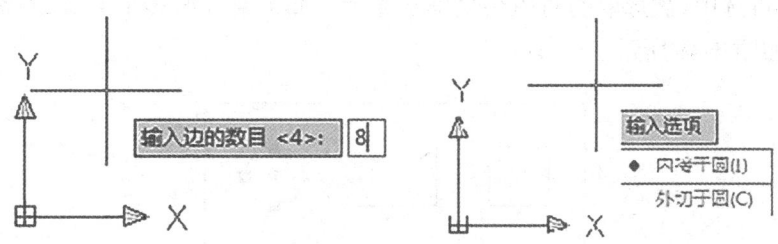

图 3-45 绘制正多边形—输入边数并指定圆心

输入"I",按"Enter"键,选择内接于圆,指定圆的半径后即可完成绘制,如图 3-46 所示。

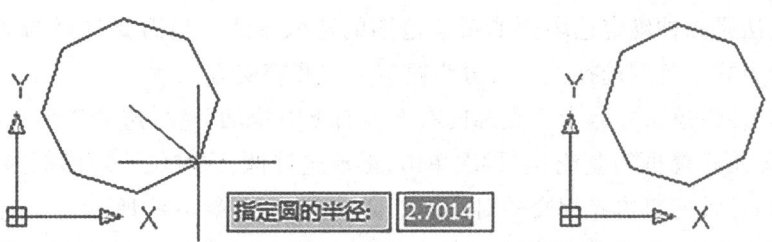

图 3-46 绘制正多边形—指定半径完成绘制

3.6 二维图形常用的编辑命令

AutoCAD 2010 常用的编辑命令包括删除、复制、镜像、偏移、阵列、移动、旋转、比例、拉伸、修剪、延伸、打断、合并、倒角、圆角、分解等。编辑图形对象的"修改"面板如图 3-47 所示。

图 3-47 "修改"面板

3.6.1 对象选择

使用 AutoCAD 绘图,在执行每一个编辑命令的操作过程中,系统首先会提示用户选择操作对象。在 AutoCAD 中,选择操作对象的方法有很多,一般分为直接拾取法和范围选择法。

1. 直接拾取法

直接拾取法是最常用的选取方法,也是默认的对象选择方法。选择对象时,直接用拾取框单击对象即可选中,被选取的对象会呈虚线显示。如果要选取多个对象,只需逐个选择这些对象即可,如图 3-48 所示。

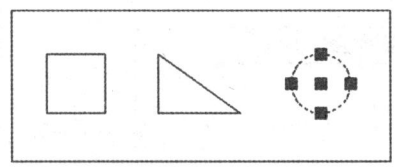

图 3-48 直接选择部件

2. 范围选择法

范围选择法是一种确定选取图形对象范围的选取方法。当需要选择的对象较多时,可以使用该选择方式。范围选择方式又分为窗口方式和窗交方式。

(1) 窗口方式:单击并将十字光标向右上或右下方拖动,将所选的图形框在一个实线矩形选择框内(矩形选择框为蓝色)。再次单击,形成选择框,这时位于矩形框内的对象都将被选中,位于窗口外及窗口边界相交的对象则不会被选中,如图 3-49 所示。

(2) 窗交方式:与窗口方式选择方向相反,十字光标从右往左上或左下移动,形成虚线

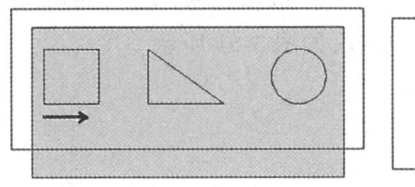
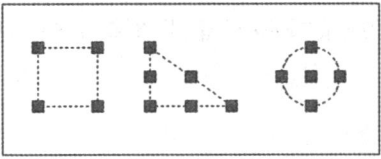

图 3-49 窗口方式选择部件

矩形选择框(矩形选择框为绿色),此时只要与窗口各条边相交或者位于窗口之内的操作对象,都同时被选中,如图 3-50 所示。

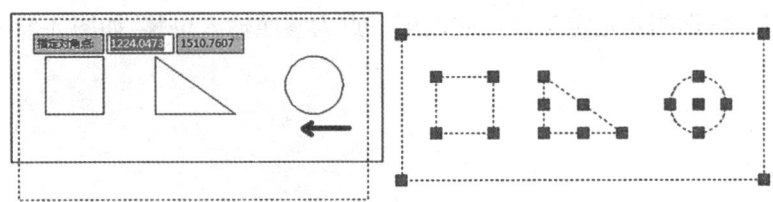

图 3-50 窗交方式选择部件

3.6.2 对象删除及恢复

1. 删除图形

在绘图时,有时需要利用删除命令来删除一些图形。执行删除命令的方法如下:

(1) 在菜单栏中选择"修改"→"删除"命令;

(2) 单击"修改"面板上的"删除"按钮 ;

(3) 在命令行中输入"erase(e)",按"Enter"键。

执行上面任意一种方法后在绘图区会出现直接拾取框图标"□",而后选择要删除的对象,再右击鼠标或按"Enter"键,即可完成删除图形的操作。

2. 恢复图形

如果要恢复上一步的图形,只要单击快速访问工具栏上的"放弃"按钮 ,就可以退回到先前的操作,再次单击可以一直退回到最近保存后的一步。

3.6.3 对象复制

1. 复制图形对象

利用该命令可将已绘制好的图形复制到其他的地方。执行复制命令有如下 3 种方法:

(1) 在菜单栏中选择"修改"→"复制"命令;

(2) 单击"修改"面板上的"复制"按钮 ;

(3) 在命令行中输入"copy(co)",按"Enter"键。

执行上面任意一种方法后在绘图区会出现直接拾取框图标"□",而后选择要复制的对象,再右击鼠标或按"Enter"键,根据提示指定基点,如图 3-51 所示。

图 3-51　复制图形—指定基点

指定基点后,根据提示指定第二点或以第一点为参照输入位移,如图 3-52 所示。

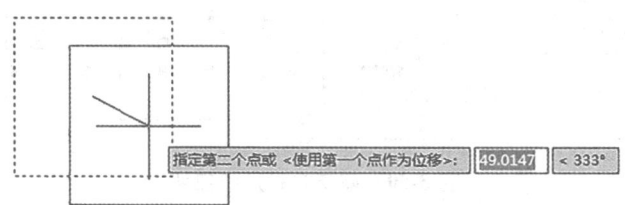

图 3-52　复制图形—指定第二点

指定完第二点,复制出一个对象,可继续指定第二点,进行多次复制,复制完成后按"Enter"或"Esc"结束复制操作,如图 3-53 所示。

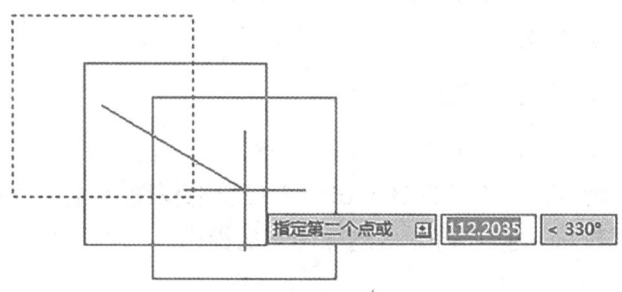

图 3-53　复制图形—指定第二点后

2. 镜像

使用该命令可以相对于指定镜像线复制一个或一组对象。执行镜像命令的 3 种方法如下:

（1）在菜单栏中选择"修改"→"镜像"命令;

（2）单击"修改"面板上的"镜像"按钮 ⚠ ;

（3）在命令行中输入"mirror(mi)",按"Enter"键。

执行上面任意一种方法后,在绘图区会出现直接拾取框图标"□",而后选择要镜像的对象,再右击鼠标或按"Enter"键,根据提示指定镜像线的第一点和第二点,如图 3-54 所示。

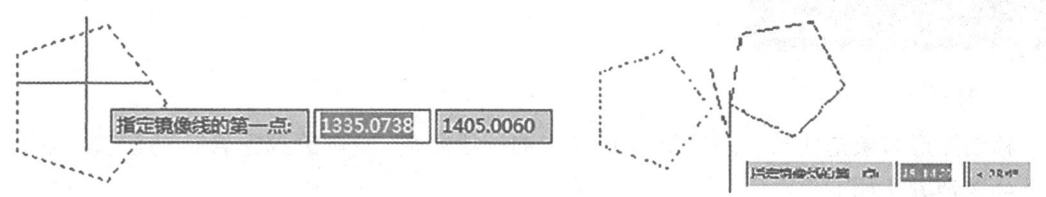

图 3-54　镜像图形—指定镜像线

指定镜像线后,根据提示选择是否删除原图形,输入"Y"或"N"后按"Enter"键完成镜像,如图 3-55 所示。

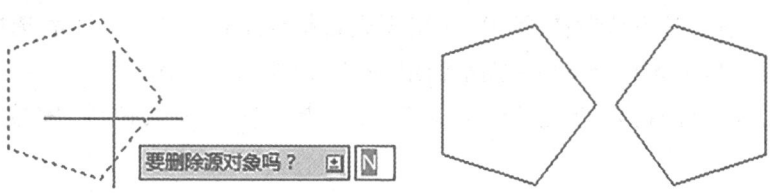

图 3-55　镜像图形—保留原图形完成镜像

3. 阵列

该命令可以将已绘制的图形在矩形或圆周上均匀复制。执行该命令的 3 种方法如下:

(1) 在菜单栏中选择"修改"→"阵列"命令;

(2) 单击"修改"面板上的"阵列"按钮；

(3) 在命令行中输入"array(ar)",按"Enter"键。

执行上面任意一种方法后,AutoCAD 会自动打开如图 3-56 所示的"阵列"对话框。

在对话框最上面有"矩形阵列"和"环形阵列"两个单选按钮,这是阵列的两种方式。使用"矩形阵列"选项创建选择对象的副本的行和列阵列(图 3-56 左);使用"环形阵列"选项通过围绕圆心复制选择对象来创建阵列(图 3-56 右)。

图 3-56　"阵列"对话框

3.6.4 对象位置改变

1. 移动

移动图形对象是使某一图形沿着基点移动一段距离,使对象到达合适的位置。执行该命令的 3 种方法如下:

(1) 在菜单栏中选择"修改"→"移动"命令;

(2) 单击"修改"面板上的"移动"按钮 ⊕ ;

(3) 在命令行中输入"move(m)",按"Enter"键。

执行上面任意一种方法后在绘图区会出现直接拾取框图标"□",而后选择要移动的对象,再右击鼠标或按"Enter"键,根据提示指定基点,如图 3-57 所示。

指定基点后,根据提示指定第二点或以第一点为参照输入位移,完成图形移动,如图 3-58 所示。

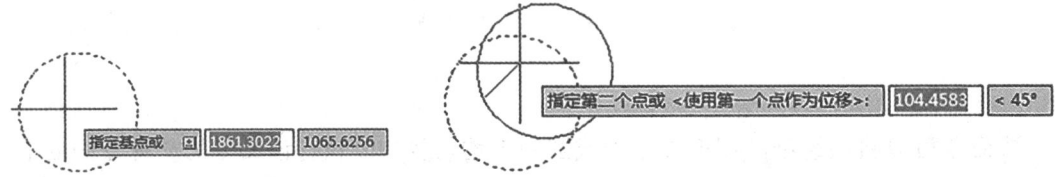

图 3-57　移动图形—指定基点　　　　图 3-58　移动图形—指定第二点

2. 旋转

旋转对象是指用户将图形对象转一个角度使之符合用户的要求。旋转后的对象与原对象的距离取决于旋转的基点与被旋转对象的距离。执行该命令的 3 种方法如下:

(1) 在菜单栏中选择"修改"→"旋转"命令;

(2) 单击"修改"面板上的"旋转"按钮 ⟳ ;

(3) 在命令行中输入"rotate(ro)",按"Enter"键。

执行上面任意一种方法后在绘图区会出现直接拾取框图标"□",而后选择要移动的对象,再右击鼠标或按"Enter"键,根据提示指定基点,如图 3-59 所示。

指定基点后,根据提示指定第二点或输入旋转角度,完成图形旋转,如图 3-60 所示。

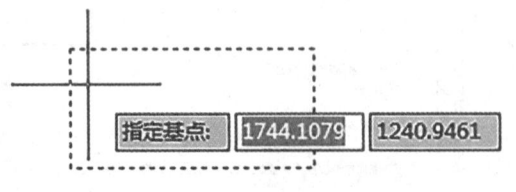
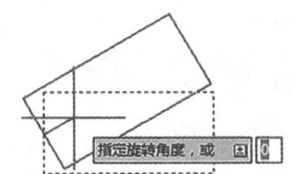

图 3-59　旋转图形—指定基点　　　　图 3-60　旋转图形—指定旋转角度

3.6.5 改变图形形状

1. 拉伸

拉伸是指按照指定的距离和角度拉长图形。执行该命令的3种方法如下：

（1）在菜单栏中选择"修改"→"拉伸"命令；

（2）单击"修改"面板上的"拉伸"按钮；

（3）在命令行中输入"stretch"，按"Enter"键。

执行上面任意一种方法后在绘图区会出现直接拾取框图标"□"，使用窗交选择要拉伸的对象部分，再右击鼠标或按"Enter"键，根据提示指定基点，如图3-61所示。

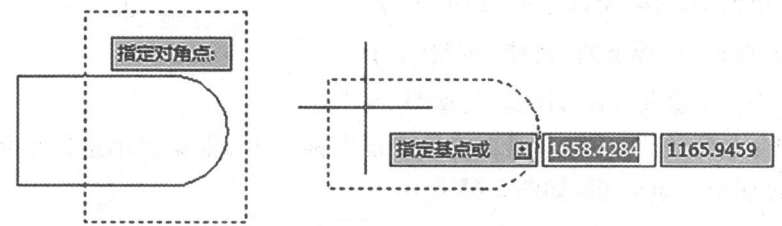

图 3-61 拉伸图形—窗交选择对象并指定基点

指定基点后，根据提示指定第二点或以第一点为参照输入位移，完成图形拉伸，如图3-62所示。

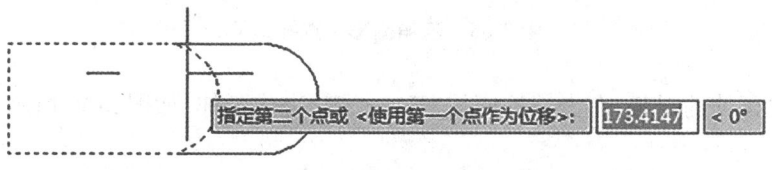

图 3-62 拉伸图形—指定第二点

2. 缩放

缩放是指按照指定的比例缩小或放大图形。执行该命令的3种方法如下：

（1）在菜单栏中选择"修改"→"缩放"命令；

（2）单击"修改"面板上的"缩放"按钮；

（3）在命令行中输入"scale(sc)"，按"Enter"键。

执行上面任意一种方法后在绘图区会出现直接拾取框图标"□"，而后选择要移动的对象，再右击鼠标或按"Enter"键，根据提示指定基点，如图3-63所示。

指定基点后，根据提示输入比例因子，完成图形缩放，

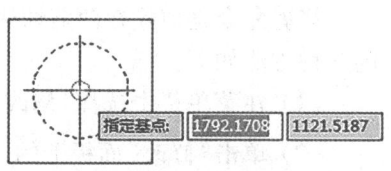

图 3-63 缩放图形—指定基点

如图 3-64 所示。

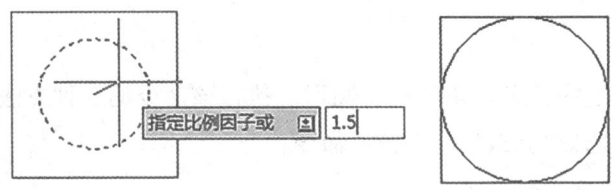

图 3-64　缩放图形—输入比例因子完成缩放

3. 延伸

延伸命令是将线段延长到与另一对象相交为止。执行延伸命令的 3 种方法如下：
(1) 在菜单栏中选择"修改"→"延伸"命令；
(2) 单击"修改"面板上的"延伸"按钮 ；
(3) 在命令行中输入"extend(ex)"，按"Enter"键。

执行延伸命令后，绘图区会出现直接拾取框图标"□"，根据提示选择要延伸至边界的边，再右击鼠标或按"Enter"键，如图 3-65 所示。

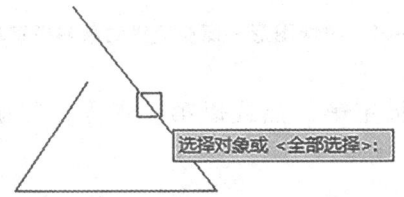

图 3-65　延伸图形—选择边界

再选择要延伸的对象，右击鼠标或按"Enter"键，完成延伸，如图 3-66 所示。

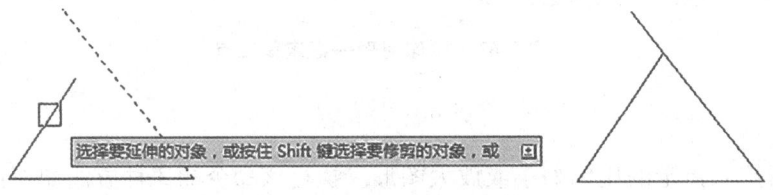

图 3-66　延伸图形—选择延伸对象

4. 修剪

修剪命令是剪除在两剪切边中间所夹的线段或剪除剪切边一侧的线段。执行修剪命令的 3 种方法如下：
(1) 在菜单栏中选择"修改"→"修剪"命令；
(2) 单击"修改"面板上的"修剪"按钮 ；
(3) 在命令行中输入"trim(t)"，按"Enter"键。

执行修剪命令后,绘图区会出现直接拾取框图标"□",根据提示选择剪切边,再右击鼠标或按"Enter"键,如图 3-67 所示。

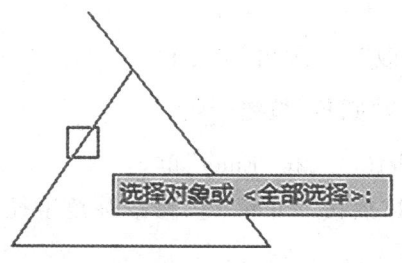

图 3-67 修剪图形—选择剪切边

再选择要修剪的对象,右击鼠标或按"Enter"键,完成修剪,如图 3-68 所示。

图 3-68 修剪图形—选择修剪对象

5. 倒角

倒角命令用于使两条直线之间按照指定的倒角距离创建倒角。执行倒角命令的 3 种方法如下:

(1) 在菜单栏中选择"修改"→"倒角"命令;

(2) 单击"修改"面板上的"倒角"按钮 ;

(3) 在命令行中输入"chamfer(cha)",按"Enter"键。

执行倒角命令后,输入"D"后按"Enter"键,修改倒角距离。根据提示输入第一个倒角距离 50、第二个倒角距离 50。再指定第一条直线,如图 3-69 所示。

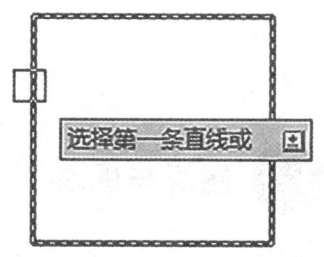

图 3-69 倒角—选择第一条直线

根据提示,再指定第二条直线,按"Enter"键完成倒角,如图 3-70 所示。

图 3-70 倒角—选择第二条直线

6. 圆角

圆角命令用于使两条直线之间按照指定的圆角半径创建圆角。执行圆角命令的 3 种方法如下：

（1）在菜单栏中选择"修改"→"圆角"命令；

（2）单击"修改"面板上的"圆角"按钮 ；

（3）在命令行中输入"fillet(f)"，按"Enter"键。

执行圆角命令后，输入"R"后按"Enter"键，修改圆角半径。根据提示输入半径 80。再指定第一条直线，如图 3-71 所示。

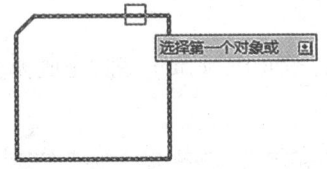

图 3-71　圆角—选择第一条直线

根据提示，再指定第二条直线，按"Enter"键完成圆角，如图 3-72 所示。

图 3-72　圆角—选择第二条直线

3.7　图层与图块

3.7.1　图层设置

图层是图形管理的一种工具，使用图层工具极易绘制、修改和管理图形。图层可以看成是一些透明的、完全对齐、叠在一起的电子胶片，用户见到的图形是已打开图层上的所有图形的叠加。

1. 建立新图层

新建的 CAD 文档中只有一个名为 0 的特殊图层，不能删除或重命名。通过创建新的图层，可以将类型相似的对象绘制在一个图层上。

在菜单栏中选择"格式"→"图层"命令，或者在"图层"面板中单击"图层特性"按钮 ，都会打开"图层设置管理器"对话框，如图 3-73 所示。

单击"图层特性管理器"对话框中的"新建图层"按钮 ，建立新图层。要根据绘图需要,更改图层名。

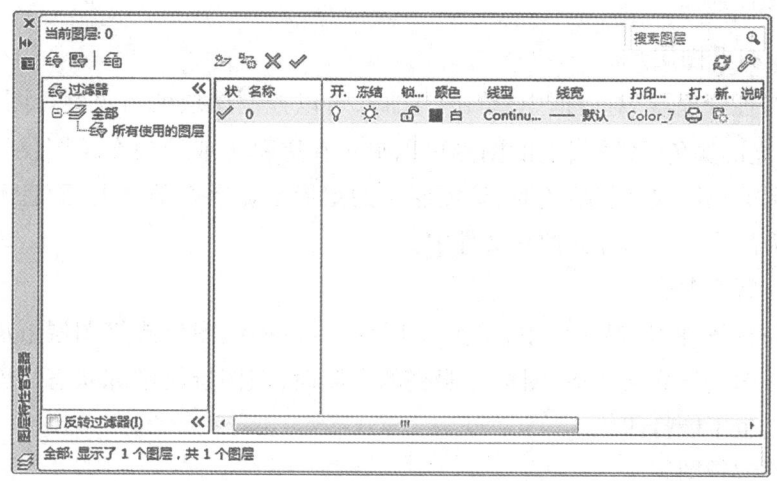

图 3-73 "图层设置管理器"对话框

2. 图层设置

在每个图层属性设置中,包括图层名称、关闭/打开图层、冻结/解冻图层、锁定/解锁图层、图层线条颜色、图层线条类型、图层线条宽度、图层打印样式以及图层是否打印等参数。

(1) 设置线条颜色

工程图样包含多个不同功能的图形对象,例如粗实线、虚线、点画线、剖面线、尺寸和文字等,为了便于直观区分它们,就有必要针对不同的图形对象使用不同的颜色。

要改变图层颜色时,单击图层所对应的颜色图标,弹出"选择颜色"对话框进行更改。

(2) 设置图层线型

绘制工程图样常用的线型有实线、虚线、点画线等。在许多绘图工作中,常常以线型划分图层,为某一个图层设置适合的线型,在绘图时,只需将该图层设置为当前工作层,即可绘制出符合线型要求的图形对象,极大地提高了绘图的效率。

在绘图前一般要先设定好每个图层的线型,要改变图层线型时,单击图层所对应的线型图标,弹出"选择线型"对话框进行更改。

(3) 设置图层线宽

线宽设置顾名思义就是改变线条的宽度。用不同宽度的线条表现图形对象的类型,也可以提高图形的可读性。

要改变图层线宽时,单击图层所对应的线宽图标,弹出"线宽"对话框进行更改。

(4) 切换当前图层

不同的图形对象需要绘制在不同的图层中,在绘制前需要将工作图层切换到所需的图层上来。打开"图层特性管理器"对话框,选择图层,单击"置为当前"按钮 完成设置。

45

（5）删除图层

在"图层特性管理器"对话框中的图层列表框中选择要删除的图层，单击"删除"按钮 ✖ 即可删除该图层。

（6）关闭/打开图层

在"图层特性管理器"对话框中，单击 💡 图标，可以控制图层的可见性。图层打开时，图标小灯泡呈明亮的颜色，该图层上的图形可以显示在屏幕上或绘制在绘图仪上。当单击该属性图标后，图标小灯泡呈灰暗色时，该图层上的图形不显示在屏幕上，而且不能被打印输出，但仍然作为图形的一部分保留在文件中。

（7）冻结/解冻图层

在"图层特性管理器"对话框中，单击 ☼ 图标，可以冻结图层或将图层解冻。图标呈灰暗色雪花时，该图层是冻结状态；图标呈明亮的太阳时，该图层是解冻状态。冻结图层上的对象不能显示，也不能打印。

（8）锁定/解锁图层

在"图层特性管理器"对话框中，单击 🔒 图标，可以锁定图层或将图层解锁。锁定图层后，该图层上的图形依然显示在屏幕上并可打印输出，并可以在该图层上绘制新的图形对象，但用户不能对该图层上的图形进行编辑修改操作。可以对当前图层进行锁定，也可对锁定图层上的图形进行查询或使用对象捕捉命令。锁定图层可以防止对图形的意外修改。

（9）打印样式

在 AutoCAD 2010 中，可以使用一个称为"打印样式"的新的对象特性。打印样式控制对象的打印特征，包括颜色、抖动、灰度、笔号、虚拟笔、淡显、线型、线宽、线条端点样式、线条连接样式和填充样式。

（10）打印/不打印

在"图层特性管理器"对话框中，单击 🖨 图标，可以设定打印时该图层是否打印，以在保证图形显示可见不变的条件下，控制图形的打印特征。打印功能只对可见的图层起作用，对于已被冻结或关闭的图层不起作用。

3.7.2 图块创建

把一组图形对象组合成图块加以保存，需要的时候可以把图块作为一个整体以任意比例和旋转角度插入图中任意位置，这样不仅避免了大量的重复工作，提高绘图速度和工作效率，而且可大大节省磁盘空间。

1. 创建图块

执行创建图块命令的 3 种方法如下：

（1）在菜单栏中选择"绘图"→"块"→"创建"命令；

（2）单击"块"面板上的"创建"按钮 🔲；

（3）在命令行中输入"block"，按"Enter"键。

执行上面任意一种方法后,系统打开如图 3-74 所示的"块定义"对话框,利用该对话框指定要定义的对象和基点以及其他参数,可定义图块并命名。

要将定义好的块进行保存,在命令行中输入"wblock(w)",按"Enter"键,系统打开如图 3-75 所示的"写块"对话框,利用此对话框可把图形对象保存为图块或把图块转换成图形文件。

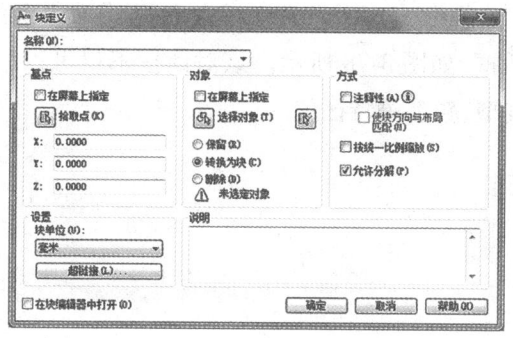

图 3-74 "块定义"对话框

图 3-75 "写块"对话框

2. 插入图块

执行插入图块命令的 3 种方法如下:
(1)在菜单栏中选择"插入"→"块"命令;
(2)单击"块"面板上的"插入"按钮；
(3)在命令行中输入"insert(i)",按"Enter"键。

执行上面任意一种方法后,系统打开如图 3-76 所示的"插入"对话框,在"名称"后的下拉菜单中选择在当前图形中定义的块,若要插入保存好的图形文件,点击"浏览"按钮指定文件目录。在该对话框的下方指定插入点、比例、旋转角度等各项参数,点击"确定"插入图块到指定的位置上。

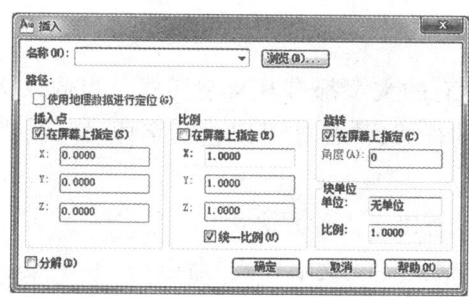

图 3-76 "插入"对话框

3. 图块属性

属性是属于块的非图形信息,它是块的一个组成部分。实际上属性是块中的文本对象,属性可以加在绘图文件中的任何图形对象上,就好像一个产品的标签,注释产品的生产厂家、生产日期和材料等信息。

在菜单栏中选择"绘图"→"块"→"定义属性"命令,或单击"块"面板中的"属性定义"按钮 ,打开"属性定义"对话框,如图 3-77 所示,可进行模式、属性、插入点及文字设置等属性定义。

在菜单栏中选择"修改"→"对象"→"属性"→"单个"命令或点击"块"面板上的"编辑属性"按钮 打开"增强属性编辑器"对话框,如图 3-78 所示。该对话框不仅可以编辑属性值,还可以编辑属性的文字选项和图层、线型、颜色等特征值。

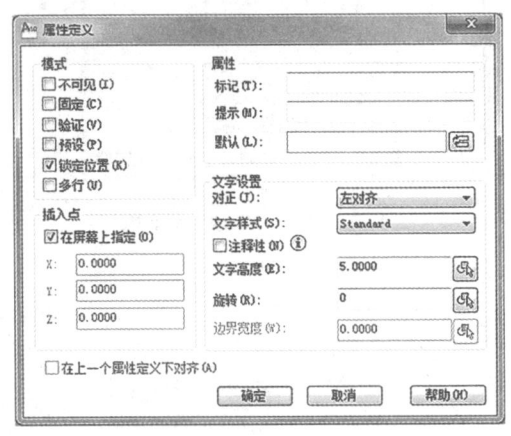

图 3-77 "属性定义"对话框

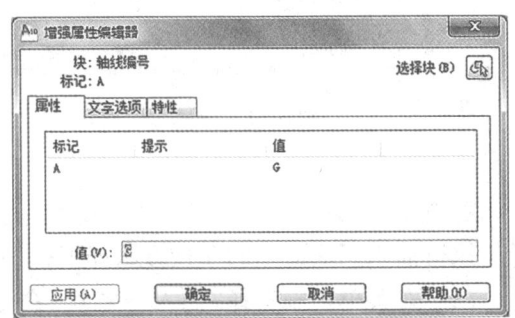

图 3-78 "增强属性编辑器"对话框

3.8 文本、表格和尺寸标注

3.8.1 文本标注

1. 文字样式

在 AutoCAD 图形中,所有的文字都有其文字样式。当输入文字时,AutoCAD 会使用当前的文字样式作为其默认的样式,该样式可以包括字体、样式、高度、宽度比例和其他文字特性。

执行文字样式设置命令有以下 3 种方法:

(1) 在菜单栏中选择"格式"→"文字样式"命令;

(2) 单击"注释"选项卡的"文字"面板右下角的"文字样式"按钮 ;

(3) 在命令行中输入"style(st)",按"Enter"键。

执行上面任意一种方法后,系统打开"文字样式"对话框,如图 3-79 所示。

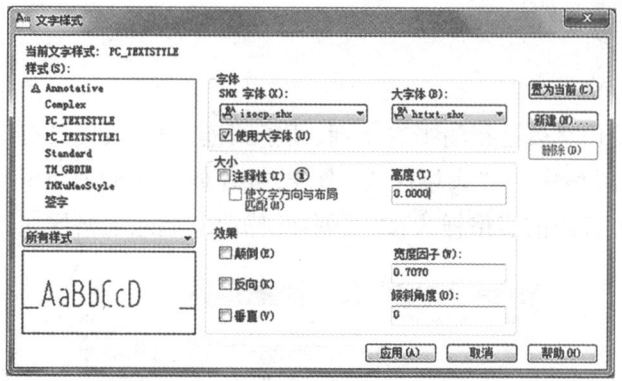

图 3-79 "文字样式"对话框

2. 标注文本

（1）单行文字标注

单行文字一般用于对图形对象的规格说明、标题栏信息和标签等，也可以作为图形的一个有机组成部分。对于这种不需要使用多种字体的简短内容，可以使用"单行文字"命令建立单行文字。

执行单行文字标注命令有以下 3 种方法：

① 在菜单栏中选择"绘图"→"文字"→"单行文字"命令；

② 单击"常用"选项卡的"注释"面板或"注释"选项卡的"文字"面板中的"单行文字"按钮 A ；

③ 在命令行中输入"dtext"，按"Enter"键。

（2）多行文字标注

对于较长和较为复杂的内容，可以使用"多行文字"命令来创建多行文字。多行文字可以布满指定的宽度，在垂直方向上无限延伸。用户可以自行设置多行文字对象中的单个字符的格式。

多行文字由任意数目的文字行或段落组成，与单行文字不同的是在一个多行文字编辑任务中创建的所有文字行或段落都被当作同一个多行文字对象。多行文字可以被移动、旋转、删除、复制、镜像、拉伸或按比例缩放。

与单行文字相比，多行文字具有更多的编辑选项，可以将下划线、字体、颜色和高度变化应用到段落中的单个字符、词语或词组。

执行多行文字标注命令有以下 3 种方法：

① 在菜单栏中选择"绘图"→"文字"→"多行文字"命令；

② 单击"常用"选项卡的"注释"面板或"注释"选项卡的"文字"面板中的"多行文字"按钮 A ；

③ 在命令行中输入"mtext(mt)"，按"Enter"键。

3.8.2 表格标注

1. 设置表格样式

使用表格可以使信息表达得清晰有条理、便于阅读,同时表格具有计算功能。

在菜单栏中选择"格式"→"表格样式"命令,打开如图3-80所示的"表格样式"对话框,在此对话框中可以设置当前表格样式,以及创建、修改和删除表格样式。

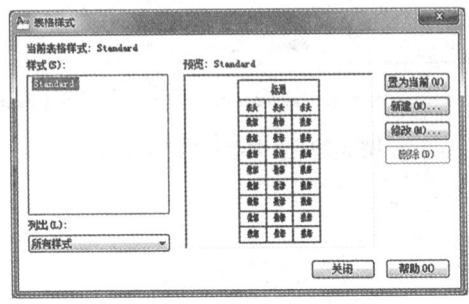

图 3-80 "表格样式"对话框

2. 创建及编辑表格

执行创建表格命令有以下3种方法:

(1) 在菜单栏中选择"绘图"→"表格"命令;

(2) 单击"注释"面板中的"表格"按钮 ⊞ ;

(3) 在命令行中输入"table",按"Enter"键。

执行上面任意一种方法后,系统打开"插入表格"对话框,如图3-81所示。选定已创建的表格样式,指定行和列的数目和大小以及单元格样式,插入表格。

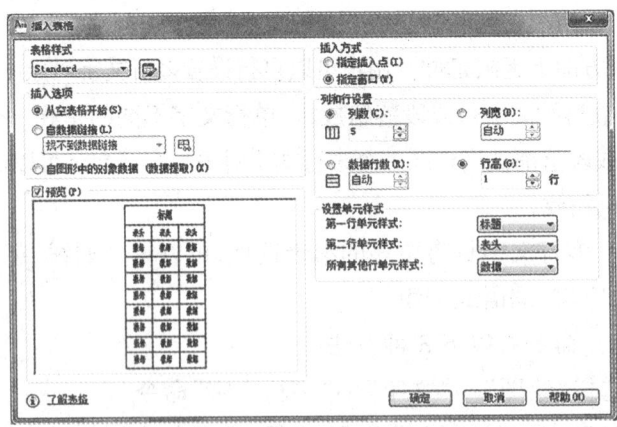

图 3-81 "插入表格"对话框

在表格内双击,用户可以在指定表格单元中写文字或进行编辑,通过多行文字编辑器可对文字属性进行设置。

3.8.3 尺寸标注

1. 设置标注样式

在 AutoCAD 中，要使标注的尺寸符合国标要求，就必须先设置尺寸样式。设置标注样式有以下 3 种方法：

（1）在菜单栏中选择"标注"→"标注样式"命令；

（2）单击"注释"选项卡的"标注"面板右下角的"标注样式"按钮 ；

（3）在命令行中输入"ddim(dd)"，按"Enter"键。

执行上面任意一种方法后，系统打开"标注样式管理器"对话框，如图 3-82 所示。在其中，将显示当前可以选择的尺寸样式名，可以查看选择样式的预览图。

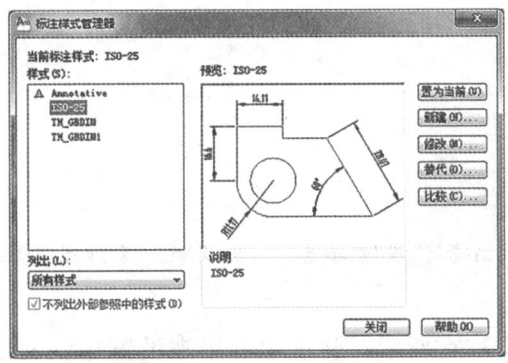

图 3-82 "标注样式管理器"对话框

单击"标注样式管理器"对话框中的"新建"按钮，出现如图 3-83 所示的"创建新标注样式"对话框。

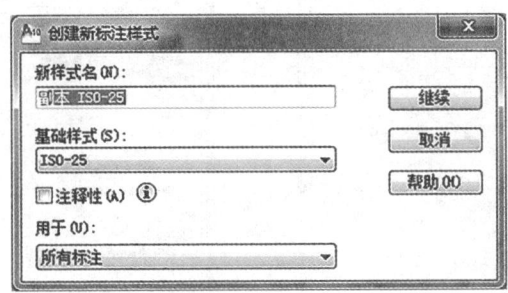

图 3-83 "创建新标注样式"对话框

设置新建样式名称、相应的标准基础样式以及标注应用范围，单击"继续"按钮，进入"新建标注样式"对话框进行各项设置。

"新建标注样式"对话框包含"线""符号和箭头""文字""调整""主单位""换算单位"

和"公差"7个选项卡,包含7个大类的尺寸标注设置,各项参数在不同类型的图纸中设置可能会有不同,请根据实际使用要求进行合理设置。

"线"选项卡,如图3-84所示。在此选项卡中可设置尺寸的几何变量,包含尺寸线和延伸线的颜色、线型、线宽以及超出距离、偏移量等参数。

"符号和箭头"选项卡,如图3-85所示。此选项卡中包含箭头的类型和大小、圆心标记、折断标注、折弯标注、弧长符号等参数。

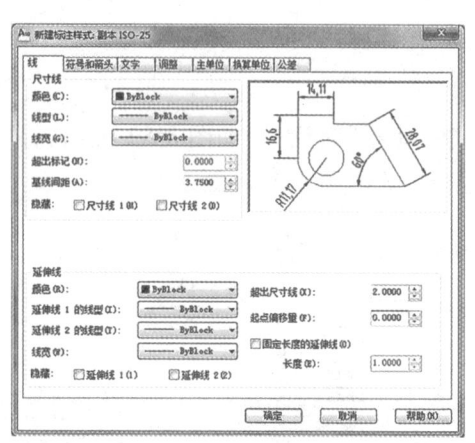

图3-84 "新建标注样式"对话框与"线"选项卡　　图3-85 "新建标注样式"与"符号和箭头"选项卡

"文字"选项卡,如图3-86所示。此选项卡用来设置标注文字的外观、位置和对齐等参数。

"调整"选项卡,如图3-87所示。此选项卡用来设置标注文字、箭头、引线和尺寸线的放置位置等参数。

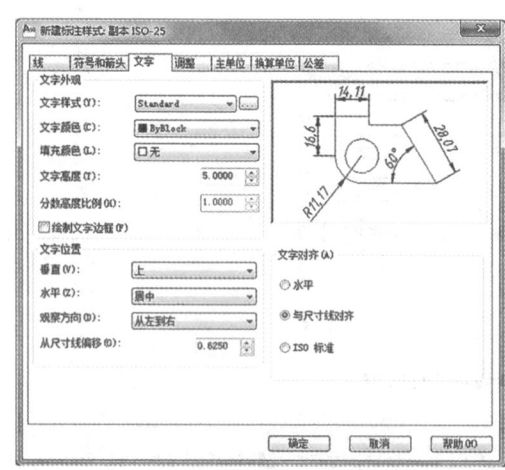 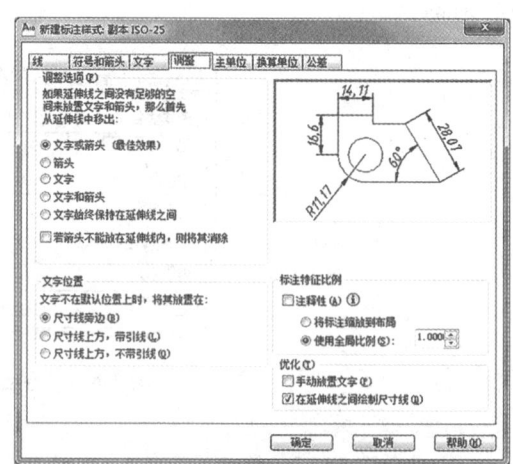

图3-86 "新建标注样式"与"文字"选项卡　　图3-87 "新建标注样式"与"调整"选项卡

"主单位"选项卡,如图 3-88 所示。此选项卡用来设置主标注单位的格式和精度,并设置标注文字的前缀和后缀。

"换算单位"选项卡,如图 3-89 所示。此选项卡用来设置标注测量值中换算单位的显示并设置其格式和精度。

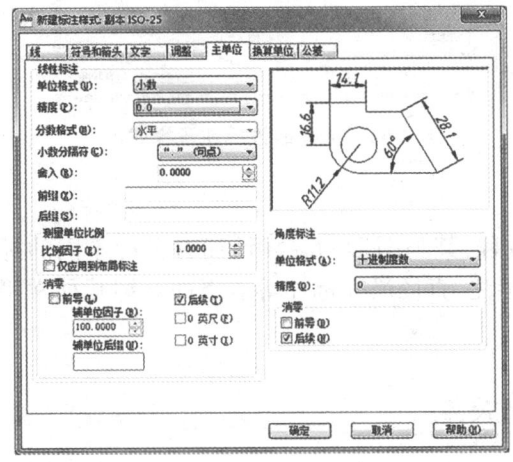 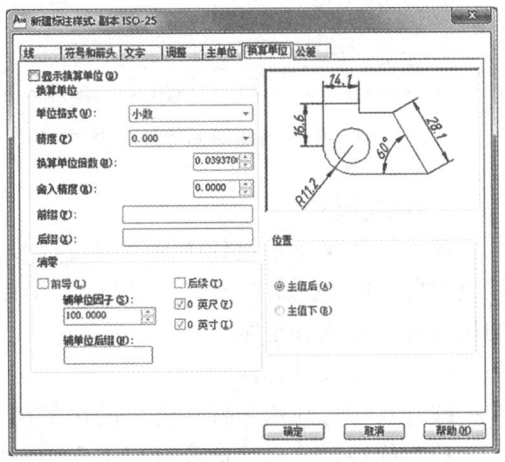

图 3-88 "新建标注样式"与"主单位"选项卡　　图 3-89 "新建标注样式"与"换算单位"选项卡

"公差"选项卡,如图 3-90 所示。此选项卡用来设置公差格式及换算公差等。

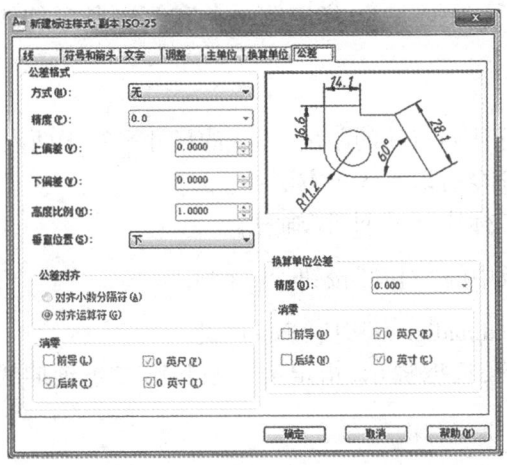

图 3-90 "新建标注样式"与"公差"选项卡

修改好各选项卡中的设置后,点击"确定"返回"标注样式管理器"窗口,继续创建子系标注。点击"新建"按钮,"基础样式"为已建立的"副本 ISO-25",在"用于"下选择"线性标注",如图 3-91 所示,点击"继续"单独设置线性标注样式。同理,设置"角度标注""半径标注""直径标注"等,如图 3-92 所示。

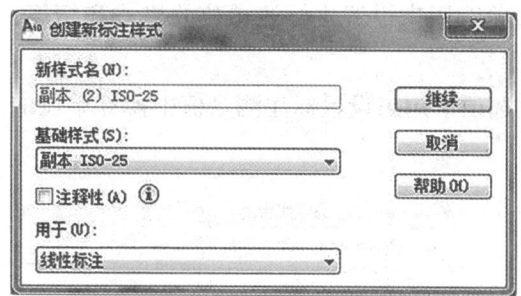
图 3-91 创建线性标注子样式(1)

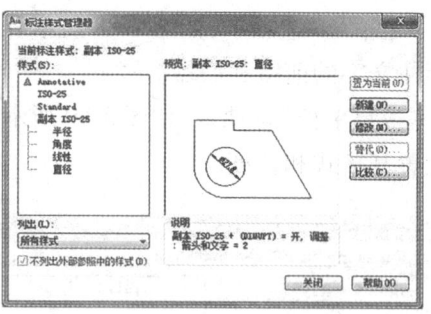
图 3-92 创建线性标注子样式(2)

2. 标注尺寸

尺寸标注是图形设计中基本的设计步骤和过程,其随图形的多样性而有多种不同的标注,包括线性尺寸标注、对齐尺寸标注、半径尺寸标注、直径尺寸标注等。下面介绍几种常用的尺寸标注方法和规则。

(1) 线性尺寸标注

线性尺寸标注用来标注图形的水平尺寸、垂直尺寸。

执行线性尺寸标注命令有以下 3 种方法:

① 在菜单栏中选择"标注"→"线性"命令;

② 单击"标注"面板中的"线性"按钮 ;

③ 在命令行中输入"dimlinear",按"Enter"键。

执行上述任一操作后,根据提示,指定第一条和第二条延伸线原点,完成线性标注,如图 3-93 所示。

(2) 对齐尺寸标注

对齐尺寸标注是指标注两点间的距离,标注的尺寸平行于两点间的连线。

执行对齐尺寸标注命令有以下 3 种方法:

① 在菜单栏中选择"标注"→"对齐"命令;

② 单击"标注"面板中的"对齐"按钮 对齐;

③ 在命令行中输入"dimaligned",按"Enter"键。

执行上述任一操作后,根据提示,指定第一条和第二条延伸线原点,完成对齐标注,如图 3-94 所示。

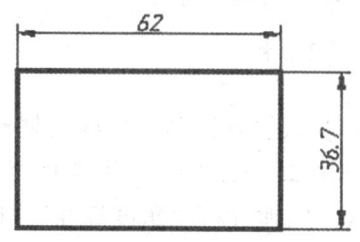
图 3-93 线性尺寸标注

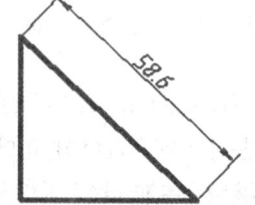 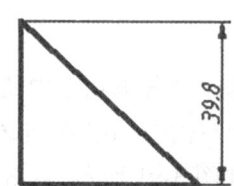
图 3-94 对齐尺寸标注(左)与线性尺寸标注(右)对比

（3）半径尺寸标注

半径尺寸标注用来标注圆或圆弧的半径。

执行半径尺寸标注命令有以下 3 种方法：

① 在菜单栏中选择"标注"→"半径"命令；

② 单击"标注"面板中的"半径"按钮 ▢ 半径 ；

③ 在命令行中输入"dimradius"，按"Enter"键。

执行上述任一操作后，根据提示，指定圆弧或圆，完成半径标注，如图 3-95 所示。

（4）直径尺寸标注

直径尺寸标注用来标注圆的直径。

创建直径尺寸标注有以下 3 种方法：

① 在菜单栏中选择"标注"→"直径"命令；

② 单击"标注"面板中的"直径"按钮 ▢ 直径 ；

③ 在命令行中输入"dimdiameter"，按"Enter"键。

执行上述任一操作后，根据提示，指定圆，完成直径标注，如图 3-96 所示。

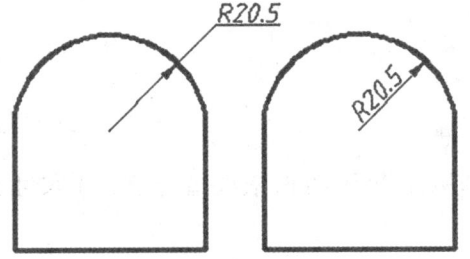
图 3-95 半径尺寸标注

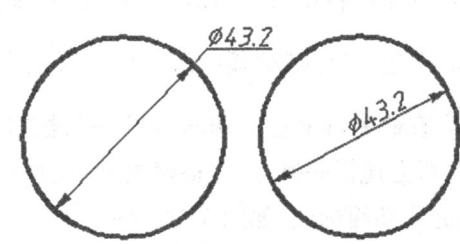
图 3-96 直径尺寸标注

（5）弧长尺寸标注

弧长尺寸标注用来测量和显示圆弧的长度。

创建弧长尺寸标注有以下 3 种方法：

① 在菜单栏中选择"标注"→"弧长"命令；

② 单击"标注"面板中的"弧长"按钮 ▢ 弧长 ；

③ 在命令行中输入"dimarc"，按"Enter"键。

执行上述任一操作后，根据提示，指定圆弧，完成弧长标注，如图 3-97 所示。

（6）角度尺寸标注

角度尺寸标注用来标注两条不平行线的夹角或圆弧的夹角。

创建角度尺寸标注有以下 3 种方法：

① 在菜单栏中选择"标注"→"角度"命令；

② 单击"标注"面板中的"角度"按钮 ▢ 角度 ；

③ 在命令行中输入"dimangular",按"Enter"键。

执行上述任一操作后,根据提示,指定圆弧、圆或两条直线,完成角度标注,如图 3-98 所示。

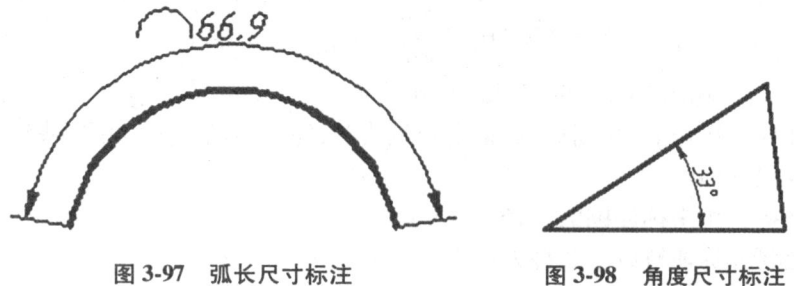

图 3-97　弧长尺寸标注　　　　　　图 3-98　角度尺寸标注

(7) 基线尺寸标注

基线尺寸标注用来标注以同一基准为起点的一组相关尺寸。

创建基线尺寸标注有以下 3 种方法:

① 在菜单栏中选择"标注"→"基线"命令;

② 单击"标注"面板中的"基线"按钮 ⊢ 基线 ;

③ 在命令行中输入"dimbaseline",按"Enter"键。

执行上述任一操作后,根据提示,选择现有的标注作为基准,依次指定第二个尺寸界线原点,完成基线标注,如图 3-99 所示。

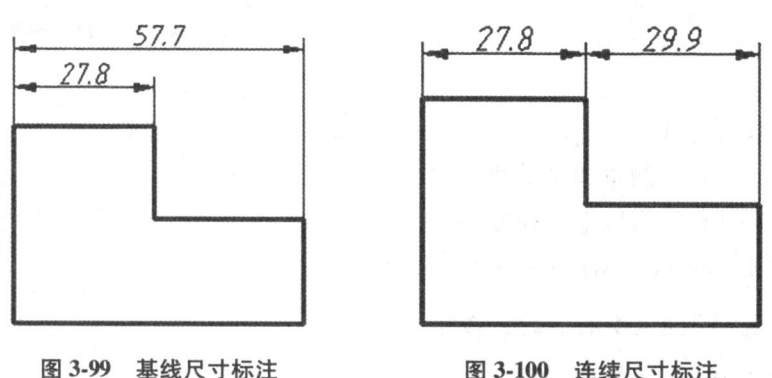

图 3-99　基线尺寸标注　　　　　　图 3-100　连续尺寸标注

(8) 连续尺寸标注

连续尺寸标注用来标注一组连续相关尺寸,即前一尺寸标注是后一尺寸标注的基准。

创建连续尺寸标注有以下 3 种方法:

① 在菜单栏中选择"标注"→"连续"命令;

② 单击"标注"面板中的"连续"按钮 ⊢⊢ 连续 ;

③ 在命令行中输入"dimcontinue",按"Enter"键。

执行上述任一操作后,根据提示,选择现有的标注作为基准,依次指定第二个尺寸界线原点,完成连续标注,如图 3-100 所示。

3.9 图案填充

图案填充就是用某种图案充满图形中的指定封闭区域。在机械图样、建筑图样中,需要在剖视图、断面图上绘制填充图案。

3.9.1 图案填充命令

1. 图案填充

执行"图案填充"命令有 3 种方法:

(1)选择"绘图"→"图案填充"菜单命令;

(2)单击"绘图"面板上的"图案填充"按钮 ;

(3)在命令行中输入"bhatch(h)",按"Enter"键。

执行"图案填充"命令后,系统将弹出如图 3-101 所示"图案填充和渐变色"对话框。

图 3-101 "图案填充和渐变色"对话框

2. 选择图案填充区域

在"图案填充和渐变色"对话框中,右边排列的"边界"与"选项"用于选择图案填充的区域。这些按钮与选项的位置是固定的,无论选择哪个选项卡都可以发生作用。

(1)"边界"选项:该选项中可以选择"图案填充"的区域方式。

"添加:拾取点"按钮:用于根据图中现有的对象自动拾取填充区域的边界。该方式要求这些对象必须构成一个闭合区域。单击该按钮,系统将暂时关闭"图案填充和渐变色"对话框,此时按系统提示在闭合区域内单击,系统自动以虚线形式显示用户选中的边界,如图 3-102 所示。

确定图案填充边界后,确定并回到图案填充对话框,然后点击"确定",图案填充即完成,如图 3-103 所示。

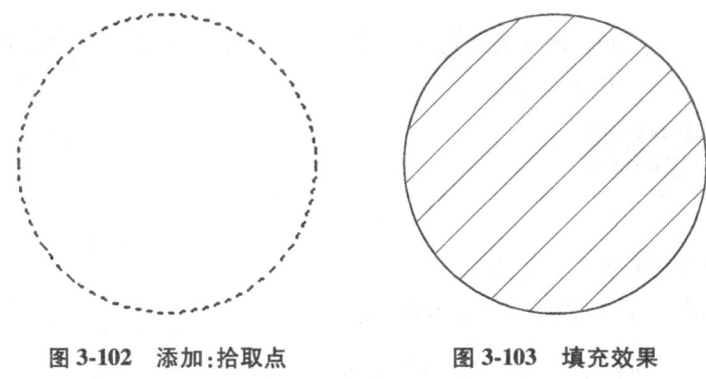

图 3-102　添加:拾取点　　　　图 3-103　填充效果

"添加:选择对象"按钮:用于选择图案填充的边界对象。该方式需要用户逐一选择图案填充的边界对象,选中的边界对象将变为虚线,如图 3-104 所示。点击"确定",得到 3 种不同的填充效果,如图 3-105 所示。

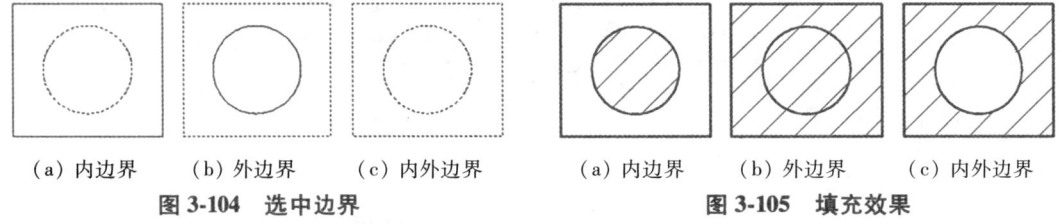

(a) 内边界　　(b) 外边界　　(c) 内外边界　　(a) 内边界　　(b) 外边界　　(c) 内外边界
图 3-104　选中边界　　　　　　　　图 3-105　填充效果

"删除边界"按钮:用于从边界定义中删除以前添加的任何对象。

"重新创建边界"按钮:围绕选定的图形边界或填充对象创建多段线或面域,并使其与图案填充对象相关联(可选)。如果未定义图案填充,则此选项不可选用。

"查看选择集"按钮:单击"查看选择集"按钮,系统将显示当前选择的填充边界。如果未定义边界,则此选项不可选用。

(2)"选项"选项:在"选项"选项中,是控制几个常用的图案填充或填充选项。

"关联"选项:用于创建关联图案填充。关联图案是指图案与边界相链接,当用户修改边界时,填充图案将自动更新。

"创建独立的图案填充"选项:用于控制当指定了几个独立的闭合边界时,是创建单个图案填充对象,还是创建多个图案填充对象。

"绘图次序"选项:用于指定图案填充的绘图顺序,图案填充可以放在所有其他对象之后、所有其他对象之前、图案填充边界之后或图案填充边界之前。

"继承特性"按钮:用指定图案的填充特性填充到指定的边界。单击"继承特性"按钮,并选择某个已绘制的图案,系统即可将该图案的特性填充到当前填充区域中。

3. 选择图案样式

在"图案填充"选项卡中,"类型和图案"选项组可以选择图案填充的样式。"图案"下拉列表用于选择图案的样式,所选择的样式将在其下的"样例"显示框中显示出来,用户需要时,可以通过滚动条来选取自己所需要的样式。

单击"图案"下拉列表框右侧的按钮 或单击"样例"显示框,弹出"填充图案选项板"对话框,如图3-106所示,列出了所有预定义图案的预览图像。

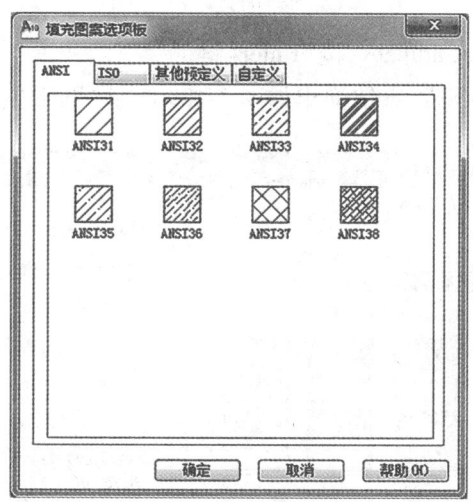

图 3-106 "填充图案选项板"对话框

在"填充图案选项板"对话框中,各个选项卡的意义如下:
① "ANSI"选项卡:用于显示系统附带的所有 ANSI 标准图案;
② "ISO"选项卡:用于显示系统附带的所有 ISO 标准图案;
③ "其他预定义"选项卡:用于显示所有其他样式的图案;
④ "自定义"选项卡:用于显示所有已添加的自定义图案。

4. 选择图案的角度与比例

在"图案填充"选项卡中,"角度和比例"可以定义图案填充的角度和比例。"角度"下拉列表框用于选择预定义填充图案的角度,用户也可在该列表框中输入其他角度值,图3-107从左到右依次为0°、45°、90°情况下的图案填充效果。

在"图案填充"选项卡中,比例下拉列表框用于指定放大或缩小预定义或自定义图案,用户也可在该列表框中输入其他缩放比例值,图3-108从左到右依次为图案填充比例分别为1、5、10这3种情况下的填充效果。

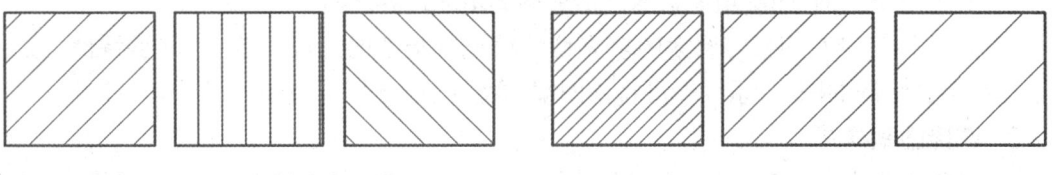

图 3-107 填充角度　　　　　　图 3-108 填充比例

5. 渐变色填充

执行"渐变色填充"命令有 3 种方法如下：

（1）选择菜单"绘图"→"图案填充"命令→"渐变色"选项卡；

（2）单击"绘图"面板上的"渐变色"按钮 ；

（3）在命令行中输入"gradient"，按"Enter"键。

执行"渐变色填充"命令后，系统弹出如图 3-109 所示"图案填充和渐变色"对话框。

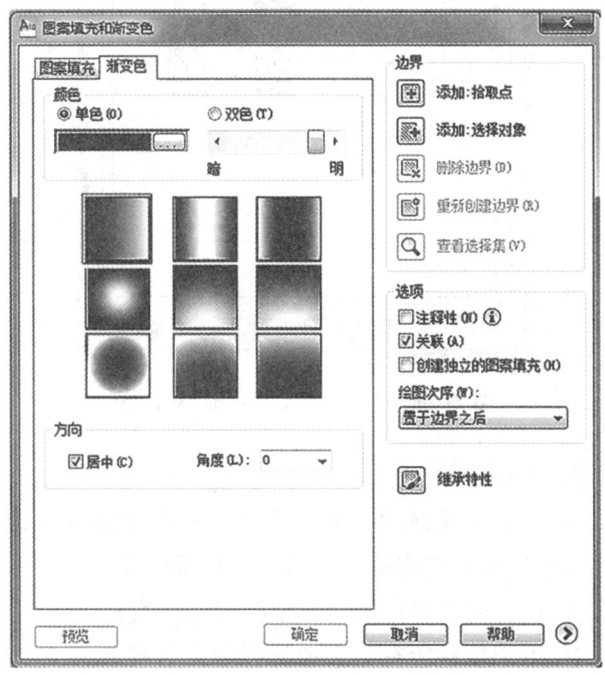

图 3-109 "图案填充和渐变色"对话框

在"渐变色"选项卡中，各选项组的意义如下：

① "颜色"选项组：主要用于设置渐变色的颜色。

② "单色"选项：从较深的着色到较浅色调平滑过渡的单色填充。单击选择颜色按钮 ，系统弹出"选择颜色"对话框，从中可以选择系统所提供的索引颜色、真彩色或配色系统颜色。

③ "着色-渐浅"滑块:移动"渐浅"按钮 ,用于指定一种颜色为选定颜色与白色的混合,或为选定颜色与黑色的混合,用于渐变填充。

④ "双色"选项:在两种颜色之间平滑过渡的双色渐变填充。

在渐变图案区域列出了9种固定渐变图案的图标,单击图标就可以选择渐变色填充为线状、球状和抛物面状等图案的填充方式。

⑤ "方向"选项组:主要用于指定渐变色的角度以及其是否对称。

⑥ "居中"单选项:用于指定对称的渐变配置。如果选定该选项,渐变填充将朝左上方变化,创建光源在对象左边的图案。

⑦ "角度"文本框:用于指定渐变色的角度。此选项与指定给图案填充的角度互不影响。

3.9.2 编辑图案填充

如果对绘制完的填充图案感到不满意,可以通过"编辑图案填充"随时进行修改。

执行"编辑图案填充"命令有3种方法如下:

(1) 选择菜单"修改"→"对象"→"图案填充"命令;

(2) 在命令行中输入"hatchedit",按"Enter"键;

(3) 填充图案空间内双击鼠标。

执行"编辑图案填充"命令后,选择需要编辑的填充图案,系统将弹出如图3-110所示的对话框。在该对话框中,有许多选项都以灰色显示,表示不要选择或不可编辑。

图3-110 "图案填充编辑"对话框

3.10 样板文件的制作

3.10.1 图层、样式设置

第一步:新建一个无样板文件。

第二步:图层设置。

打开图层管理器,执行"新建图层"命令,依次新建"轮廓实线层""细线层""中心线层""缆线层""设备层"等绘图常用层,如图 3-111 所示。

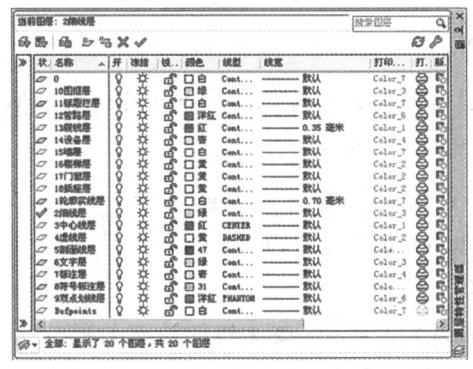

图 3-111 图层管理器

第三步:文字样式设置。

打开"文字样式"对话框,如图 3-112 所示。新建"西元样式",设置文字的字体、大小及效果。勾选"使用大字体",在"SHX 字体"下选择"gbeitc.shx",在"大字体"下选择"gbcbig.shx";将高度设置为 5,宽度因子为默认值 1。然后依次新建"西元样式 1""西元样式 2",且文字高度分别为 7 和 3.5。

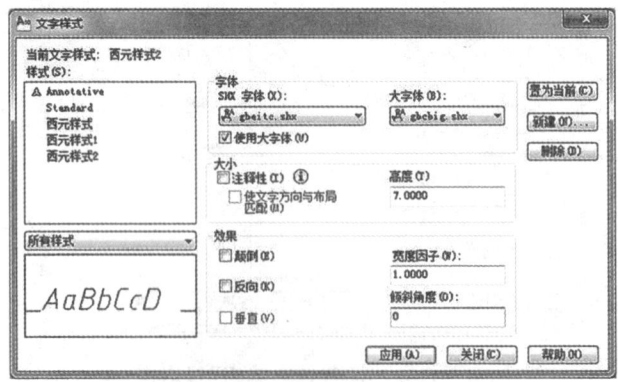

图 3-112 "文字样式"对话框

第四步:标注样式设置。

打开"标注样式管理器"对话框,新建"西元标注"标注样式,并对该标注样式的参数进行修改,如图 3-113 所示。具体参数:箭头大小为 2.5,延伸线偏移为 3.5,延伸线超出量为 2,文字高度为 3.5,文字偏移为 1,尺寸线颜色为青,延伸线颜色为青,文字颜色为绿,精度为 0,文字样式为西元样式,引线箭头为建筑标记,箭头为建筑标记。

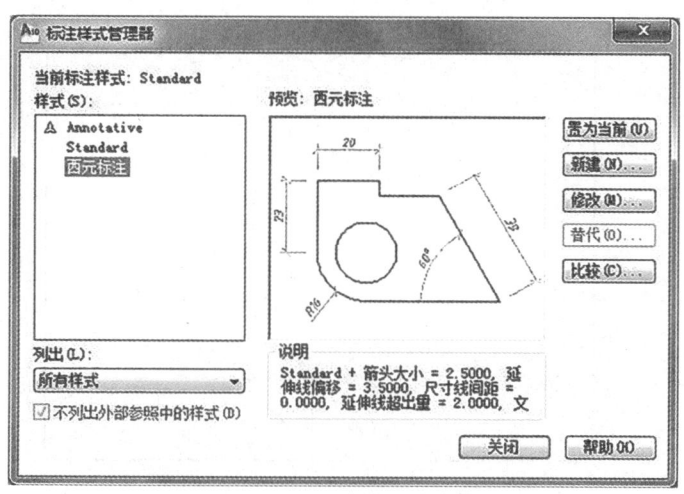

图 3-113 "标注样式管理器"对话框

3.10.2 图框绘制

切换图层到"图框层",利用"直线""偏移""修剪"等命令制作一个带装订线的 A4 标准图框,如图 3-114 所示。

图 3-114 A4 图框

3.10.3 标题栏的制作

第一步:制作标题栏框线。

切换图层到"标题栏层",利用"直线""偏移""修剪"等命令制作如图 3-115 所示标题栏。

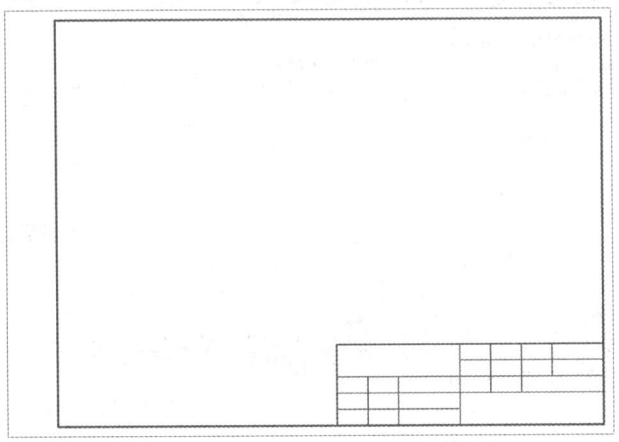

图 3-115　标题栏框线制作

第二步:填写项目名称。

利用"多行文字"命令,填写标题栏中不变的项目,如图 3-116 所示。

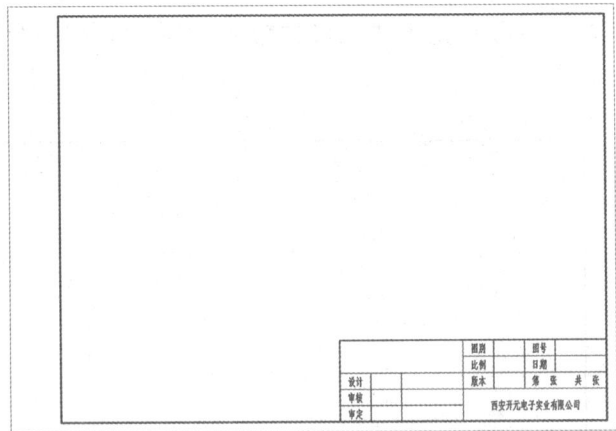

图 3-116　填写标题栏

第三步:属性定义。

为了实现标题栏信息的简便快捷输入,对标题栏的部分单元格进行属性定义。在属性定义前先做一些辅助线以便之后捕捉单元格的中心让文字布置得更好看。

打开"属性定义"对话框,在"标记"中输入要定义的属性,"文字设置"下选择合适的对齐选项以及文字样式,点击"确定",并在屏幕上单击合适的地方,至此,单元格的属性定义完成。用同样的方法,填写剩余的单元格,如图 3-117 所示。

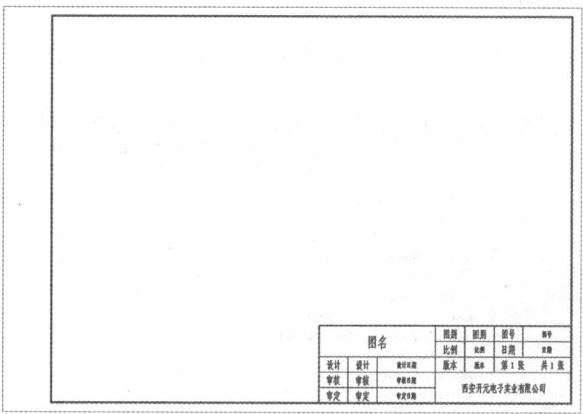

图 3-117　标题栏属性定义

第四步:标题栏块。

为了标题栏编辑方便,利用"块"命令,把标题栏保存为块,这样以后编辑时直接双击"标题栏",就可以对标题栏中的属性进行编辑,如图 3-118 所示。

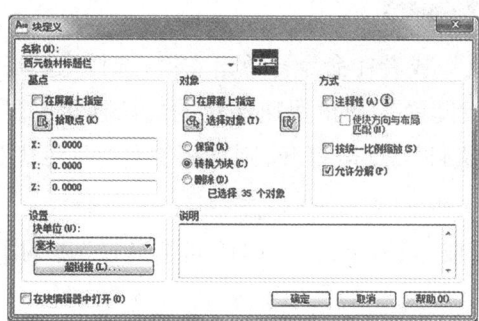

图 3-118　"块定义"对话框

第五步:填写标题栏属性值。

在样板文件中,鼠标双击"标题栏",弹出"增强属性编辑器"对话框,对各属性进行属性值填写,如图 3-119 所示。

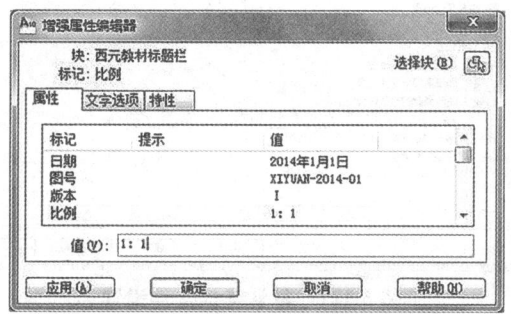

图 3-119　"增强属性编辑器"对话框

3.10.4 保存样板文件

将绘制好的图形保存为样板文件,如图 3-120 所示。

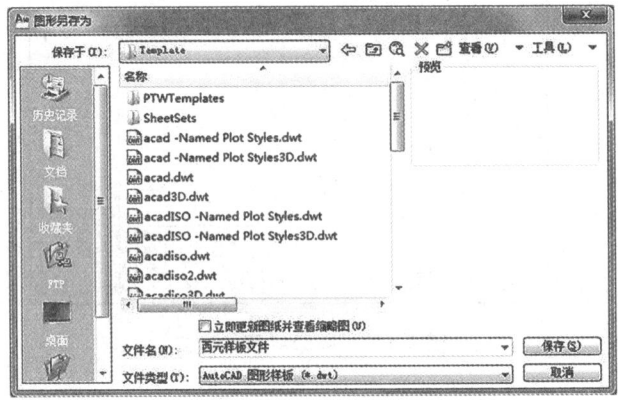

图 3-120 保存样板文件

3.10.5 默认样板文件设置

在工具栏中单击"选项",或者在命令行单击右键,选择"选项",弹出"选项"对话框。在"文件"选项卡下单击"样板设置"下的"快速新建的默认样板文件名"。点击右上角"浏览"按钮,选择文件"西元样板文件",点击打开,则样板文件"西元样板"就被设置为默认模板,如图 3-121 所示。

此时,样板文件设计完成,只需单击"快速访问工具栏"里的 ,即可快速创建默认样板文件的新文件。

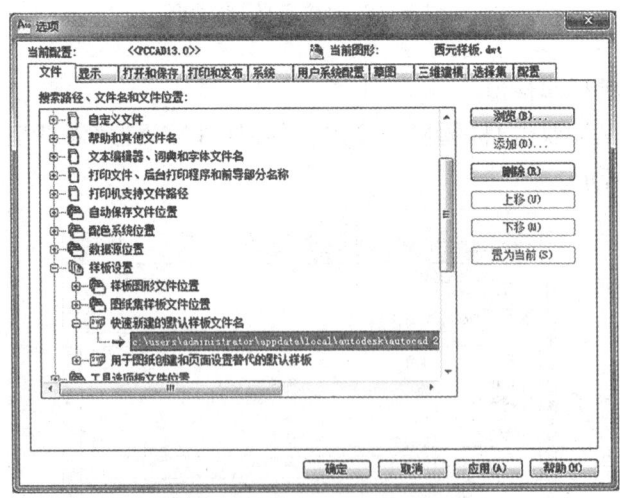

图 3-121 默认样板文件设置

单元四 网络拓扑图设计

教学任务

在计算机网络系统工程设计和安装中,一般是先设计网络拓扑图,有了网络拓扑基础结构,再进行综合布线系统的设计。而综合布线系统图一般在园区和建筑物土建设计阶段进行,往往早于网络系统的规划与设计,因此在综合布线系统图规划和设计中,必须首先明确用户需求,按照用户需求规划和设计网络拓扑图,然后再设计综合布线系统图和各个子系统。本单元着重介绍网络拓扑图的基本概念、结构、绘制方法、规划设计与实训。

技能目标

(1)了解网络拓扑图的基本概念和结构。
(2)掌握网络拓扑图的设计方法。
(3)进行网络拓扑图的规划设计实训。

4.1 计算机网络拓扑图的概念

计算机网络系统是信息传输、接收、共享的虚拟平台,通过它把各个点、面、体的信息联系到一起,从而实现这些资源的共享。它是人们信息交流、使用的一个工具。作为工具,它一定会越来越好用,功能也会越来越多,内容也会越来越丰富。然而,在网络系统建设、网络管理及交流网络问题时,需要一个能够直观显示整个网络设备的连接状况、位置分布等信息的图纸,这就需要一张网络拓扑图。网络拓扑图能够反映网络中各实体间的结构关系,一目了然地分层次或分地域显示网络设备类型及其位置。同时网络拓扑图设计的好坏对整个网络的性能和经济性有重大影响。

拓扑结构一般是指点和线的几何排列或组成的几何图形。计算机网络的拓扑结构是指一个网络的通信链路和结点的几何排列或物理布局图形。链路是网络中相邻两个结点之间的物理通路;结点指计算机和有关的网络设备,甚至指一个网络。按拓扑结构,计算机网络可分为以下五类。

1. 星型网络

星型网络包括中央结点和若干个外围结点,外围结点通过点到点方式连接到中央结点,如图4-1所示。星型网络中,中央结点执行集中式控制策略,因此中央结点的负担比其他各结点重得多。

星型网络的特点是网络结构简单,便于管理;控制简单,建网容易;结点扩展、移动方便;维护容易;对中央结点的可靠性要求较高。

2. 树型网络

在实际建造一个大型网络时,往往是采用多级星型网络,将多级星型网络按层次方式排列即形成树型网络,如图4-2所示。电话网络即采用树型结构,其由五级星型网络构成。

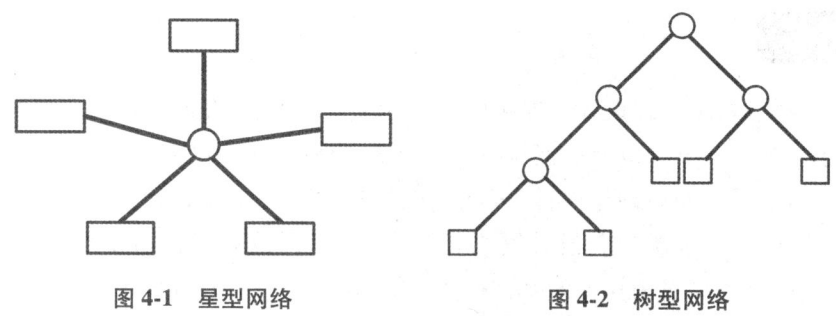

图4-1　星型网络　　　　图4-2　树型网络

树型网络的主要特点是结构比较简单,成本低。在网络中,任意两个结点之间不产生回路,每个链路都支持双向传输。网络中结点扩充方便灵活,寻找链路路径比较方便。但在这种网络系统中,除叶结点及其相连的链路外,任何一个结点或链路产生的故障都会影响整个网络。

3. 总线型网络

由一条公用总线连接若干个结点所形成的网络即为总线型网络,如图4-3所示。总线型网络的特点主要是结构简单灵活,便于扩充,是一种很容易建造的网络。由于多个结点共用一条传输信道,故信道利用率高,但容易产生访问冲突;总线型网络常因一个结点出现故障(如接头接触不良等)而导致整个网络不通,因此可靠性不高。

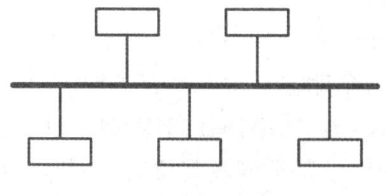

图4-3　总线型网络

4. 环型网络

环型网络中各结点通过环路接口连接成一个首尾相连的闭合结构,如图 4-4 所示。环型网络的主要特点是信息在网络中沿固定方向流动,两个结点间仅有唯一的通路,大大简化了路径选择的控制;某个结点发生故障时,可以自动旁路,可靠性较高;由于信息是串行穿过多个结点环路接口,当结点过多时,使网络响应时间变长,但当网络确定时,其延时固定,实时性强。

环型网络也是微机局域网常用的拓扑结构之一,如企业实施信息处理系统和工厂自动系统,以及某些校园网的主干网。

5. 网状型网络

网状型网络是广域网中最常采用的一种网络形式,是典型的点到点结构,如图 4-5 所示。网状型网络的主要特点是,网络可靠性高,一般通信子网任意两个结点交换机之间,存在着两条或两条以上的通信路径。这样,当一条路径发生故障时,还可以通过另一条路径把信息送到结点交换机。另外,可扩充性好,该网络无论是增加新功能,还是要将另一台新的计算机入网,以形成更大或更新的网络,都比较方便;网络可建成各种形状,采用多种通信信道和多种传输速率。

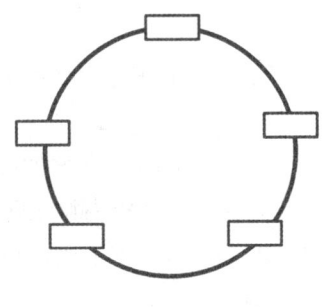

图 4-4　环型网络

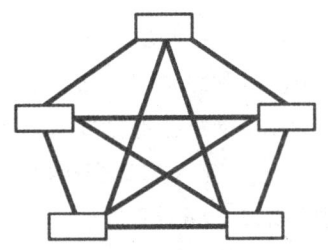

图 4-5　网状型网络

4.2　网络拓扑图的设计方法

4.2.1　网络拓扑图的组成结构

在网络应用系统工程项目中,必须规划和设计正确的网络拓扑图,因为网络拓扑图能够直观清楚地反映网络应用系统的基本连接关系、主要设备和主要功能。图 4-6 为网络拓扑图的基本结构。

按照网络系统的应用需求和安装位置,网络拓扑图一般分为四层。

第一层为连接层,主要功能是将外网与内网安全地连接,主要设备有路由器、防火墙、认证管理器、入侵检测等。

第二层为核心层,主要功能是对园区内部或者多栋建筑物进行网络交换和管理,主要设备有核心交换机、服务器等。

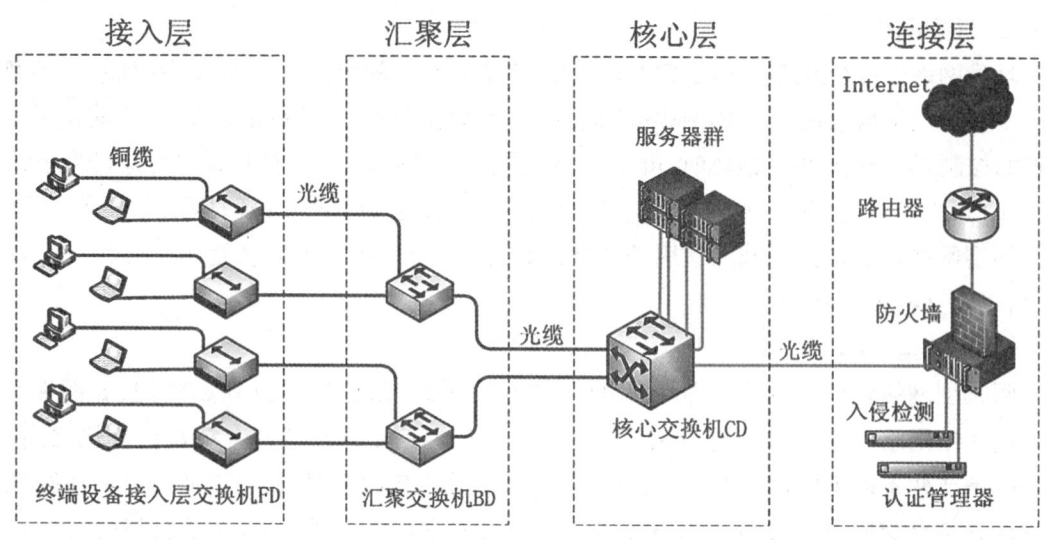

图 4-6 网络拓扑图的基本结构

第三层为汇聚层,主要功能是对一栋建筑物或者一个区域内部进行网络交换和管理,主要设备有汇聚交换机等。

第四层为接入层,主要功能是对一个楼层或者一个区域内部进行网络交换和管理,主要设备有接入层交换机和终端设备等。

图 4-7 为"西元"网络拓扑图实物展示系统,图中全面展示了网络系统的核心层、汇聚层和接入层。其中,最右侧为核心交换机 CD,属于建筑群子系统。CD 左侧为两台汇聚层交换机 BD,属于建筑物设备间子系统。左边 4 台为接入层交换机 FD,属于楼层管理间子系统。CD 到 BD 之间采用光缆连接,BD 到 FD 之间采用铜缆连接。

图 4-7 网络拓扑图实物展示系统

设计一个网络的时候,应根据实际情况选择正确的拓扑结构方式,通常使用的是星型拓扑图结构,如图 4-8 所示。

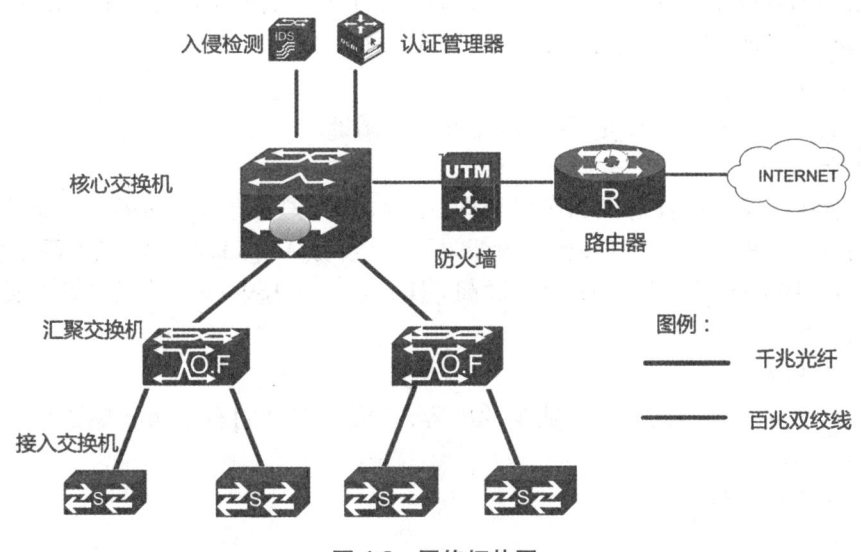

图 4-8 网络拓扑图

该网络拓扑图的网络设备有:路由器、防火墙、交换机等。

路由器:将本地局域网连接到因特网的设备,它会根据信道的情况自动选择和设定路由,以最佳路径传输数据报文。

防火墙:防火墙是内部网和外部网之间、专用网与公共网之间的一个安全"保护屏障",是一种获取安全性方法的形象说法。它是一种计算机硬件和软件的结合,在 Internet 与内部网络之间建立起一个安全网关(Security Gateway),从而保护内部网免受非法用户的侵入。防火墙主要由服务访问规则、验证工具、包过滤和应用网关 4 个部分组成,防火墙最基本的功能就是对计算机网络中不同信任程度区域间传送的数据流进行安全控制。

交换机:是一种数据转发设备。

交换机在网络系统中按照功能级别可以分成核心交换机、汇聚交换机、接入交换机。核心交换机用于网络第一层,即核心层信息交换,一般用在建筑群网络信息中心。汇聚交换机是多台接入层交换机的汇聚点,它必须能够处理来自接入层设备的所有通信量,并提供到核心层的上行链路。接入交换机用于网络接入层信息交换,一般安装在楼层管理间。

4.2.2 网络拓扑图的设计要点

1. 拓扑图结构

在网络应用系统工程项目中,必须规划和设计正确的网络拓扑图,因为网络拓扑图能够直观清楚地反映网络应用系统的基本连接关系、主要设备和主要功能。在设计一个网络的时候应根据实际情况选择正确的拓扑结构方式,通常使用的是星型拓扑结构。

2. 设备简明易懂,标注准确

网络拓扑图中包括路由器、防火墙、交换机等设备,所以在设计时,设备表示必须简单明了、易于理解,同时也必须对各设备进行文字标注说明。每个设备必须有对应的标注。

3. 连接关系准确、清楚

网络拓扑图各设备间连接的可靠性及准确性,直接决定网络的通畅性,所以,各设备间的连接关系必须简明、准确,不能相互交叉,造成混淆。

4. 设计说明

设计说明一般是对图的补充,帮助理解和阅读图纸。

5. 图面布局合理

任何工程图纸都必须注意图面布局合理,比例合适,文字清晰。图形一般布置在图纸中间位置。在设计前根据设计内容,选择图纸幅面,一般有 A4、A3、A2、A1、A0 等标准规格,例如 A4 幅面高 210 mm,长 297 mm;A0 幅面高 841 mm,长 1 189 mm。在智能建筑设计中也经常使用加长图纸。

6. 标题栏完整

标题栏是任何工程图纸都不可缺少的内容,一般在图纸的右下角。标题栏一般至少包括以下内容:

(1) 建筑工程名称;
(2) 项目名称;
(3) 工种;
(4) 图纸编号;
(5) 设计人签字;
(6) 审核人签字;
(7) 审定人签字。

4.2.3 网络拓扑图元素绘制举例

1. 绘制 PC 模块

第一步:新建文件。

第二步:在打开的样板文件中,切换图层到"设备层",绘制一个 12 mm×7 mm 的矩形,通过"偏移"命令,把矩形的各边分别向内部偏移 1 mm,如图 4-9 所示。

第三步:再绘制一个 8 mm×1 mm 的矩形,通过"移动"命令,使得该矩形上边中点与第二步所绘制图形的下边中点重合,如图 4-10 所示。

第四步:再绘制一个 13 mm×2 mm 的矩形,使得该矩形上边中点与第三步所绘制的矩形的中点重合,如图 4-11 所示。

图 4-9 绘制显示器　　　图 4-10 绘制支座　　　图 4-11 绘制键盘

第五步:利用"W"命令,将其保存为"PC 模块",如图 4-12 所示。

图 4-12 写块保存图形

2. 绘制交换机、服务器、防火墙、扫描仪

同理,分别绘制出交换机、服务器、防火墙、扫描仪等简图,并分别存块,如图 4-13～图 4-16 所示。

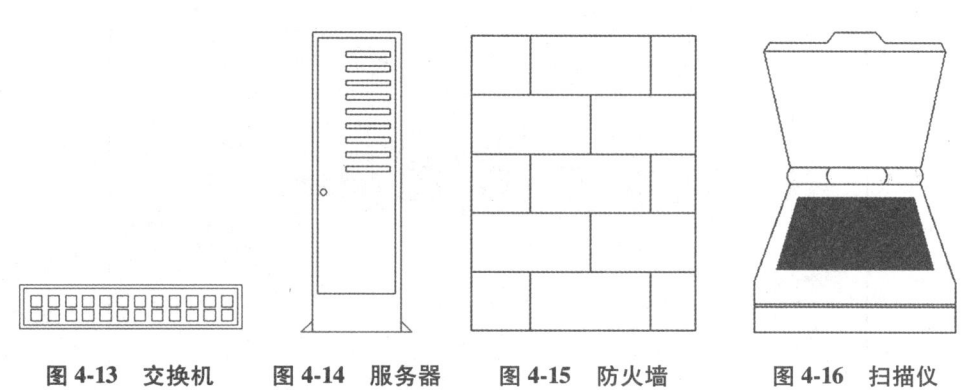

图 4-13 交换机　　图 4-14 服务器　　图 4-15 防火墙　　图 4-16 扫描仪

4.3 网络拓扑图设计实例

4.3.1 工作组级网络拓扑图的规划与设计实例

工作组级网络一般指在一个空间或者附近几个空间进行同一类型业务人员使用的办公网络系统,虽然人数较少,但相互之间业务联系密切,信息流较大。

工作组级网络是企业中最基础的网络单元,企业的信息流和数据流都从工作组级网络产生。不同的工作组级网络可能对网络的需求有较大的差别,组内和组间的联系紧密程度很不一样,在进行网络的需求分析时,工作组级网络的分析应尽量详细,力求获得较为准确的需求数据。

根据实际的需要,工作组级网络主要采用10/100Base-T(X)技术来建立。工作组级网络必须有与上一级网络互联的端口。

工作组级网络一般都以工作组交换机为中央连接设备进行构建,其目的是便于工作组成员之间方便、快捷地进行内部交流。这样的好处是,每个工作组的数据通信都在其内部进行,不必占用主干网络,大大节省了主干网络的带宽。工作组网络中是否需要服务器应根据实际需求来决定。

在设计工作组级网络前,需要明确工作组的 PC 数量、信息流大小、信息点类型等。

下面以西安开元电子实业有限公司销售部的商务组为例,具体介绍工作组级网络拓扑图的绘制方法。

第一步:打开 AutoCAD 程序,新建文件。

第二步:在打开的样板文件上,切换图层到"设备层",通过"插入"→"块"命令,分别插入"服务器""工作组交换机""PC 模块"等图块,利用"缩放""复制""移动"命令对"PC 模块"进行排列,如图 4-17 所示。

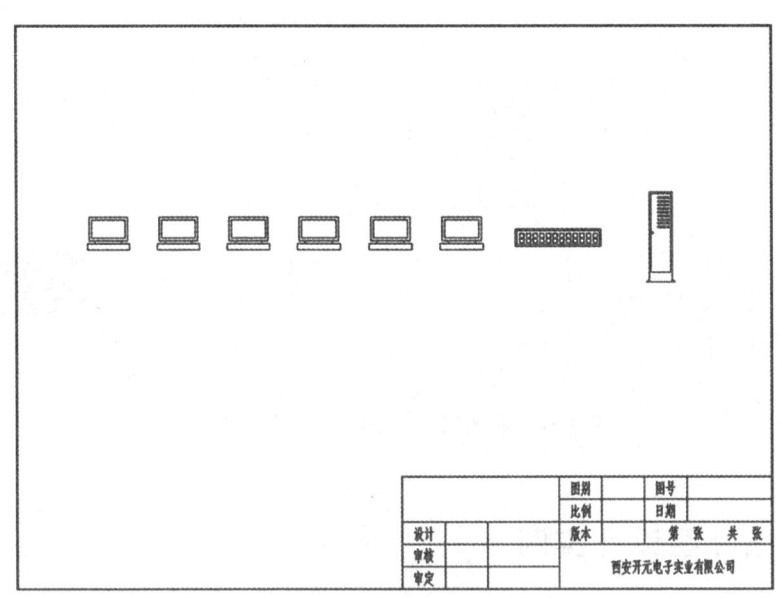

图 4-17　工作组级网络拓扑图(设备排列)

第三步:切换图层到"缆线层",利用"多段线"命令,对"服务器"与"交换机"、"交换机"与各"PC 模块"进行连接,如图 4-18 所示。

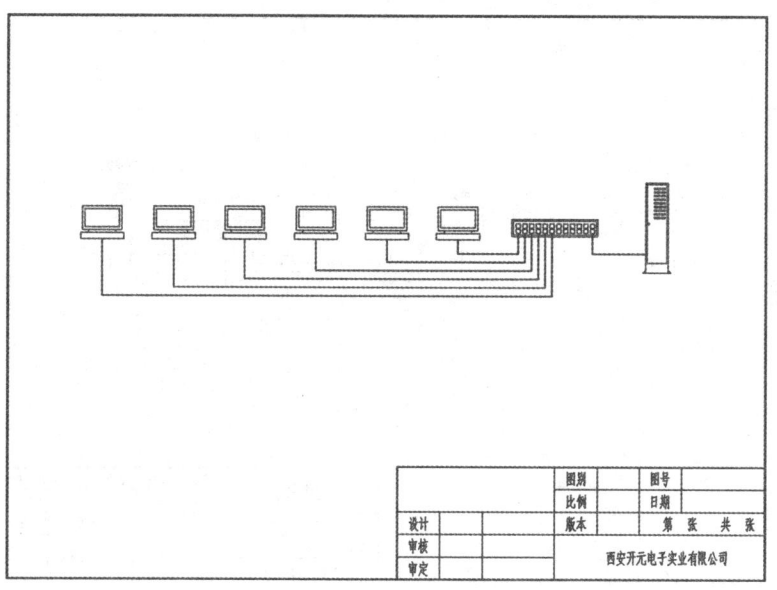

图 4-18　工作组级网络拓扑图（各模块连接）

第四步：切换图层到"文字层"，在文字样式为"西元样式"的基础上，利用"多行文字"命令对各模块进行文字标注，如图 4-19 所示。

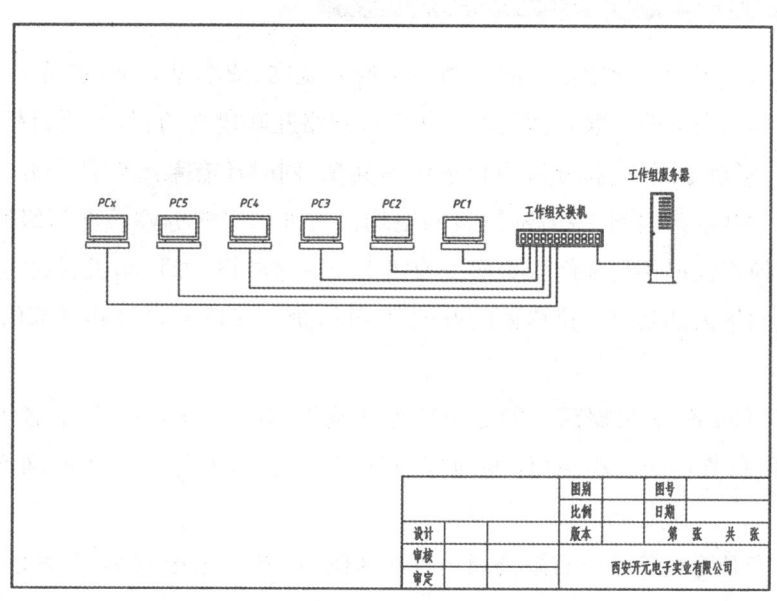

图 4-19　工作组级网络拓扑图（文字标注）

第五步：双击标题栏图块，填写标题栏，如图 4-20 所示。

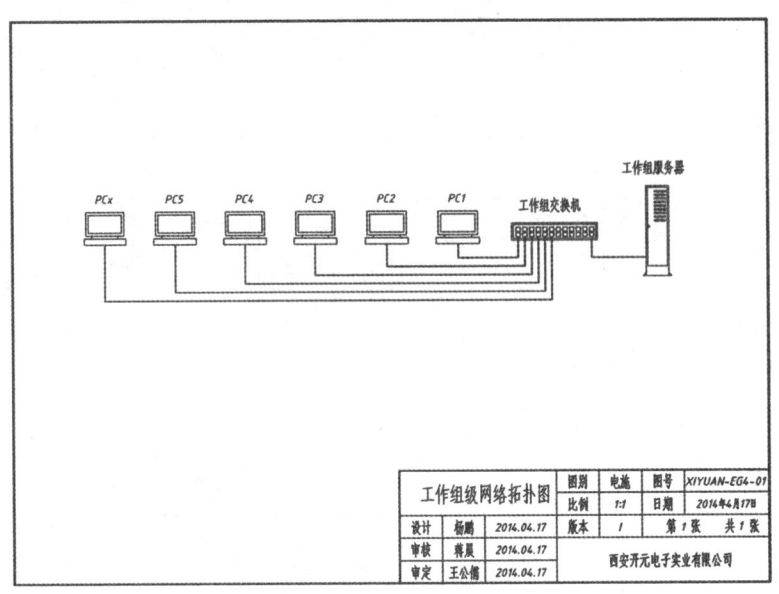

图 4-20　工作组级网络拓扑图

第六步：命名为"工作组级网路拓扑图"并保存文件。

4.3.2　部门级网络拓扑图的规划与设计实例

部门级网络一般指企业中位于同一楼宇内的局域网，或小型企业的"企业级"网络。部门级网络是由部门内部业务联系密切的工作组级网络互联建立的，其主要目标是资源共享，如激光打印机、彩色绘图仪、高分辨率扫描仪的共享，同时还有系统软件资源、数据库资源、公用网络资源的共享。因此，一般部门级网络均设有部门级服务器。部门级服务器和部门内的工作组交换机都连接到部门汇聚层交换机上。一些外设，如打印机、扫描仪、传真机等，也都在部门级网络内部共享。这样做的好处是，同一部门成员可轻松共享部门内的软、硬件资源。

对于部门级网络，应根据部门的业务特点和基于部门的需求分析，如各个小组网络间的数据流向、信息流量的大小，具体的地理条件等，综合考虑部门网络的网络技术和具体结构。

下面以西安开元电子实业有限公司销售部为例，介绍部门级网络拓扑图的绘制方法。

第一步：打开 AutoCAD 程序，新建文件。

第二步：在打开的样板文件上切换图层到"设备层"，通过"插入"→"块"命令，分别插入"服务器""交换机""PC 模块""打印机""绘图仪""扫描仪""投影仪"等图块，利用"缩放""复制""移动"等命令对各图块进行排列，如图 4-21 所示。

第三步：切换图层到"缆线层"，利用"多段线"命令，对"部门级服务器"与"销售部汇聚

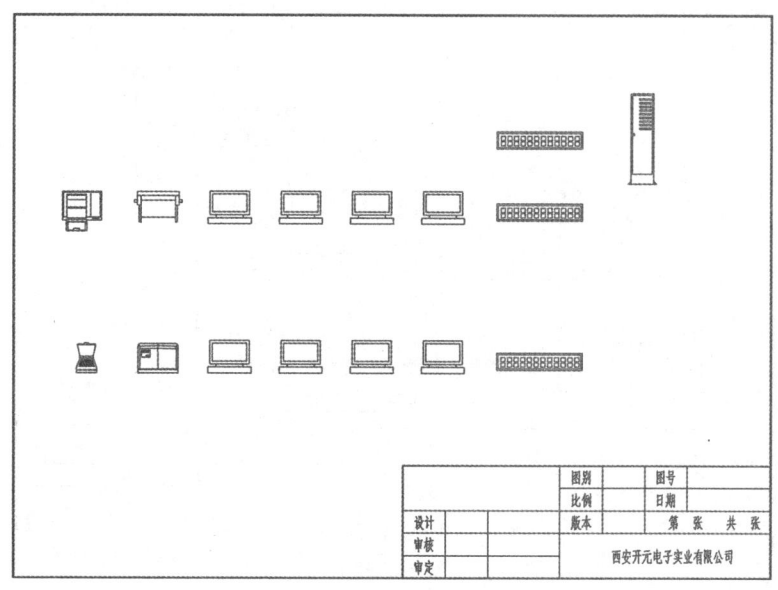

图 4-21　部门级网络拓扑图（设备排列）

层交换机"图块、"销售部汇聚层交换机"与各层"交换机"图块、"交换机"与各"电脑"图块进行连接，如图 4-22 所示。

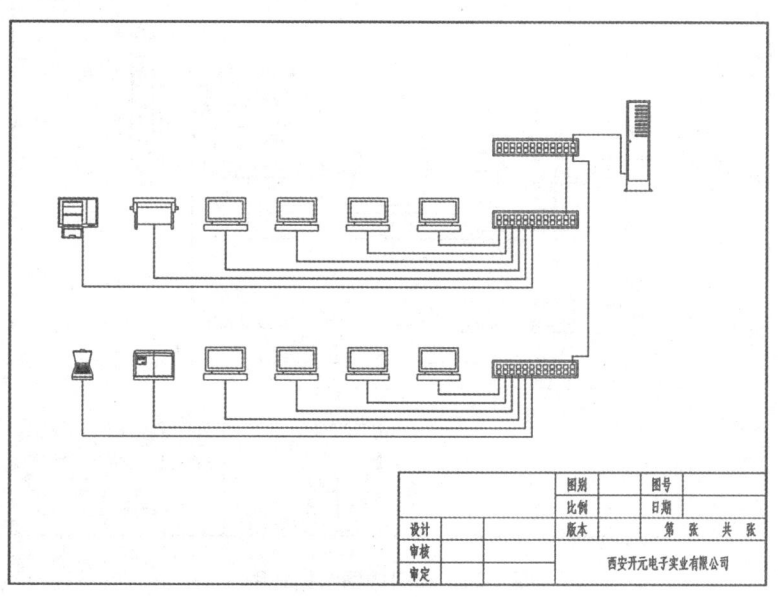

图 4-22　部门级网络拓扑图（模块连接）

第四步：切换图层到"文字层"，在文字样式为"西元样式"的基础上，利用"多行文字"命令对各模块进行文字标注，如图 4-23 所示。

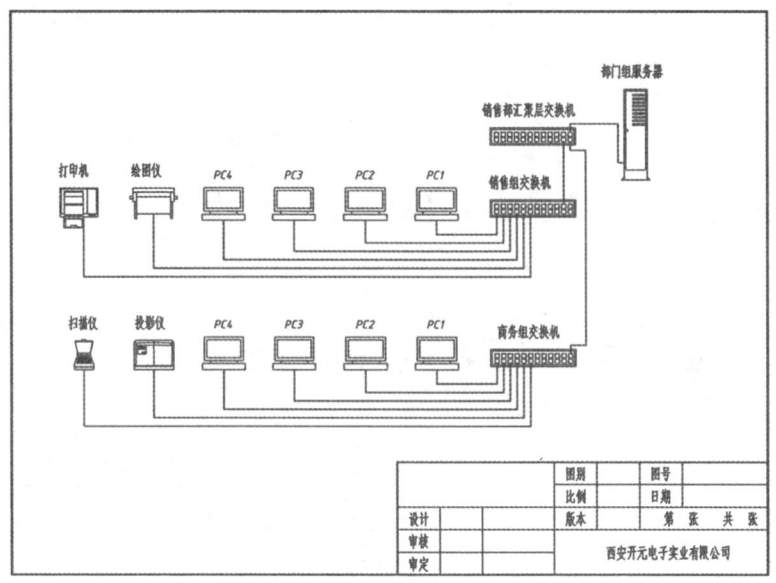

图 4-23 部门级网络拓扑图(文字标注)

第五步:双击标题栏图块,填写标题栏,如图 4-24 所示。

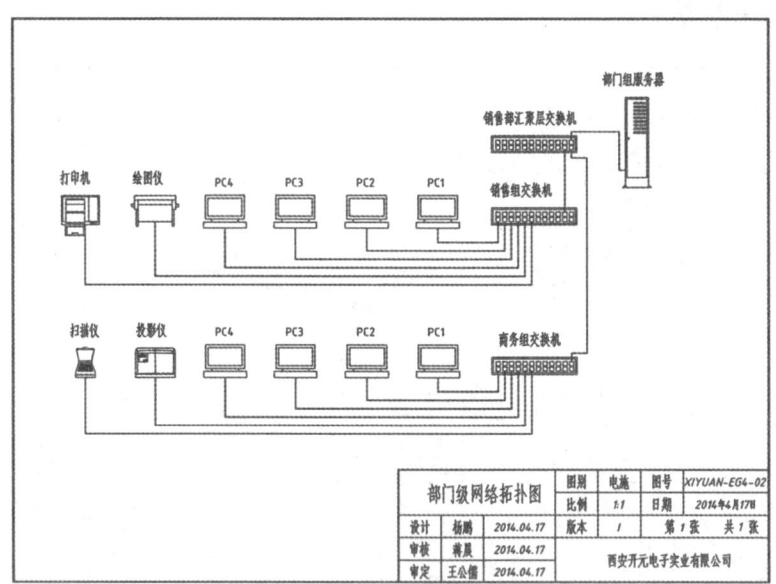

图 4-24 部门级网络拓扑图

第六步:命名为"部门级网路拓扑图"并保存文件。

4.3.3 园区级网络拓扑图的规划与设计实例

园区级网络是指整个企业范围内由企业中各部门网络互联组成的网络,园区级网络考虑的重点是带宽较高的干线网。园区级网络有与广域网络的连接部分,也有与企业的局域网间的互联、接入本地区公用网络的连接以及进入全球性网络的互联体系等。

园区级网络系统接入部分有园区路由器、园区防火墙、园区核心交换机、园区服务器群,如果需要的话,还可能会配置认证管理器、入侵检测等网络安全和管理设备。同时园区核心交换机与各个建筑物汇聚层交换机互联,实现园区网络信息共享和管理。

园区级网络中的技术问题较为复杂,管理任务较为繁重,因此网络管理中心的建设尤为重要。网络管理中心除了要提供企业级服务器资源外,还应对整个网络的日常运行和安全进行管理,如记录和统计网络运行的有关技术参数,及时发现和处理网络运行中影响全局的问题等,同时根据全网运行统计资料的定期分析,调整和改进园区网络的拓扑、网络设备等。

下面举例说明园区级网络拓扑图的绘制步骤。

第一步:打开 AutoCAD 程序,新建文件,打开"西元样板"样板文件。

第二步:在打开的样板文件上切换图层到"设备层",通过"插入"→"块"命令,分别插入"交换机""PC 模块""服务器"等图块,利用"缩放""复制""移动"命令对各模块进行排列,如图 4-25 所示。

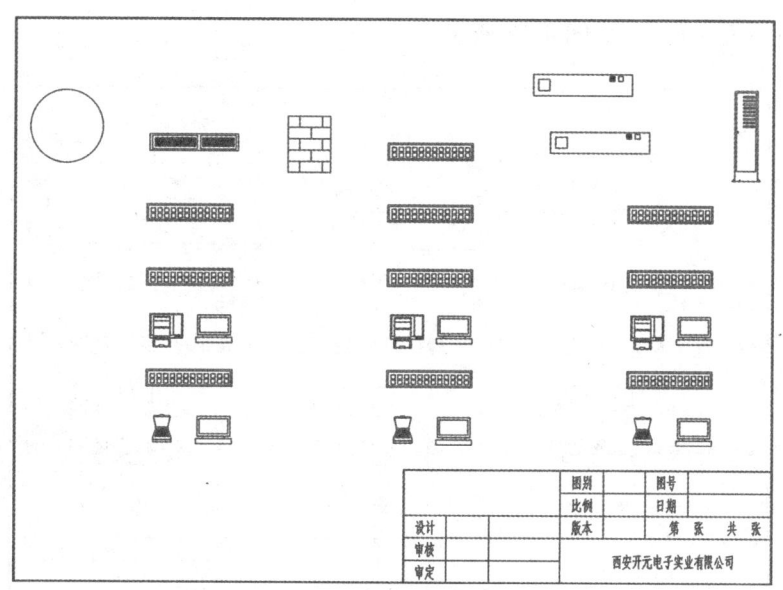

图 4-25　园区级网络拓扑图(设备排列)

第三步:切换图层到"缆线层",利用"多段线"命令,对"互联网"与"园区路由器"图块、"园区路由器"与"防火墙"图块、"防火墙"与"园区核心交换机"图块、"园区核心交换机"与"汇聚层交换机"等各图块进行连接,如图 4-26 所示。

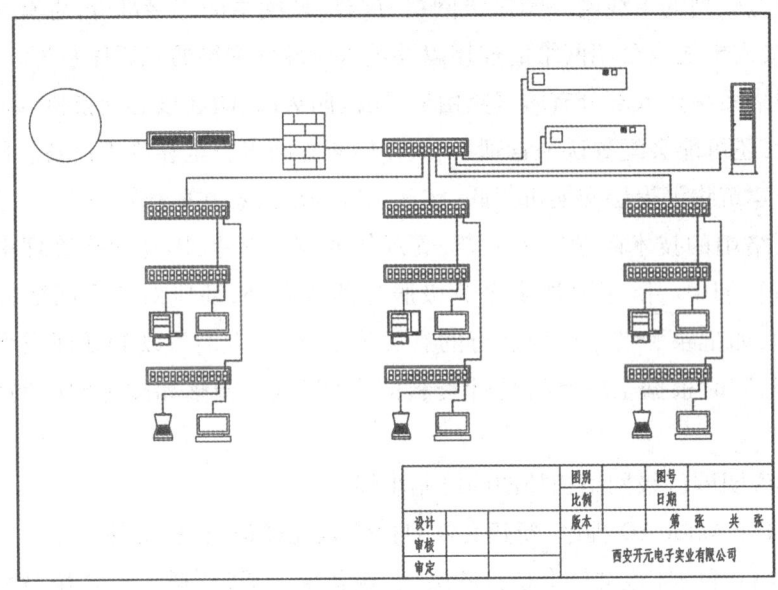

图 4-26　园区级网络拓扑图（模块连接）

第四步：切换图层到"文字层"，在文字样式为"西元样式"的基础上，利用"多行文字"命令对各图块进行文字标注，如图 4-27 所示。

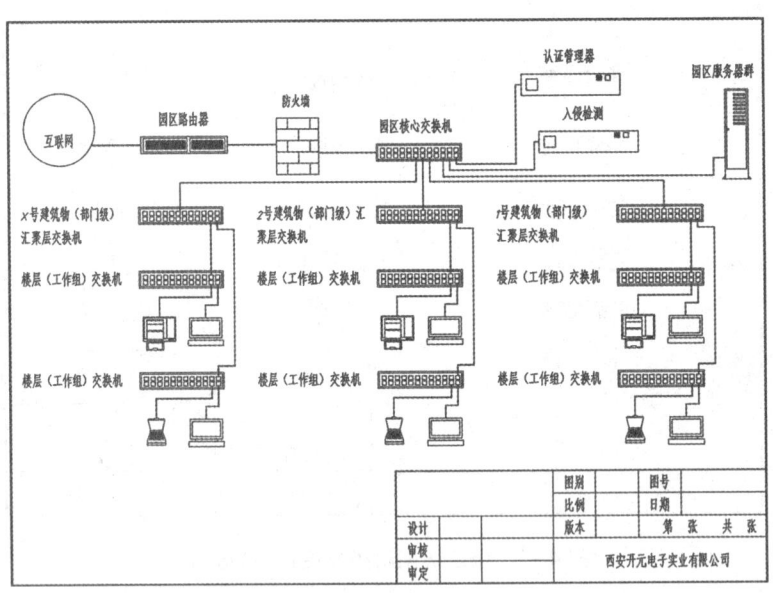

图 4-27　园区级网络拓扑图（文字标注）

第五步：双击标题栏图块，填写标题栏，如图 4-28 所示。

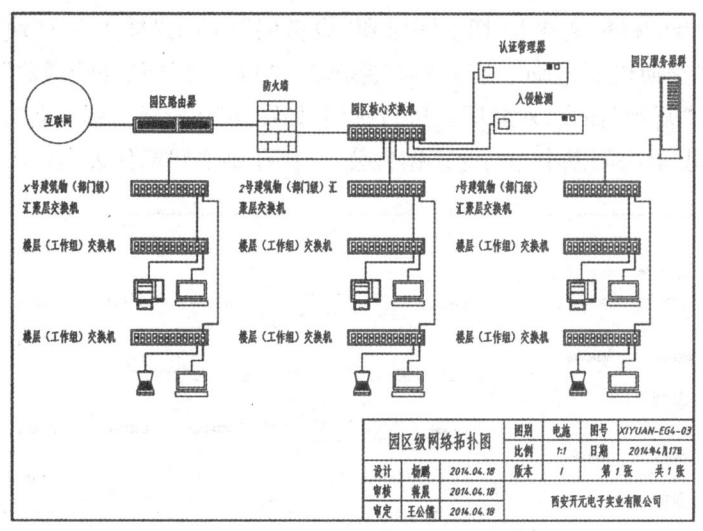

图 4-28　园区级网络拓扑图

第六步：命名为"园区级网络拓扑图"并保存文件。

4.3.4　企业级网络拓扑图的规划与设计实例

企业级网络指的是具有一定规模的网络系统，它可以是单座建筑物内的局域网，也可以是覆盖一个园区的园区网，还可以是跨地区的广域网，其覆盖范围可以是几千米、几十千米、几百千米，甚至更广。狭义的企业网主要指大型的工业、商业、金融、交通企业等各类公司和企业的计算机网络；广义的企业网则包括各类科研、教育部门和政府部门专有的信息网络。

企业网用户可以共享本单位其他部门、办公室以及总部的信息，相互传递相关信息或电子邮件，也可以访问中心主机，还可以申请企业网的其他服务。

企业级网络针对一些大型企业，其分布可能覆盖全国或全世界，其计算机网络是由分布在各地的局域网络（园区级网络或较大的部门网络）互联而成的，各地的局域网络之间通过专用线路或公用数据网络互联。

企业级网络中包括多种网络系统，应当设置企业网络支持中心，由其来实施对整个企业级网络的管理。企业级网络中心应配置大型企业级服务器，支持企业业务应用中的大型应用系统和数据库系统。

企业级网络实际上是由多个园区级网络以及其他局域网（如工作组级网络、部门级网络等）通过互联网组成的。同时，分布在各地的园区级网络和其他局域网也通过互联网实现数据通信、资源共享。

企业级网络设计的主要目的是实现互联。一般企业都是通过互联网实现各机构的联通。大型企业分支机构遍布各地，为了提高内网安全性和稳定性，也有些企业通过专线（如 DDN 专线等）实现互联。

下面举例说明企业级网络拓扑图的绘制步骤。

第一步：打开 AutoCAD 程序，新建文件。

第二步:在打开的样板文件上,切换图层到"设备层",利用"插入"→"块"命令,分别插入"移动办公系统""交换机""电脑""服务器""路由器""防火墙""认证管理器""入侵检测"等图块,并通过"移动""复制"命令,对各图块进行排列,如图4-29所示。图中各方形虚线框分别表示开元电子总公司、上海研发中心与北京销售公司;腰孔型虚线框代表"互联网"。

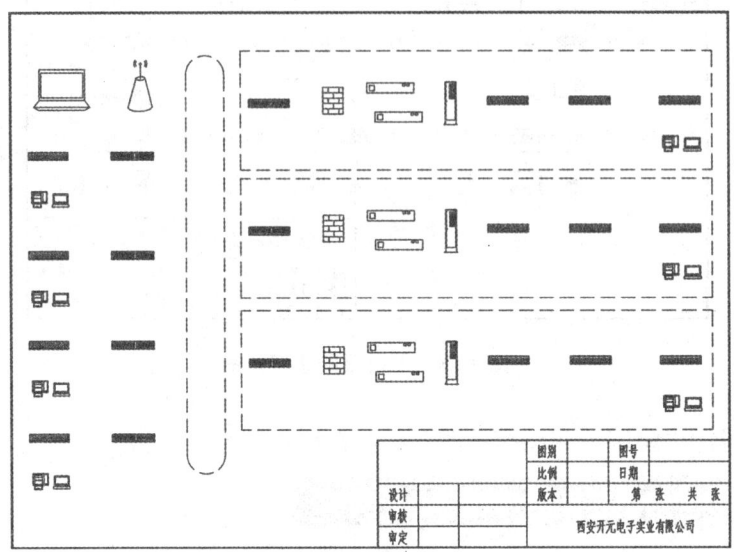

图 4-29　企业级网络拓扑图(设备排列)

第三步:切换图层到"缆线层",利用"多段线"命令,对"开元电子西安总公司""开元电子上海研发中心""开元电子北京销售中心""开元电子驻外分公司""开元电子省级销售中心""开元电子省市代理商""开元电子省市维修中心"等图块进行内部连接;然后,对这些图块与"互联网"图块进行连接,如图4-30所示。

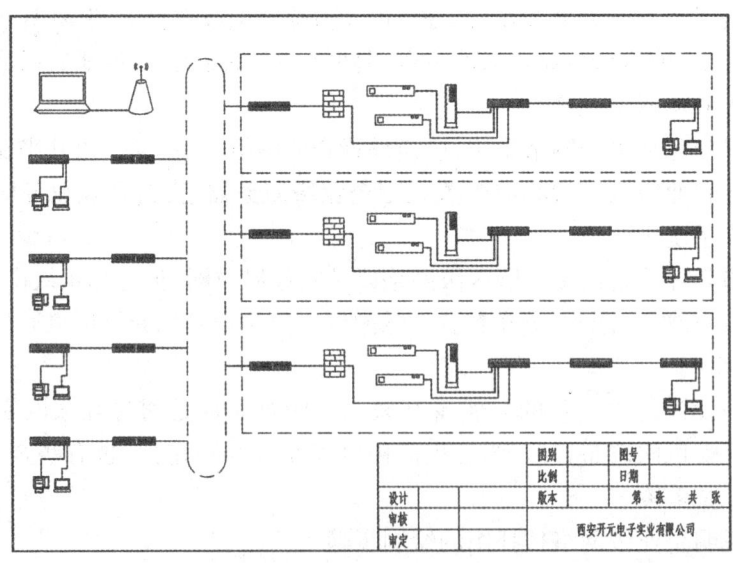

图 4-30　企业级网络拓扑图(各图块连接)

第四步:切换图层到"文字层",在文字样式为"西元样式"的基础上,利用"多行文字"命令对各图块进行文字标注,如图 4-31 所示。

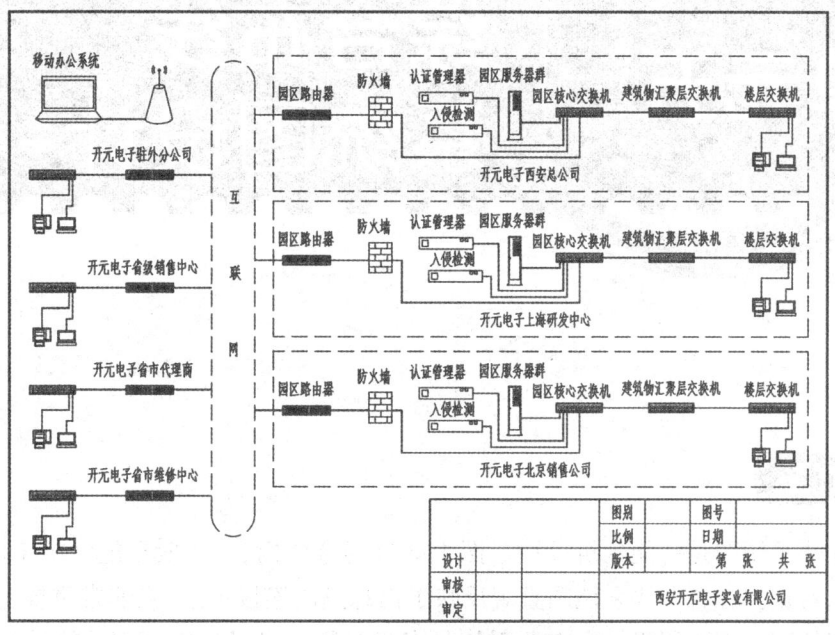

图 4-31　企业级网络拓扑图(文字标注)

第五步:双击标题栏图块,填写标题栏,如图 4-32 所示。

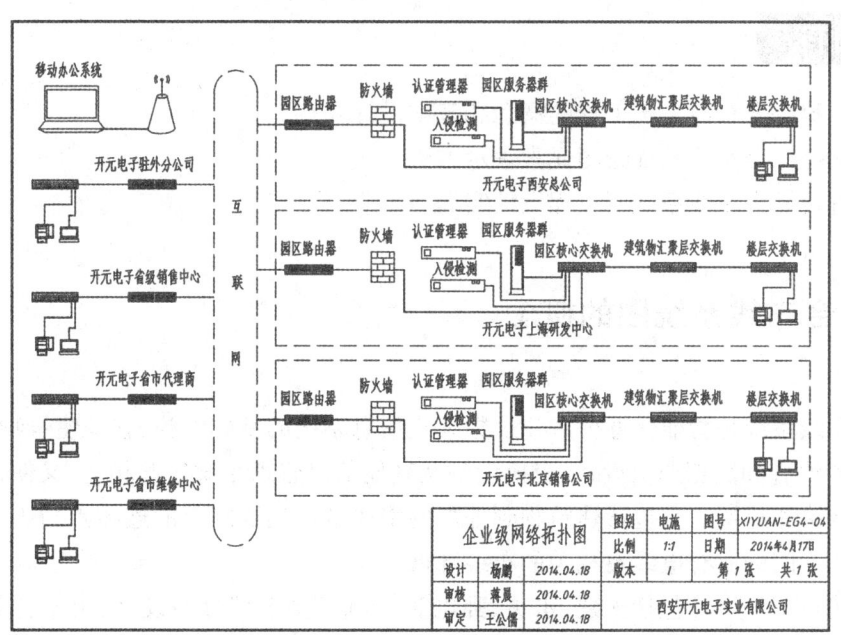

图 4-32　企业级网络拓扑图

第六步:命名为"企业级网络拓扑图"并保存文件。

单元五 综合布线系统图设计

教学任务

综合布线系统图是智能建筑设计蓝图中必有的重要内容,一般在电气施工图册的弱电图纸部分的首页。综合布线系统图直观反映了信息点的连接关系,它非常重要,直接决定了网络应用拓扑图。因为网络综合布线系统是在建筑物建设过程中预埋的管线,后期无法改变,所以网络应用系统只能根据综合布线系统来设置和规划。本单元将介绍综合布线系统的设计及图纸绘制方法。

技能目标

(1) 了解综合布线系统工程的概念和基本设计要点。
(2) 掌握综合布线系统绘图元素表示方法。
(3) 进行综合布线系统图工程设计实训。

5.1 综合布线系统图的概念

综合布线系统是智能化办公室建设数字化信息系统的基础设施,它是建筑物内的"信息高速路",使语音和数据通信设备、交换设备及其他信息管理系统彼此相连,又使这些设备与外界通信网络相连接。它包括建筑物到外部网络或电话局线路上的连接点与工作区的语音和数据终端之间的所有电缆及相关的布线部件。

智能建筑工程设计包括土建、水暖、强电和弱电等多个部分的设计,由于各部分设计需求的多样性,经常出现水暖管道和设施、强电管路和设施、弱电管路和设施的多种交叉及位置冲突。例如《综合布线系统工程设计规范》(GB 50311—2016)中明确规定,网络双绞线电缆的布线路由不能与 380 V 或者 220 V 交流线路并行或者交叉,如果确实需要并行或者交叉时,必须保留一定的距离或者采取专门的屏蔽措施。为了减少和避免这些冲突,降低设计成本和工程总造价,智能建筑的一般设计流程如图 5-1 所示。综合布线系统的设计一般在弱电设计阶段进行。

图 5-1 智能建筑设计流程

结构设计主要设计建筑物的基础和框架结构,例如楼层高度、柱间距、楼面荷载等主体结构内容,人们平常所说的大楼封顶,实际上只完成了大楼的主体结构。结构设计主要依据业主提供的项目设计委托书、地质勘察报告和相关建筑设计国家标准及图集。

土建设计主要设计建筑物的隔墙、门窗、楼梯、卫生间等,决定建筑物内部的使用功能和区域分割。土建设计主要依据建筑物的使用功能、项目设计委托书和相关国家标准及图集。

水暖设计依据土建设计图纸,主要设计建筑物的上水和下水管道的直径、阀门和安装路由等,在我国北方地区还要设计冬季暖气管道的直径、阀门和安装路由等。水暖设计阶段不需要再画建筑物的楼层图纸,只需要在前面设计阶段完成的图纸中添加水暖设计内容。

强电设计主要设计建筑物内部 380 V 或者 220 V 电力线的直径、插座位置、开关位置和布线路由等,确定照明、空调等电气设备插座位置等。强电设计阶段也不需要再画建筑物的楼层图纸,只需要在前面设计阶段完成的图纸中添加强电设计内容。

弱电设计主要包括计算机网络系统、通信系统、广播系统、门警系统、监控系统等智能化系统线缆规格、接口位置、机柜位置、布线埋管路由等,这些全部属于综合布线系统的设计内容。弱电设计人员不需要画建筑图纸,只需要在强电设计图纸上添加设计内容。

在智能化建筑项目的设计中,弱电系统的布线设计一般为最后一个阶段,这是因为弱电系统属于智能建筑的基础设施,直接关系到建筑物的实际使用功能,该设计非常重要,也最为复杂。

弱电系统缆线比较柔软,比较容易低成本地规避其他水暖和电气管道及设施。其缆线易受强电干扰,相关标准有明确的规定,系统中使用的交换机、服务器等设备对环境使用温度、湿度等有要求,例如一般要求工作环境温度为 10℃~50℃。计算机网络技术和智能化管理系统技术发展快,产品更新也快,用户需求多样化,不同用户在不同时期的需求都在变化。

综合布线系统图一般装订在电气施工图册的弱电图纸部分的首页。它直观地反映了信息点的连接关系,也直接决定了网络应用拓扑图。由于网络综合布线系统需要在建筑物建设过程中预埋管线,且后期无法改变,所以网络应用系统只能根据综合布线系统来设置和规划。

综合布线系统的设计离不开建筑的结构和用途,为了清楚地讲授相关设计内容,下面以西安开元电子实业有限公司的综合布线工程教学模型为实例展开,如图 5-2 所示。图 5-2 中集中展示了智能建筑中综合布线系统的各个子系统,包括 1 栋园区网络中心建筑、1 栋三层综合楼建筑物。下面将围绕这个建筑模型讲述综合布线工程设计的方法。

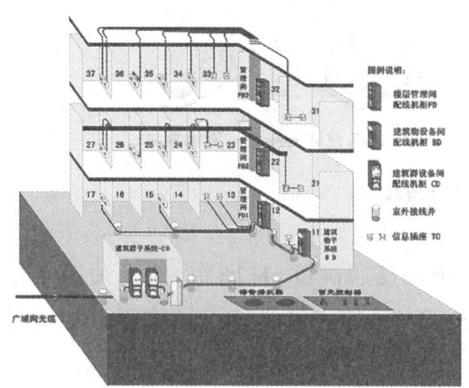

图 5-2　西元网络综合布线工程教学模型和实物

5.2　综合布线工程的设计方法

5.2.1　综合布线系统图设计要点

综合布线系统图设计要点包括图形符号、连接关系、缆线型号、说明、图面布局和标题栏。

1. 图形符号正确

在系统图设计时,必须使用规范的图形符号,保证技术人员和现场施工人员能够快速读懂图纸,并且在系统图中给予说明,不要使用奇怪的图形符号。《综合布线系统工程设计规范》(GB 50311—2016)中使用的图形符号如下。

|X| 代表网络设备和配线设备,左右两边的竖线代表网络配线架,例如光纤配线架、铜缆配线架;中间的×代表网络交互设备,例如网络交换机。

□ 代表网络插座,例如单口网络插座、双口网络插座等。

— 线条代表缆线,例如室外光缆、室内光缆、双绞线电缆等。

2. 连接关系清楚

设计系统图的目的就是为了规定信息点的连接关系,因此必须按照相关标准规定,清楚地给出信息点之间的连接关系,信息点与管理间、设备间配线架之间的连接关系,也就是清楚地给出 CD—BD、BD—FD、FD—TO 之间的连接关系,这些连接关系实际上决定了网络拓扑图。

3. 缆线型号标记正确

在系统图中要将 CD—BD、BD—FD、FD—TO 之间设计的缆线规定清楚,特别要标明是光缆还是电缆。就光缆而言,有时还需要标明是室外光缆还是室内光缆,再详细时还要标明是单模光缆还是多模光缆,这是因为如果布线系统设计了多模光缆,在网络设备配置时就必须选用多模光纤模块的交换机。系统中规定的缆线也直接影响工程总造价。

4. 说明完整

系统图设计完成后,必须在图纸的空白位置增加设计说明。设计说明一般是对图的补充,帮助理解和阅读图纸,对系统图中使用的符号给予说明,例如增加图形符号说明,对信息点总数和个别特殊需求给予说明等。

5. 图面布局合理

任何工程图纸都必须注意图面布局合理,比例合适,文字清晰,一般布置在图纸中间位置。在设计前根据设计内容选择图纸幅面,一般有 A4、A3、A2、A1、A0 等标准规格,例如 A4 幅面高 210 mm,长 297 mm;A0 幅面高 841 mm,长 1 189 mm。在智能建筑设计中也经常使用加长图纸。

6. 标题栏完整

标题栏是任何工程图纸都不可缺少的内容,一般在图纸的右下角。标题栏的内容有以下 7 项:

(1) 建筑工程名称;
(2) 项目名称;
(3) 工种;
(4) 图纸编号;
(5) 设计人签字;
(6) 审核人签字;
(7) 审定人签字。

5.2.2 综合布线系统图的基本元素绘制举例

1. 绘制配线设备

(1) 打开 AutoCAD 应用程序,新建文件。

(2) 将图层切换到"虚线"层,绘制两个边长分别 9 mm 和 12 mm 的同心正方形作为辅助线,如图 5-3 所示。

(3) 将图层切换到"设备"层,绘制两条与外围正方形两侧边重合的铅垂线,再绘制内部正方形的两条对角线,如图 5-4 所示。

(4) 删除"虚线"层的辅助线,即完成配线设备的绘制,如图 5-5 所示。

图 5-3 绘制配线设备——画辅助线

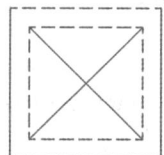
图 5-4 绘制配线设备——绘制实线

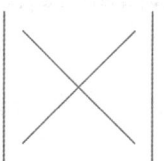
图 5-5 绘制配线设备——删除辅助线

(5) 利用"W"命令将其保存为"配线设备"图块，如图 5-6 所示。

图 5-6　写块保存图形

2. 绘制网络插座

将图层切换到"设备"层，绘制边长为 4 mm 的正方形，如图 5-7 所示。利用"W"命令将其保存为"网络插座"图块。

图 5-7　绘制网络插座

5.3　综合布线系统图设计实例

下面以西元教学模型为例，介绍在 AutoCAD 中综合布线系统图的绘制方法，具体步骤如下：

第一步：新建文件。

打开 AutoCAD 应用程序，新建文件。

第二步：插入设备图形。

切换图层到"设备层"，通过"插入"→"块"命令将设计好的"配线设备"与"网络插座"图块插入图形中，通过"复制"和"移动"命令构建出建筑群配线设备图形（CD）、建筑物配线设备图形（BD）、楼层管理间配线设备图形（FD）和工作区网络插座图形（TO），如图 5-8 所示。

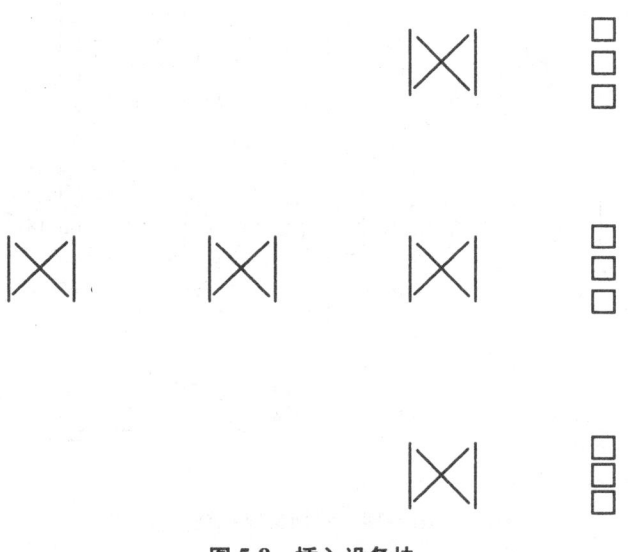

图 5-8　插入设备块

第三步：建立网络连接关系。

切换图层到"缆线层"，利用"多段线"命令，把"CD—BD""BD—FD""FD—TO"符号连接起来，这样就清楚地标出了"CD—BD""BD—FD""FD—TO"之间的连接关系，如图 5-9 所示。这些连接关系实际上决定了网络拓扑图。

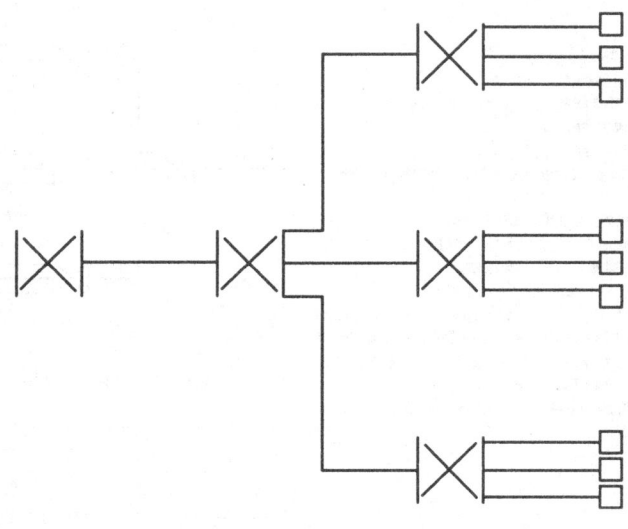

图 5-9　绘制缆线连接设备

第四步:添加设备图形说明。

为了方便快速阅读图样,一般需要在图样中添加图形说明,通常使用英文缩写,再把图中的线条用中文标明。切换图层到"符号标注层",利用"多行文字"命令对各设备进行标注,如图 5-10 所示。

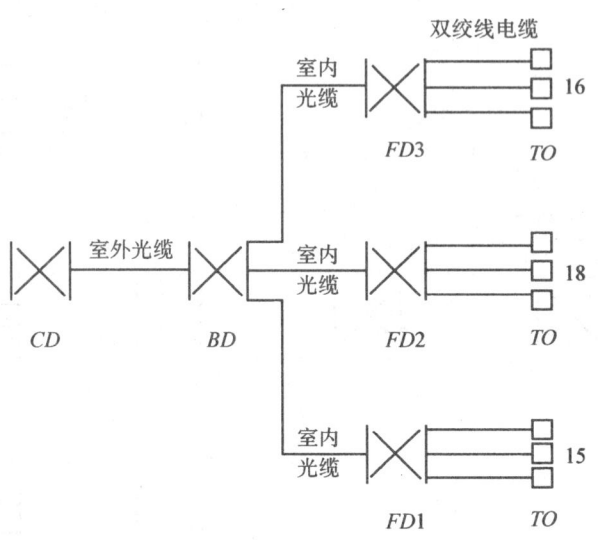

图 5-10　添加文字标注

第五步:添加设计说明。

为了更加清楚地说明设计思想,帮助快速阅读和理解图样,减少对图样的误解,一般要在图样的空白位置增加设计说明,重点说明特殊图形符号和设计要求。切换图层到"文字层",对系统图添加"设计说明",如图 5-11 所示。

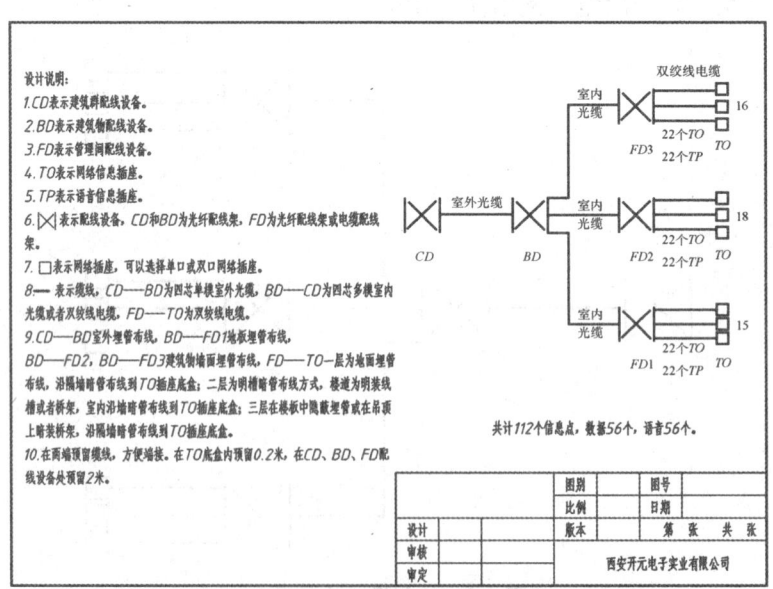

图 5-11　设计说明

第六步：填写标题栏，如图 5-12 所示。

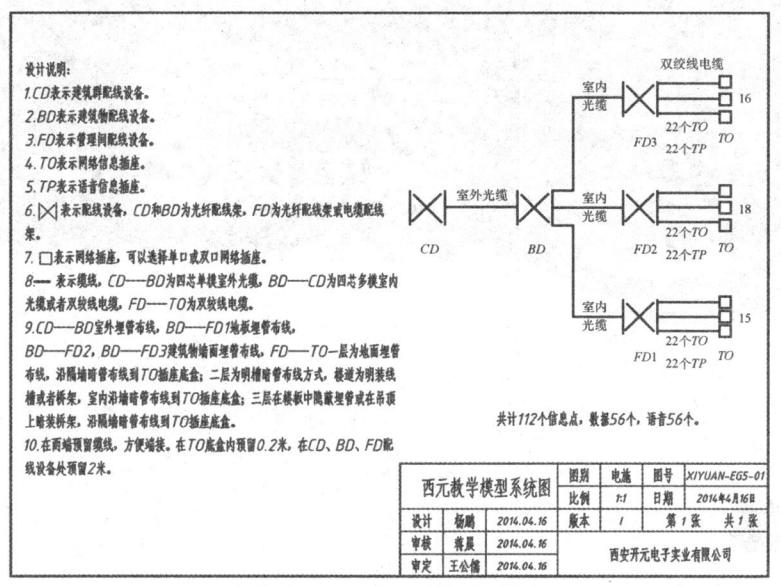

图 5-12　西元教学模型系统图

双击标题栏图块，填写标题栏中各项内容：

（1）图纸名称：西元教学模型系统图；

（2）图样类别：电施；

（3）图样编号：XIYUAN-EG5-01；

（4）设计单位：西安开元电子实业有限公司；

（5）设计人签字：杨鹏；

（6）审核人签字：蒋晨；

（7）审定人签字：王公儒。

第七步：保存文件。

将设计好的图纸进行保存，命名为"西元教学模型系统图"。

单元六 综合布线施工图设计

教学任务

综合布线的设计与施工包含七个子系统,分别是工作区子系统、水平子系统、管理间子系统、垂直系统、设备间子系统、进线间子系统和建筑群子系统。在施工时,对于各个子系统应根据相关标准规范进行施工操作。通过本单元内容的学习,熟悉综合布线施工中涉及的七个子系统的概念及施工图设计方法。

技能目标

(1) 了解综合布线七个子系统的划分。
(2) 熟悉七个子系统的概念及设计原则。
(3) 掌握七个子系统的施工设计方法。
(4) 独立完成七个子系统的施工图设计绘制。

6.1 工作区子系统

工作区子系统主要实现工作区终端设备与水平子系统之间的连接,由终端设备连接到信息插座的连接线缆所组成。

综合布线系统工作区子系统的应用在智能建筑中随处可见,即安装在建筑物墙面或者地面的各种信息插座,有单口插座,也有双口插座。图6-1为工作区子系统实际应用案例图。

墙面安装的插座一般为86系列,为正方形,边长86 mm,常见的为白色塑料制造。一般采用暗装方式,把插座底盒暗藏在墙内,只有信息面板凸出墙面,如图6-2所示,暗装方式一般配套使用线管,线管也必须暗装在墙面内。也有凸出墙面的明装方式,插座底盒和面板全部明装在墙面,适合旧楼改造或者无法暗藏安装的场合,如图 6-3 所示。

图 6-1 工作区子系统实际应用案例

地面安装的插座也称为"地弹插座",使用时只要推动限位开关,就会自动弹起。一般为 120 系列,常见的插座分为正方形和圆形两种,正方形长 120 mm,宽 120 mm;如图 6-4 所示为方形地弹插座,圆形直径为 Φ150 mm;如图 6-5 所示为圆形地弹插座,地面插座要求具有抗压和防水功能,因此都是黄铜材料铸造。

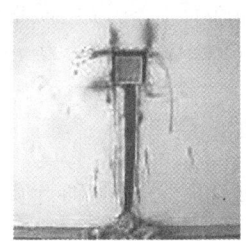   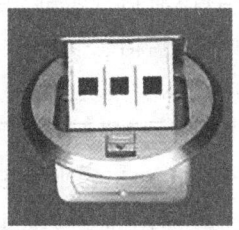

图 6-2 墙面暗装底盒　　图 6-3 墙面明装底盒　　图 6-4 方形地弹插座　　图 6-5 圆形地弹插座

插座底盒内安装有各种信息模块,如光模块、电模块、数据模块、语音模块等。
(1) 按照缆线种类区分,有与电缆连接的电模块和与光缆连接的光模块。
(2) 按照屏蔽方式区分,有屏蔽模块和非屏蔽模块。
(3) 按照传输速率区分,有五类模块、超五类模块、六类模块、七类模块。

（4）按照实际用途区分，有数据模块和语音模块等。

（5）在《综合布线系统工程设计规范》(GB 50311—2016)中，明确规定了综合布线系统工程"工作区"的基本概念为"需要设置终端设备的独立区域"。这里的工作区是指需要安装电脑、打印机、复印机、考勤机等网络终端设备的一个独立区域。在实际工程应用中一个网络插口为一个独立的工作区，也就是一个网络模块对应一个工作区，而不是一个房间为一个工作区，一个房间往往会有多个工作区。

如果一个插座底盒上安装了一个双口面板和两个网络插座，标准规定为"多用户信息插座"。在工程实际应用中，为了降低工程造价，通常使用双口插座，有时为双口网络模块，有时为双口语音模块，有时为一口网络模块和一口语音模块组合成多用户信息插座。

6.1.1 工作区子系统的设计原则

1. 优先选用双口插座原则

一般情况下，信息插座宜选用双口插座。不建议使用三口或者四口插座，因为一般墙面安装的网络插座底盒和面板的尺寸为长 86 mm，宽 86 mm，底盒内部空间很小，无法保证和容纳更多网络双绞线的曲率半径。

2. 插座高度 300 mm 原则

在墙面安装的信息插座距离地面高度为 300 mm，在地面设置的信息插座必须选用金属面板，并且具有抗压防水功能。在学生宿舍和家居遮挡等特殊应用情况下，信息插座的高度也可以设置在写字台以上位置。

3. 信息插座与终端设备 5 m 以内原则

为了保证传输速率和使用方便及美观，《综合布线系统工程设计规范》(GB 50311—2016)中规定，信息插座与计算机等终端设备的距离宜保持在 5 m 范围内。

4. 信息插座模块与终端设备网卡接口类型一致原则

《综合布线系统工程设计规范》(GB 50311—2016)中规定，插座内安装的信息模块必须与计算机、打印机、电话机等终端设备内安装的网卡类型一致。例如，终端计算机为光模块网卡时，信息插座内必须安装对应的光模块；计算机为六类网卡时，信息插座内必须安装对应的六类模块。

5. 数量配套原则

一般工程中大多数使用双口面板，也有少量的单口面板。因此在设计时必须准确计算工程使用的信息模块数量、信息插座数量、面板数量等。

6. 配置电源插座原则

在信息插座附近必须设置电源插座，减少设备跳线的长度。为了减少电磁干扰，电源插座与信息插座的距离应大于 200 mm。

7. 配置软跳线原则

从信息插座到计算机等终端设备之间的跳线一般使用软跳线，软跳线的线芯应由多股铜线组成，不宜使用线芯直径 0.5 mm 以上的单芯跳线，长度一般小于 5 m。六类电缆综合布线系统必须使用六类跳线,七类电缆综合布线系统必须使用七类跳线,光纤布线系统必须使用对应的光纤跳线。特别注意:在屏蔽布线系统中,禁止使用非屏蔽跳线。

8. 配置专用跳线原则

工作区子系统的跳线宜使用工厂专业化生产的跳线,不允许现场制作跳线,这是因为现场制作跳线时,往往会使用工程剩余的短线,而这些短线已经在施工过程中承受了较大拉力和多次拐弯,缆线结构已经发生了很大的改变。另外,实际工程经验表明,在信道测试中影响最大的就是跳线,在六类、七类布线系统中尤为明显,信道测试不合格往往是两端的跳线造成的。

9. 配置同类跳线原则

跳线必须与布线系统的等级和类型相配套,例如六类布线系统必须使用六类跳线,不能使用五类跳线;屏蔽布线系统不能使用非屏蔽跳线;光缆布线系统必须使用配套的光缆跳线,光缆跳线使用室内光纤,没有铠装层和钢丝,比较柔软。国际电联标准对光缆跳线的规定是橙色为多模跳线,黄色为单模跳线。

6.1.2 工作区子系统的设计方法

1. 工作区子系统设计流程

在工作区子系统设计前,首先需要研读用户提供的设计委托书,初步了解设计要求;然后需要与用户进行充分的技术交流,了解建筑物结构、面积及用户需求;再次认真阅读建筑物设计图纸,根据建筑物使用功能,配置和计算信息点数量;最后确定信息插座类型和位置等,进行规划、设计和预算,完成设计任务。工作区子系统设计流程如图 6-6 所示。

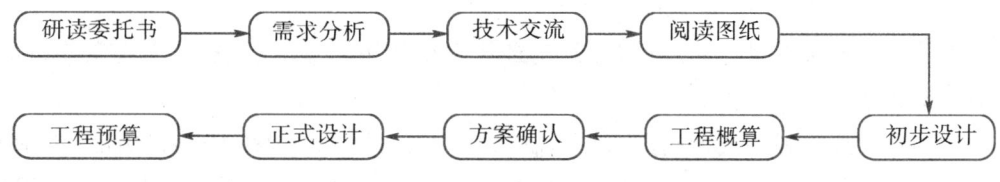

图 6-6 工作区子系统设计流程

2. 设计要点

(1) 新建建筑物

根据从 2017 年 4 月 1 日开始正式实施的《综合布线系统工程设计规范》(GB 50311—2016)的规定,从 2017 年 4 月 1 日起新建筑物必须设计网络综合布线系统,因此建筑物的原始设计图纸中必须有完整的初步设计方案和网络系统图,必须认真研究和读懂设计图纸,特别是与弱电有关的网络系统图、通信系统图、电气图等。

如果土建工程已经开始或者封顶,必须到现场实际勘测,并且与设计图纸对比。新建建筑物的信息点底盒必须暗埋在建筑物的墙内,一般使用金属底盒。

(2) 旧楼增加网络综合布线系统的设计

当旧楼改造需要增加网络综合布线系统时,设计人员必须到现场勘察,根据现场使用情况具体设计信息插座的位置、数量。

旧楼增加信息插座一般多为明装86系列插座,也可以在墙面开槽暗装信息插座。

(3) 信息点安装位置

信息点的安装位置宜以工作台为中心进行设计,如果工作台靠墙布置,信息点插座一般设计在工作台侧面的墙面,通过网络跳线直接与工作台上的电脑连接。避免信息点插座远离工作台,这样网络跳线比较长,既不美观,也可能影响网络传输速度或者稳定性,也不宜设计在工作台的前后位置。

如果工作台布置在房间的中间位置或者没有靠墙,信息点插座一般设计在工作台下面的地面,通过网络跳线直接与工作台上的电脑连接。在设计时必须准确估计工作台的位置,避免信息点插座远离工作台。

如果是集中或者开放办公区域,信息点的设计应该以每个工位的工作台和隔断为中心,将信息插座安装在地面或者隔断上。目前,市场销售的办公区隔断上都预留有2个86×86系列信息点插座和电源插座安装孔。新建项目选择在地面安装插座时,有利于一次完成综合布线,适合在办公家具和设备到位前综合布线工程竣工,也适合工作台灵活布局和随时调整,但是地面安装插座施工难度比较大,地面插座的安装材料费和工程费成本是墙面插座成本的10~20倍。对于已经完成地面铺装的工作区不宜设计地面安装方式,对于办公家具已经到位的工作区宜在隔断上安装插座。

在大门入口或者重要办公室门口宜设计门警系统信息点插座;在公司入口或者门厅宜设计指纹考勤机、电子屏幕使用的信息点插座;在会议室主席台、发言席、投影机位置宜设计信息点插座;在各种大卖场的收银区、管理区、出入口宜设计信息点插座。

(4) 信息点面板

每个信息点面板的设计非常重要,首先必须满足使用功能需要,然后考虑美观,同时还要考虑费用成本等。

地弹插座面板一般为黄铜制造,只适合在地面安装,每只售价在100~200元。地弹插座面板一般都具有防水、防尘、抗压功能,使用时打开盖板,不使用时,盖好盖板与地面高度相同。地弹插座有双口RJ45、双口RJ11、单口RJ45+单口RJ11组合等规格,外型有圆形的也有方形的。地弹插座面板不能安装在墙面。

墙面插座面板一般为塑料制造,只适合在墙面安装,每只售价在5~20元,具有防尘功能,使用时打开防尘盖,不使用时防尘盖自动关闭。墙面插座面板有双口RJ45、双口RJ11、单口RJ45+单口RJ11组合等规格。墙面插座面板不能安装在地面,因为塑料结构容易损坏,而且不具备防水功能,灰尘和垃圾进入插口后无法清理。

桌面型面板一般为塑料制造,适合安装在桌面或者台面,在设计中很少应用。

信息点插座底盒常见的有两个规格,即适合墙面或者地面安装。墙面安装底盒为长86 mm、宽86 mm的正方形盒子,设置有2个M4螺孔,孔距为60 mm,又分为暗装和明装两种。暗装底盒的材料有塑料和金属材质两种,外观比较粗糙;明装底盒外观精细,一般由塑料注塑。

地面安装底盒比墙面安装底盒大,为长100 mm、宽100 mm的正方形盒子,深度为55 mm(或65 mm),设置有2个M4螺孔,孔距为84 mm,一般只有暗装底盒,由金属材质一次冲压成型,表面电镀处理。面板一般为黄铜材料制成,常见有方形和圆形面板两种,方形的长 120 mm,宽 120 mm;圆形的直径为 150 mm。

3. 工作区子系统 AutoCAD 元素绘制

(1) 墙面信息插座绘制

绘制墙面信息插座图例步骤如下:

第一步:打开 AutoCAD 应用程序,新建文件。

第二步:在打开的模板文件中,切换图层到"设备层",利用"直线"命令绘制如图 6-7 所示图形。

第三步:利用"直线"命令做出一根辅助线,如图 6-8 所示。

第四步:鼠标单击"绘图"→"块"→"定义属性"命令,弹出"定义属性"对话框,在"标记"一栏中输入"TO",在"文字设置"选项区域中单击"对正"下三角按钮,在弹出的下拉列表中选择"正中"选项,在"文字高度"选项框中输入 10。

第五步:单击"确定",回到绘图界面,鼠标单击辅助线的中点,删掉辅助线。至此,带有属性的墙面网络信息插座块创建完成,如图 6-9 所示。

第六步:执行"W"命令,弹出"写块"对话框,把"墙面网络信息插座"保存在硬盘上。

(2) 绘制地面信息插座

用同样的方法绘制地面信息插座图,如图 6-10 所示。

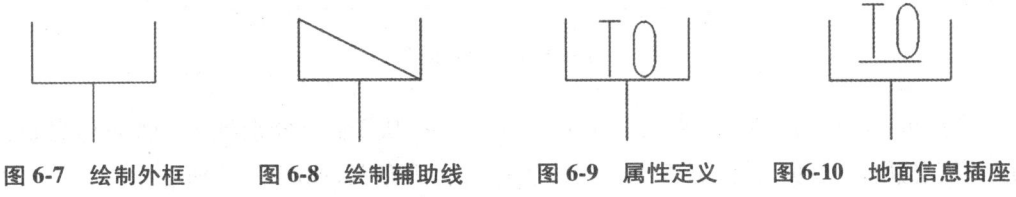

图 6-7　绘制外框　　图 6-8　绘制辅助线　　图 6-9　属性定义　　图 6-10　地面信息插座

注意:插入时,根据提示输入信息点类型"TO"或"TP",并应根据放置位置在图纸中旋转图块。旋转后为保持图块中的文字方向不变,选择插入的图块,单击"块"面板中的"编辑属性"按钮,在"增强属性编辑器"对话框中的"文字选项"选项卡中,将"旋转"改为 0,如图 6-11 所示,点击"确定"后,插入块效果如图 6-12 所示。

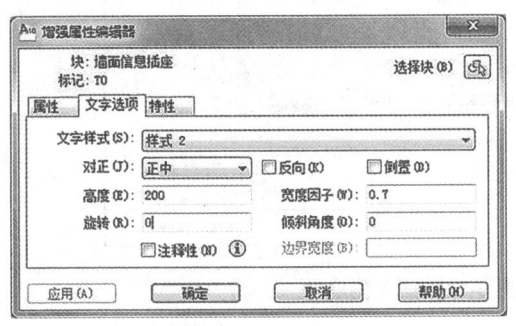

图 6-11　改变文字旋转角度

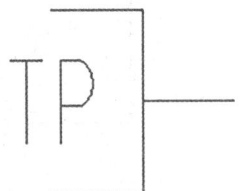

图 6-12　插入块效果

6.1.3 工作区子系统施工图设计实例

1. 单人办公室信息点设计

第一步:打开相关建筑图纸。

第二步:利用"缩放"命令,对模板文件放大 60 倍。切换图层到"设备层",利用"插入"→"块"命令插入"家具设备"图块,并利用"缩放""移动"命令对各设备进行排列,使布局合理,如图 6-13 所示。

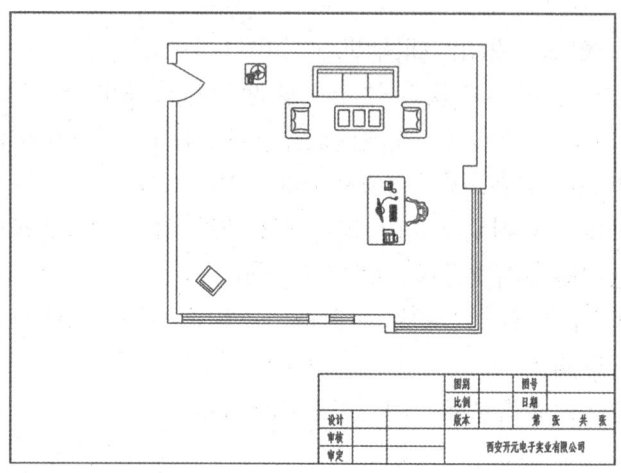

图 6-13 插入家具

第三步:切换图层到"插座层",利用"插入"→"块"命令分别插入"墙面信息插座"和"地面信息插座"图块,并根据各设备的位置进行合理布置,如图 6-14 所示。

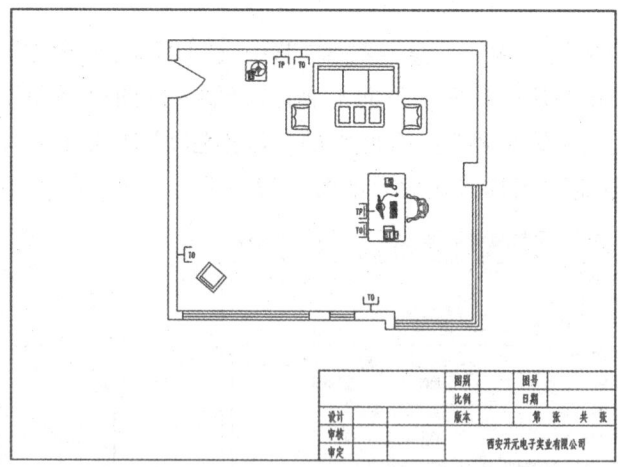

图 6-14 插入插座块

第四步:切换图层到"文字层",编写说明;双击标题栏图块,填写标题栏,如图 6-15

所示。

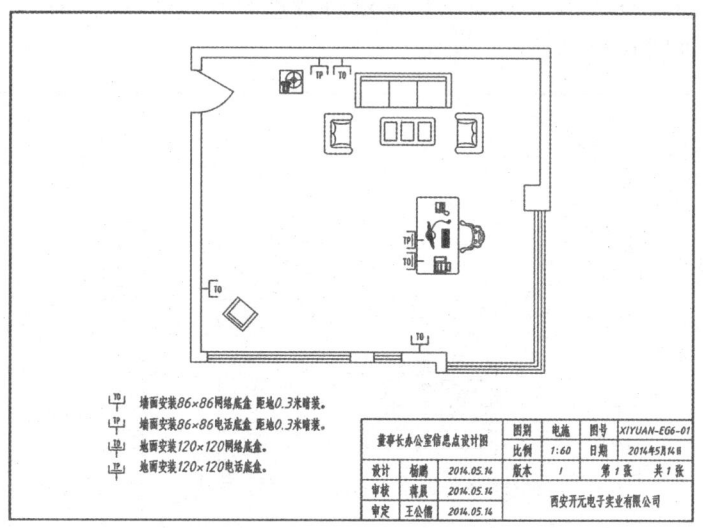

图 6-15 董事长办公室信息点设计图

第五步：命名为"董事长办公室信息点设计图"并保存文件。

2. 多人办公室信息点设计

与单人办公室相比，多人办公室拥有更密集的信息点排布。

第一步：打开 AutoCAD 应用程序，新建文件。

第二步：利用"缩放"命令，对模板文件放大 60 倍。切换图层到"墙层"，利用"直线""偏移"命令绘制墙体；切换图层到"门窗层"，利用"直线""偏移"命令绘制玻璃；切换图层到"设备层"，利用"插入"→"块"命令插入"办公桌"图块，并利用"缩放""复制""移动"命令对块进行排列，使布局合理，如图 6-16 所示。

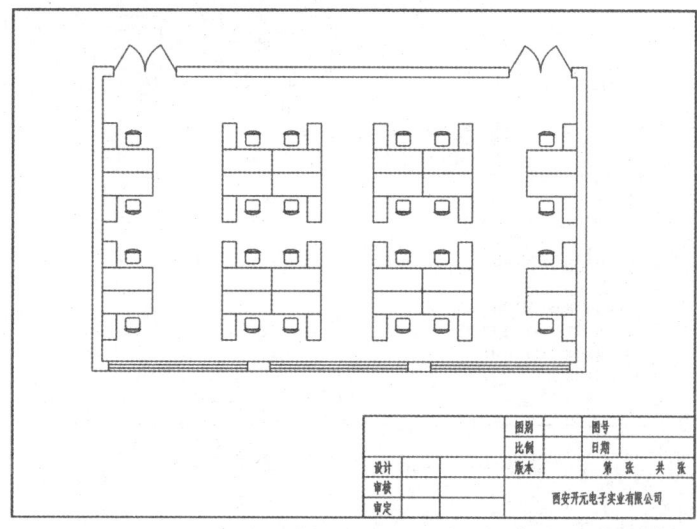

图 6-16 设备排列

第三步：切换图层到"插座层"，利用"插入"→"块"命令分别插入"墙面信息插座"和"地面信息插座"图块，并根据各设备的位置进行合理布置。插入时，需标明信息点的数量，如"2TP""4TO"，如图6-17所示。

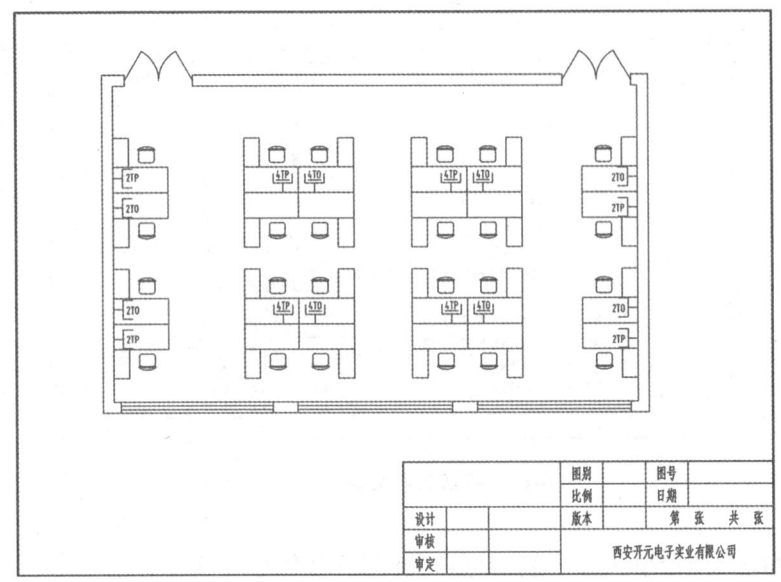

图 6-17　插入插座

第四步：切换图层到"文字层"，利用"多行文字"命令进行文字标注；双击标题栏图块，填写标题栏，如图6-18所示。

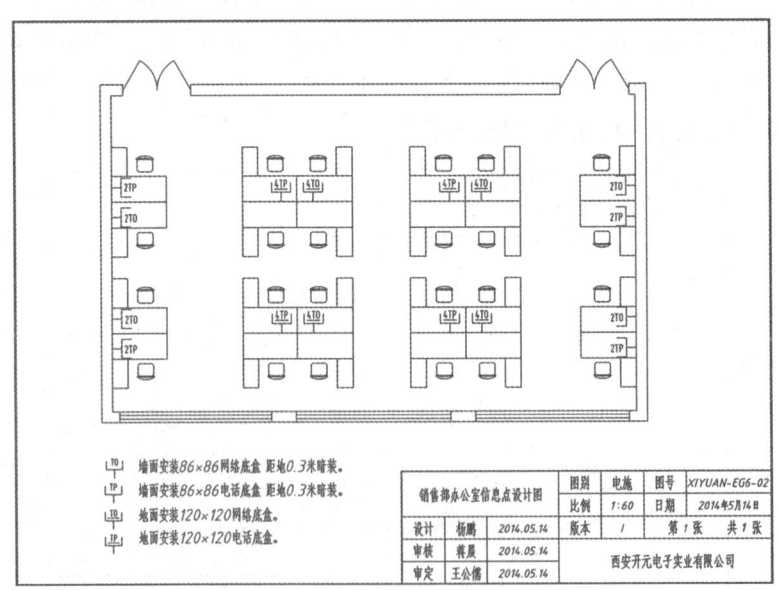

图 6-18　销售部办公室信息点设计图

第五步：命名为"销售部办公室信息点设计图"并保存文件。

6.2 水平子系统

水平子系统指从工作区信息插座至楼层管理间(FD—TO)的部分,在 GB 50311 国家标准中称为配线子系统,以往资料中也称水平干线子系统。

水平子系统一般在同一个楼层上,是从工作区的信息插座开始到管理间子系统的配线架,由用户信息插座、水平电缆、配线设备等组成。由于水平子系统最为复杂,布线路由长、拐弯多、造价高,安装施工时网络电缆承受拉力大,所以水平布线子系统的设计和安装质量直接影响信息传输速率,也是网络应用系统最为重要的组成部分。图 6-19 为水平子系统的实际应用案例。

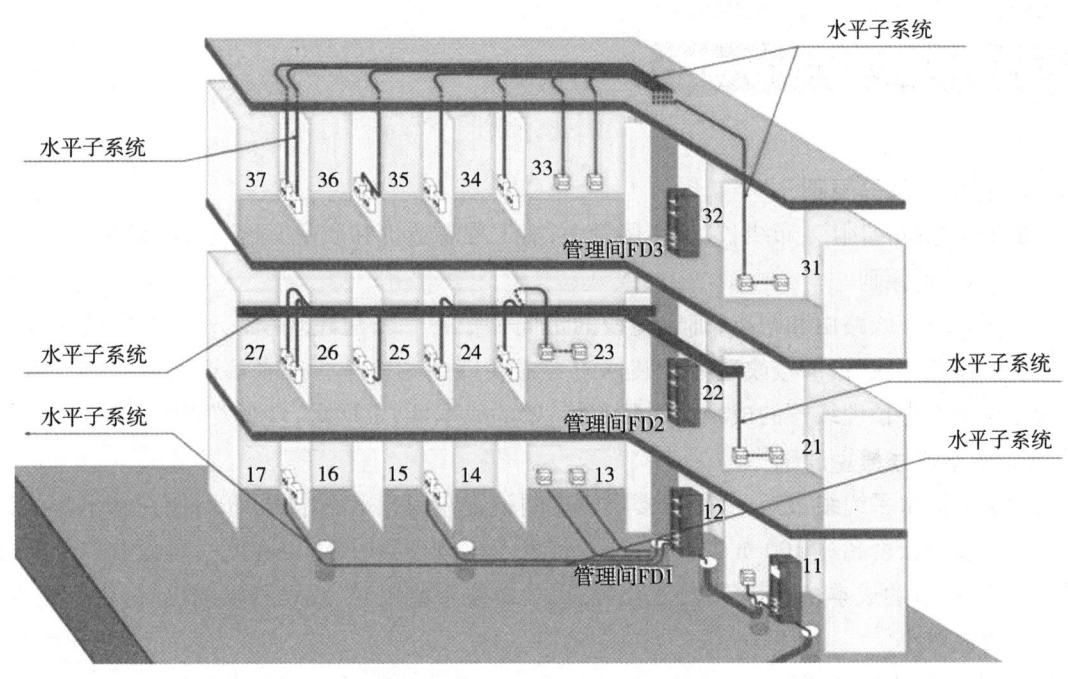

图 6-19　水平子系统实际应用案例

目前,网络应用系统全部采用星型拓扑结构,直接体现在水平子系统,也就是从楼层管理间直接向各个信息点布线。一般安装 4 对双绞线网络电缆,如果有磁场干扰或信息保密需要时,须安装屏蔽双绞线网络电缆或者全部采用光缆系统。

在实际工程中,水平子系统的安装布线范围一般全部在建筑物内部,常用的有 3 种布线方式,即暗埋管布线方式、桥架布线方式、地面敷设布线方式。

1. 暗埋管布线方式

暗埋管布线方式是将各种穿线管预埋设或者浇筑在建筑物的隔墙、立柱、楼板或地面中,然后穿线的布线方式。埋管时必须保证信息插座与管理间穿线管的连续性,根据布线要求、地板和隔墙厚度等空间条件设置。暗埋管布线一般采用薄壁钢管，设计简单明了，安装、维护都比较方便，工程造价也低。

比较大的楼层可分为若干区域，每个区域设置一个配线间或者配线箱，先由弱电井的楼层配线间，通过直埋钢管到各区域的配线间或者配线箱，然后通过暗埋管方式，将缆线引到工作区的信息点出口。

这种暗埋管布线方式在新建建筑物中普遍应用，也有在旧楼改造墙面开槽埋管时应用。

2. 桥架布线方式

桥架布线方式是将支撑缆线的金属桥架安装在建筑物楼道或者吊顶等区域，在桥架中再集中安装各种缆线的布线方式。桥架布线方式具有集中布线和管理缆线的优点。

3. 地面敷设布线方式

地面敷设布线方式是先在地面铺设线槽，然后把缆线安装在线槽中的布线方式。一般应用在机房，需要铺设抗静电地板。

6.2.1 水平子系统的设计原则

1. 性价比最高原则

水平子系统范围广、布线长、材料用量大，对工程总造价和质量有比较大的影响。

2. 预埋管原则

认真分析布线路由和距离，确定缆线的走向和位置。新建建筑物优先考虑在建筑物梁和立柱中预埋穿线管，旧楼改造或者装修时考虑在墙面刻槽埋管或者墙面明装线槽。因为在新建建筑物中预埋线管的成本比明装布管、槽的成本低，工期短，外观美观。

3. 水平缆线最短原则

为了保证水平缆线最短，一般把楼层管理间设置在信息点居中的房间，保证水平缆线最短。对于楼道长度超过 100 m 的楼层，或者信息点比较密集时，可以在同一层设置多个管理间，这样既能节约成本，又能降低施工难度，因为布线距离短时，线管和电缆也短，拐弯减少，布线拉力也更小。

4. 水平缆线最长原则

按照《综合布线系统工程设计规范》(GB 50311—2016)规定，铜缆双绞线电缆的信道长度不超过 100 m，水平缆线长度一般不超过 90 m。因此在前期设计时，水平缆线最长不宜超过 90 m。

5. 避让强电原则

一般尽量避免水平缆线与 36 V 以上强电供电线路平行走线。在工程设计和施工中，一般原则为网络布线避让强电布线。

如果确实需要平行走线时，应保持一定的距离，一般非屏蔽网络双绞线电缆与强电电缆距离大于 30 cm，屏蔽网络双绞线电缆与强电电缆距离大于 7 cm。

如果需要近距离平行布线甚至交叉跨越布线时，需要用金属管保护网络布线。

6. 地面无障碍原则

在设计和施工中,必须坚持地面无障碍原则。一般考虑在吊顶上布线,楼板和墙面预埋布线等。对于管理间和设备间等需要大量地面布线的场合,可以增加抗静电地板,在地板下布线。

6.2.2 水平子系统的设计方法

1. 水平子系统设计流程

水平子系统设计的步骤一般为:首先,进行需求分析,与用户进行充分的技术交流和了解建筑物用途;其次,要认真阅读建筑物设计图纸,根据点数统计表,确认信息点位置和数量;接着,进行水平子系统的规划和设计,确定每个信息点的水平布线路径;最后,确定布线材料规格和数量,列出材料规格和数量统计表。水平子系统设计流程如图 6-20 所示。

图 6-20　水平子系统设计流程

2. 水平子系统设计要点

(1) 水平子系统的拓扑结构

水平子系统为星型结构,如图 6-21 所示。每个信息点都必须通过一根独立的缆线与楼层管理间的配线架连接,然后通过跳线与交换机连接。

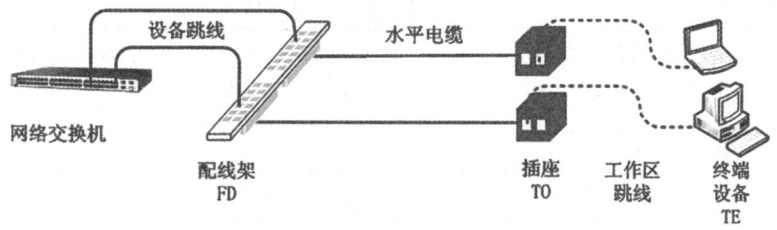

图 6-21　水平子系统拓扑结构

(2) 水平子系统的布线距离规定

《综合布线系统工程设计规范》(GB 50311—2016)规定,水平子系统属于配线子系统,对缆线的长度作了统一规定,水平电缆和信道的长度应符合如图 6-22 所示的规定。

水平子系统的长度应符合下列要求。

① 在电缆水平子系统中,信道最大长度不应大于 100 m。其中水平电缆长度不大于 90 m,一端工作区设备连接跳线不大于 5 m,另一端设备间(电信间)的跳线不大于 5 m。如果两端的跳线之和大于 10 m 时,水平电缆长度应适当减少,保证配线子系统信道最大长度不大于 100 m。

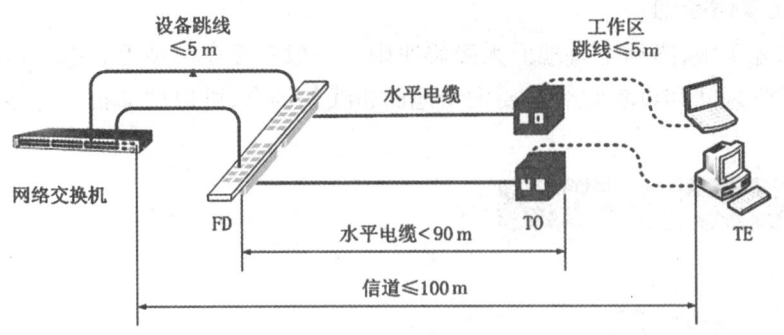

图 6-22 水平电缆和信道长度

② 信道总长度不应大于 2 000 m。信道总长度包括综合布线系统水平缆线和建筑物主干缆线及建筑群主干三部分缆线之和。

③ 建筑物或建筑群配线设备之间(FD 与 BD、FD 与 CD、BD 与 BD、BD 与 CD 之间)组成的信道出现 4 个连接器件时,主干缆线的长度不应小于 15 m。

(3) 开放型办公室布线系统长度的计算

对于商用建筑物或公共区域大开间的办公楼、综合楼等场地,由于其使用对象数量的不确定性和流动性等因素,宜按开放办公室综合布线系统要求进行设计,并应符合下列规定:采用多用户信息插座时,每一个多用户插座包括适当的备用量在内,宜使用能支持 12 个工作区所需的 8 位模块通用插座。

各段缆线长度可按表 6-1 选用。

表 6-1　　　　　　　　各段缆线长度限值(单位:m)

电缆总长度	水平布线电缆 H	工作区电缆 W	电信间跳线和设备电缆 D
100	90	5	5
99	85	9	5
98	80	13	5
97	75	17	5
97	70	22	5

(4) CP 集合点的设置

如果在水平布线系统施工中,需要增加 CP 集合点时,同一个水平电缆上只允许一个 CP 集合点,而且 CP 集合点与 FD 配线架之间水平线缆的长度应大于 15 m。

CP 集合点的端接模块或者配线设备应安装在墙体或柱子等建筑物固定的位置,不允许随意放置在线槽或者线管内,更不允许暴露在外边。

CP 集合点只允许在实际布线施工中应用,规范了缆线端接做法,适合解决布线施工中个别缆线穿线困难时中间接续问题,实际施工中尽量避免出现 CP 集合点。在前期项目设计中不允许出现 CP 集合点。

(5) 各项施工数据计算

施工前应根据相应的国家标准,对缆线的布放根数、布线弯曲半径要求、网络缆线与电力电缆的间距、缆线与电器设备的间距、缆线与其他管线的间距等各项数据进行计算。

3. 水平子系统 AutoCAD 元素绘制举例

(1) 使用"直线"命令绘制水平缆线

在样板文件的图层设置中,已设置好"缆线层",颜色为红,线型为"Continuous",线宽为 0.35 mm,如图 6-23 所示。绘制水平缆线时,只需在当前层使用"直线"命令。

图 6-23 设置缆线层

(2) 使用"多段线"命令绘制水平缆线

在图纸中绘制缆线时,也可使用"多段线(PL)"命令进行绘制,注意多段线的线宽不受图层线宽影响,应单独设置。在输入"多段线"命令后,先指定起点,然后输入 W,分别输入多段线起点和端点的宽度。

在绘制缆线时,应避免出现直角或锐角,在缆线拐弯处可使用"圆角(fillet)"或"倒角(chamfer)"命令进行处理。

6.2.3 水平子系统施工图设计实例

1. 研发楼一层水平布线路由平面图

根据办公室工作区信息点设计情况,对于信息点较少的房间可以将各信息点直接连接至楼层管理间。而对于信息点较多的房间,如 6.1.3 节所示销售部办公室,如果全部埋管布线到一层管理间,不仅管路多,地面埋管困难,而且布线路由比较长,拐弯多。因此在房间内设置 1 个分管理间,将全部信息点缆线通过暗埋管布线到该分管理间,然后从分管理间再连接到一层管理间。

下面以销售部办公室为例说明施工平面图绘制步骤。

第一步:打开绘制好的"西元销售部办公室信息点设计"图纸。

第二步:切换图层到"设备层",利用"插入"→"块"命令,插入"综合布线配线架"图块,利用"缩放""移动"命令对块进行排列,使布局合理。

第三步:切换图层到"缆线层",利用"多段线"命令,设置线宽为 0.35 mm,连接机柜至每一个信息点,再利用"倒角"命令处理缆线拐弯处。

第四步:切换图层到"文字层",利用"多行文字"命令进行文字标注;双击标题栏图块,填写标题栏,如图 6-24 所示。

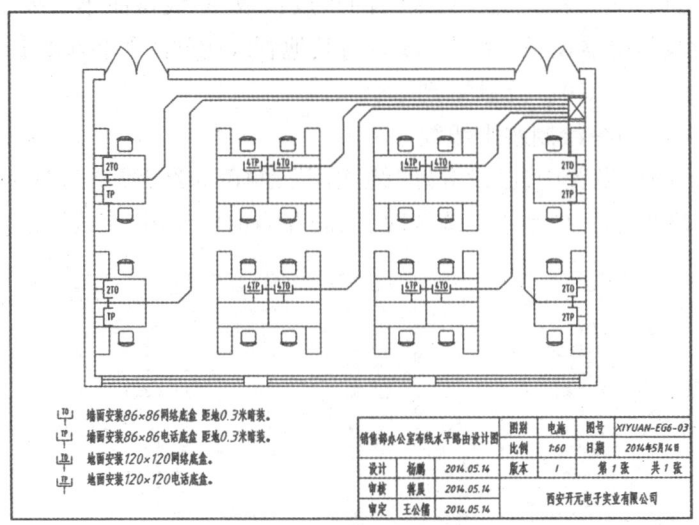

图 6-24　销售部办公室布线水平路由设计图

第五步:命名为"销售部办公室布线水平路由设计图"并保存文件。

2. 研发楼一层地面埋管立面图

在建筑物的一层,信息点一般全部采用地面暗埋管布线方式,在地面或者楼板埋管时只能使用 $\Phi 16$、$\Phi 20$ 或者 $\Phi 25$ 等直径较小的钢管,由于地面垫层或者楼板厚度的限制,不能使用较大直径的管子。绘制埋管立面施工图,可以清楚地标明地面埋管的位置,具体绘制方式如下。

第一步:打开 AutoCAD 应用程序,新建文件。

第二步:利用"缩放"命令,对模板文件放大 25 倍。切换图层到"墙层",利用"直线""偏移"命令绘制墙体;切换图层到"门窗层",绘制玻璃,如图 6-25 所示。

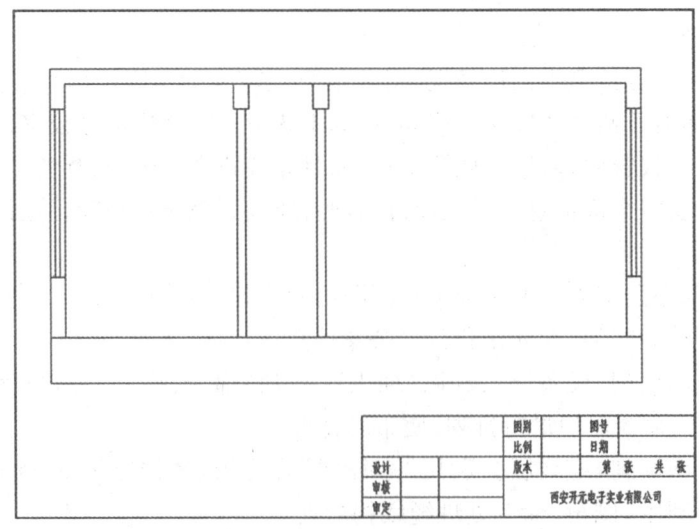

图 6-25　绘制墙体与玻璃

第三步：切换图层到"设备层"，利用"插入"→"块"命令，插入"管理间机柜"图块；切换图层到"插座层"，插入"墙面信息插座"与"地面信息插座"图块，利用"缩放""移动"命令对这些块进行排列，使布局合理，如图6-26所示。

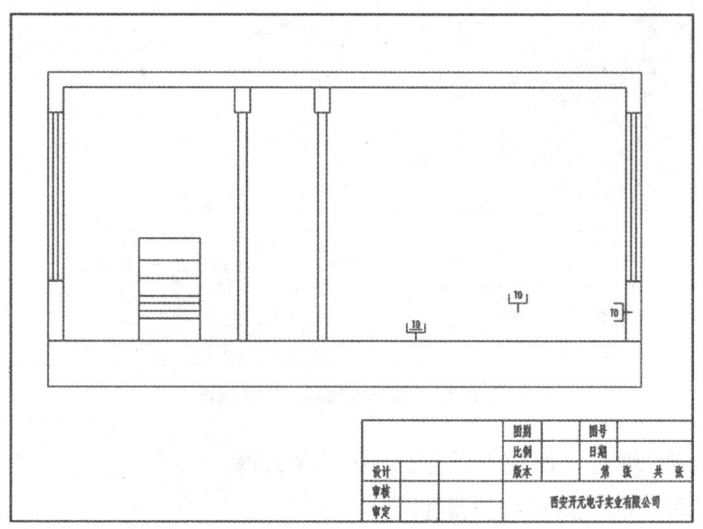

图6-26　设备排列

第四步：切换图层到"缆线层"，利用"多段线"命令对"管理间机柜"与"墙面信息插座""地面信息插座"图块进行连接；切换图层到"符号标注层"，对各插座进行标注说明，如图6-27所示。

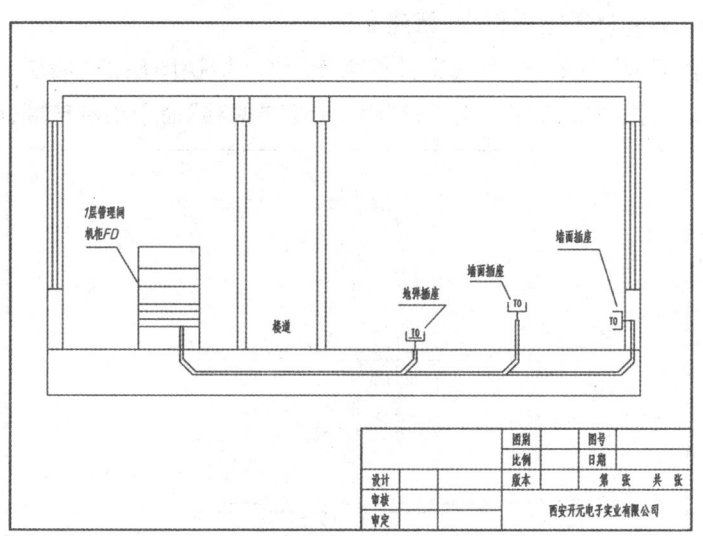

图6-27　缆线连接与符号标注

第五步：切换图层到"文字层"，利用"多行文字"命令进行文字标注；双击标题栏图块，填写标题栏，如图6-28所示。

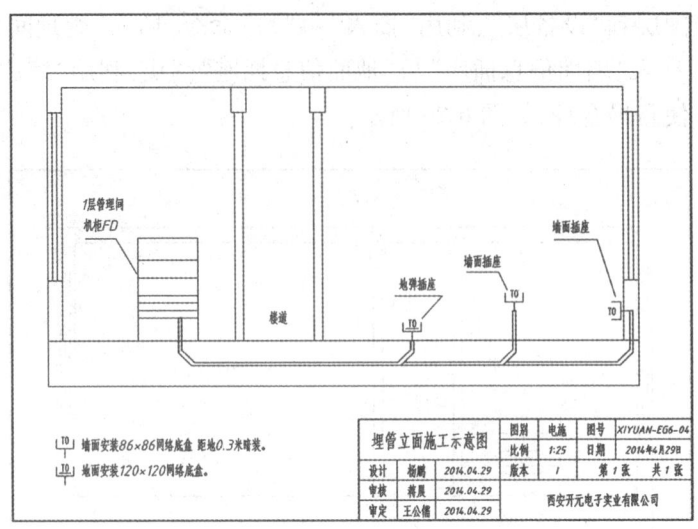

图 6-28 埋管立面施工示意图

第六步：命名为"埋管立面施工示意图"并保存文件。

3. 二层至四层楼板埋管布线立面图

建筑物二层以上多采用跨层布线方式。四层信息点的桥架位于三层楼道，三层信息点的桥架位于二层楼道，二层信息点的桥架位于一层楼道。从信息插座处隔墙向下垂直埋管到横梁或者楼板，然后在横梁或楼板内水平埋管到下一层楼道出口，最后引入楼道桥架。这种设计方式不仅减少了桥架和机柜，而且布线路由最短，材料用量少，减少了"U"字形拐弯，成本低，穿线时拉力也比较小。下面举例说明施工图的绘制步骤。

第一步：打开 AutoCAD 应用程序，新建文件。

第二步：利用"缩放"命令，对模板文件放大 50 倍。切换图层到"墙层"，利用"直线""偏移"命令绘制墙体；切换图层到"门窗层"，利用"直线""偏移"命令绘制玻璃，如图 6-29 所示。

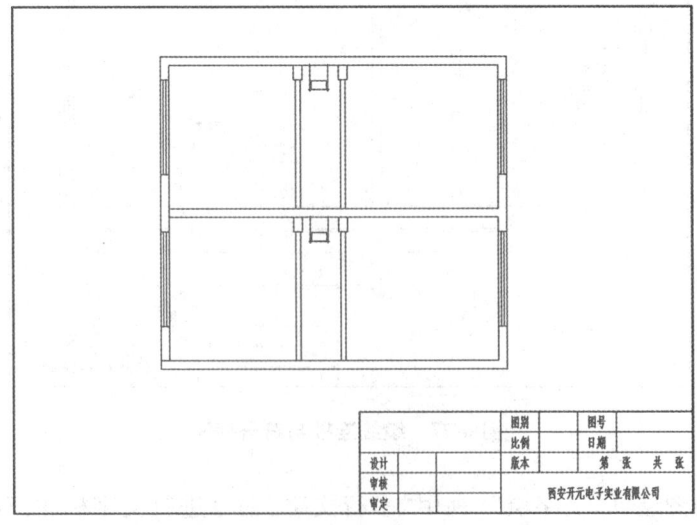

图 6-29 绘制墙体与玻璃

第三步：切换图层到"设备层"，利用"插入"→"块"命令，插入"管理间机柜"块；切换图层到"插座层"，利用"插入"→"块"命令，插入"墙面信息插座"与"地面信息插座"块。利用"缩放""复制""移动"命令对这些块进行排列，使布局合理，如图 6-30 所示。

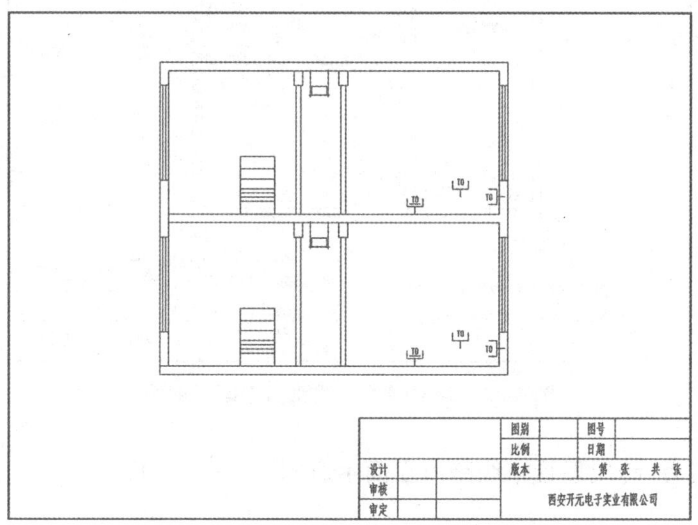

图 6-30　设备排列

第四步：切换图层到"缆线层"，利用"直线"命令对"管理间机柜"与"墙面信息插座""地面信息插座"图块进行连接；切换图层到"符号标注层"，利用"多行文字"命令对各插座进行标注说明，如图 6-31 所示。

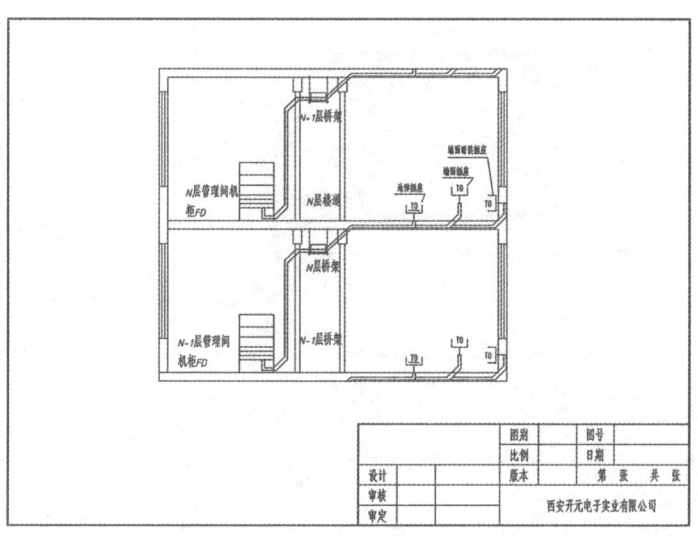

图 6-31　缆线连接与符号标注

第五步：切换图层到"文字层"，利用"多行文字"命令进行文字标注；双击标题栏图块，填写标题栏，如图 6-32 所示。

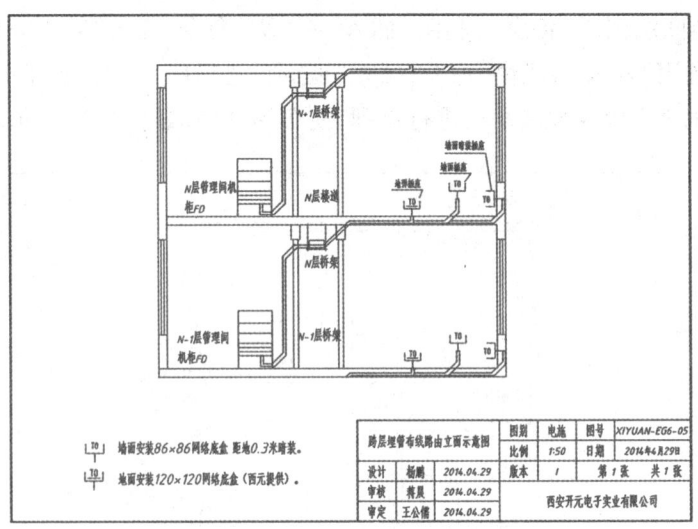

图 6-32 跨层埋管布线路由立面示意图

第六步:命名为"跨层埋管布线路由立面示意图"并保存文件。

6.3 管理间子系统

管理间子系统也称为电信间或者配线间,是专门安装楼层机柜、配线架、交换机和配线设备的楼层管理间,如图 6-33 所示。管理间子系统一般设置在每个楼层的中间位置,主要

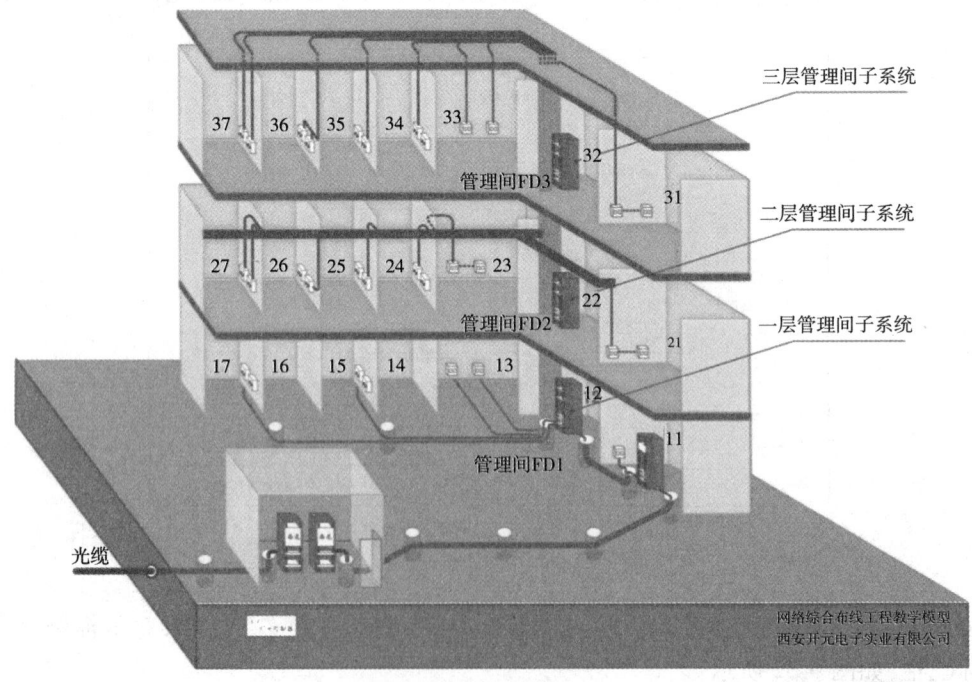

图 6-33 管理间子系统

安装建筑物楼层配线设备,也是连接垂直子系统和水平干线子系统的设备。当楼层信息点很多时,可以设置多个管理间。

在综合布线系统中,管理间子系统包括楼层配线间、二级交接间的缆线、配线架及相关接插跳线等。通过综合布线系统的管理间子系统,可以直接管理整个应用系统终端设备,从而实现综合布线的灵活性、开放性和扩展性。

6.3.1 管理间子系统的设计原则

1. 配线架数量确定原则

配线架端口数量应该大于信息点数量,保证全部从信息点过来的缆线全部端接在配线架中。在工程中,一般使用 24 口或者 48 口配线架。例如某楼层共有 64 个信息点,至少应该选配 3 个 24 口配线架,配线架端口的总数量为 72 口,就能满足 64 个信息点缆线的端接需要,这样做比较经济。

有时为了在楼层进行分区管理,也可以选配较多的配线架。例如上述 64 个信息点如果分为 4 个区域,平均每个区域有 16 个信息点时,也需要选配 4 个 24 口配线架,这样每个配线架端接 16 口,预留 8 口,能够进行分区管理,维护方便。

2. 标识管理原则

由于管理间缆线和跳线很多,必须对每根缆线进行编号和标识,在工程项目实施中还需要将编号和标识规定张贴在该管理间内,方便施工和维护。

3. 理线原则

管理间缆线必须全部端接在配线架中,完成永久链路安装。在端接前必须先整理全部缆线,预留合适长度,重新做好标记,剪掉多余的缆线,按照区域或者编号顺序绑扎和整理好,通过理线环,然后端接到配线架。不允许大量多余缆线缠绕和绞结在一起。

4. 配置不间断电源原则

管理间安装有交换机等有源设备,因此应该设计有不间断电源,或者稳压电源。

5. 防雷电措施

管理间的机柜应该可靠接地,防止雷电以及静电损坏。

6.3.2 管理间子系统的设计方法

1. 管理间子系统设计流程

管理间子系统一般根据楼层信息点的总数量和分布密度情况设计,首先确定每个楼层工作区信息点总数量,然后确定水平子系统缆线的平均长度,最后以平均路由最短的原则确定管理间的位置,完成管理间子系统设计。管理间子系统设计流程如图 6-34 所示。

图 6-34 管理间子系统设计流程

2. 设计要点

（1）管理间数量的确定

每个楼层一般宜至少设置 1 个管理间（电信间）。特殊情况下，即每层信息点数量较少，且水平缆线长度不大于 90 m，宜几个楼层合设一个管理间。管理间数量的设置宜按照以下原则：如果该层信息点数量不大于 400 个，水平缆线长度在 90 m 范围以内，宜设置一个管理间，当超出这个范围时宜设两个或多个管理间。

在实际工程应用中，为了方便管理和保证网络传输速度或者节约布线成本，例如，学生公寓，信息点密集，使用时间集中，楼道很长，也可以 100~200 个信息点设置一个管理间，将管理间机柜明装在楼道中。

（2）管理间的面积

GB 50311—2016 中规定管理间的使用面积不应小于 5 m²，也可根据工程中配线管理和网络管理的容量进行调整。一般新建楼房都有专门的垂直竖井，楼层的管理间基本都设计在建筑物竖井内，面积在 3 m² 左右。在一般小型网络工程中，管理间也可能只是一个网络机柜。

一般旧楼增加网络综合布线系统时，可以将管理间选择在楼道中间位置的办公室，也可以采取壁挂式机柜直接明装在楼道中，作为楼层管理间。

管理间安装落地式机柜时，机柜前面的净空不应小于 800 mm，后面的净空不应小于 600 mm，以方便施工和维修。在楼道安装壁挂式机柜时，一般安装高度不小于 1.8 m。

（3）管理间的电源要求

管理间应提供不少于两个 220 V 带保护接地的单相电源插座。管理间如果安装电信管理设备或其他信息网络管理设备时，管理供电应符合相应的设计要求。

（4）管理间门要求

管理间应采用外开丙级防火门，门宽大于 0.7 m。

（5）管理间环境要求

管理间内温度应为 10℃~35℃，相对湿度宜为 20%~80%。一般应该考虑网络交换机等设备发热对管理间温度的影响，在夏季必须保持管理间温度不超过 35℃。

3. 管理间子系统 AutoCAD 元素绘制举例

"综合布线配线架"图块的绘制步骤如下：

第一步：打开 AutoCAD 软件，新建文件。

第二步：切换图层到"设备"层，利用"矩形""直线"等命令，绘制如图 6-35 所示图形。

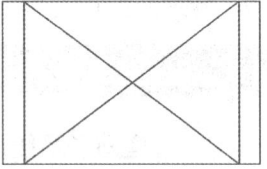

图 6-35 综合布线配线架

第三步：执行"W"命令，把"综合布线配线架"块写入本地磁盘中。

6.3.3 管理间子系统施工图设计实例

1. 建筑物竖井内安装

近年来，随着网络的发展和普及，在新建的建筑物中一般每层都考虑设置管理间，并给网络等留有弱电竖井,便于安装网络机柜等管理设备。在竖井中间安装网络机柜,便于设备的统一维护和管理。下面举例说明竖井安装施工图的绘制步骤。

第一步:打开 AutoCAD 应用程序,新建文件。

第二步:利用"缩放"命令,对模板文件放大 150 倍。切换图层到"墙层",利用"直线""偏移"命令,绘制如图 6-36 所示图形。

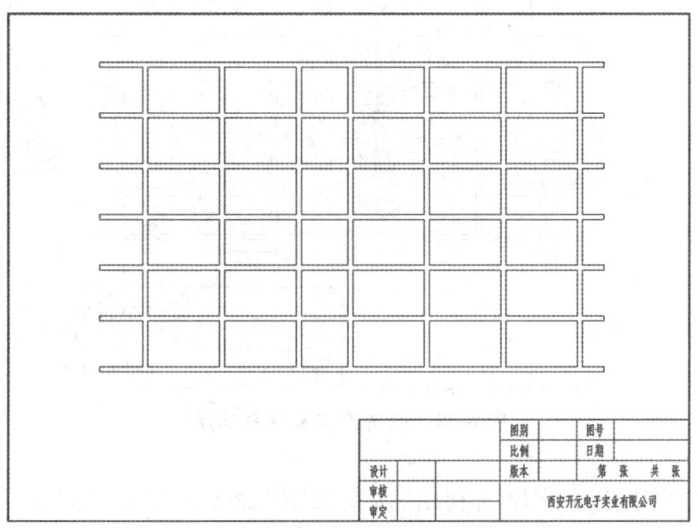

图 6-36　绘制墙体

第三步:切换图层到"墙层",绘制房间墙体。

第四步:切换图层到"楼梯层",利用"插入"→"块"命令插入"楼梯"图块;切换图层到"设备层",利用"插入"→"块"命令,分别插入"管理间机柜"图块和各"房间"属性块,如图 6-37 所示。

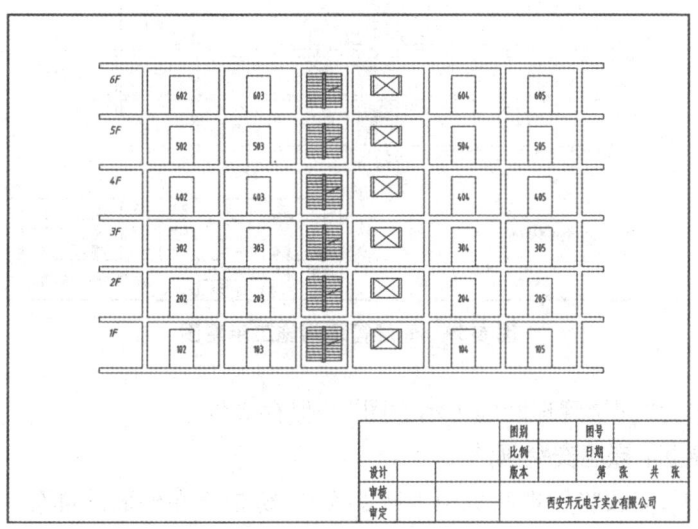

图 6-37　设备排列

第五步:切换图层到"缆线层",利用"多段线"命令对各"管理间机柜"进行连接;切换图层到"符号标注层",对楼梯进行标注,如图6-38所示。

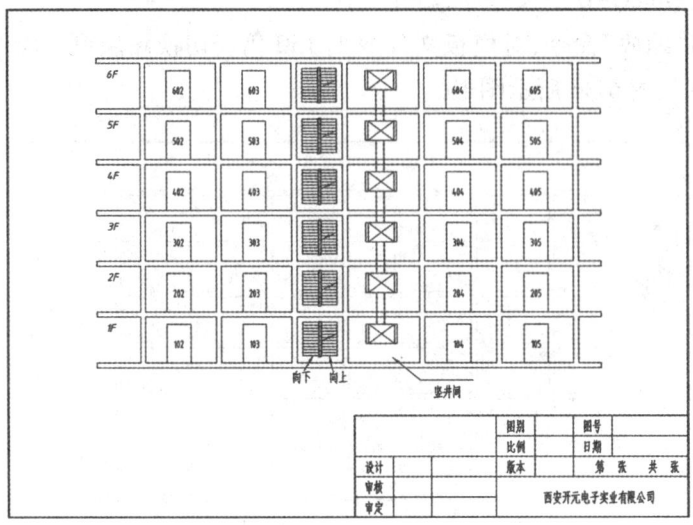

图 6-38　设备连接及符号标注

第六步:切换图层到"文字层",利用"多行文字"命令进行文字标注;双击标题栏图块,填写标题栏,如图6-39所示。

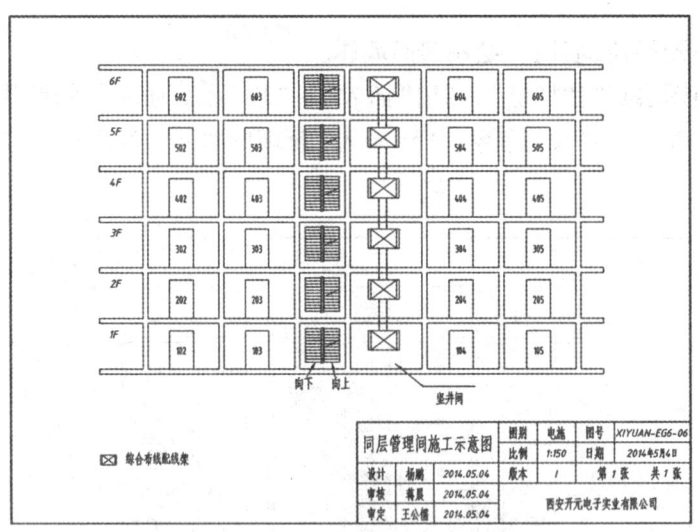

图 6-39　同层管理间施工示意图

第七步:命名为"同层管理间施工示意图"并保存文件。

2. 建筑物楼道半嵌墙安装画法

在特殊情况下,需要将管理间机柜半嵌墙安装,机柜露在外面的部分主要是便于设备的散热。这样的机柜需要单独设计、制作,具体安装施工图绘制步骤如下。

第一步:打开 AutoCAD 应用程序,新建文件。

第二步:利用"缩放"命令,对模板文件放大 100 倍。切换图层到"墙层",绘制如图 6-40 所示图形。

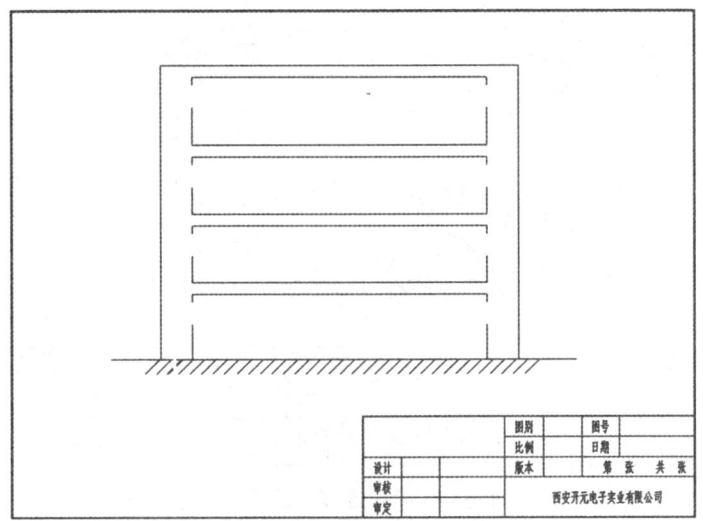

图 6-40 绘制墙体

第三步:切换图层到"设备层",利用"矩形"命令绘制墙面机柜;再用"插入"→"块"命令插入"管理间机柜"图块,并进行排列,如图 6-41 所示。

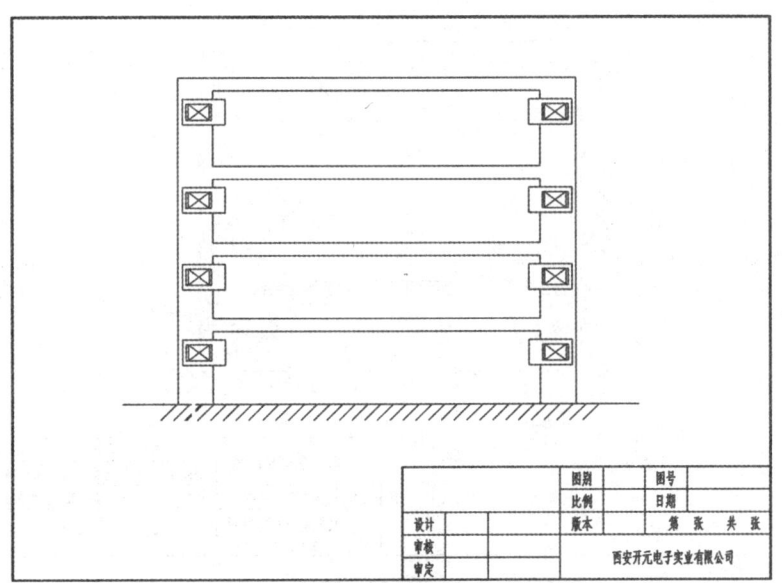

图 6-41 设备排列

第四步:切换图层到"缆线层",利用"多段线"命令对各设备进行连接;切换图层到"符号标注层",利用"多行文字"命令对墙体中的钢管进行标注,如图 6-42 所示。

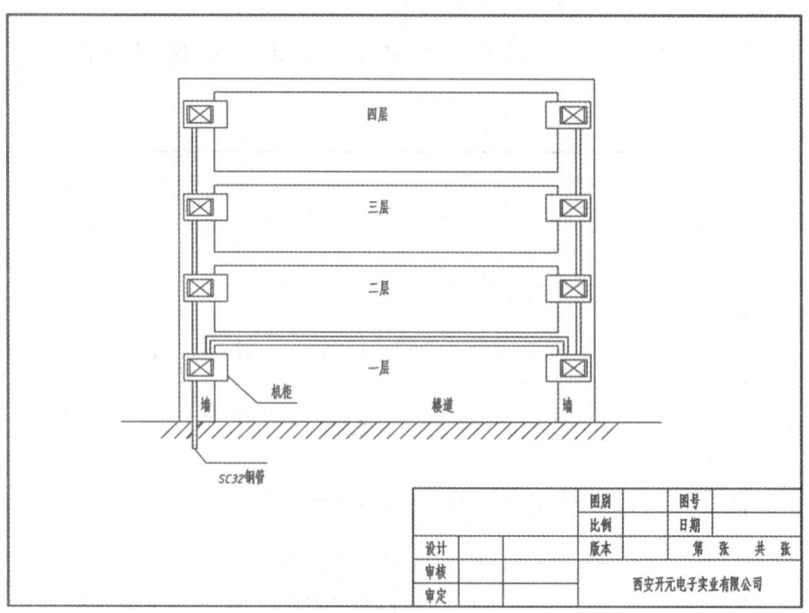

图 6-42　缆线连接与符号标注

第五步：切换图层到"文字层"，利用"多行文字"命令进行文字标注；双击标题栏图块，填写标题栏，如图 6-43 所示。

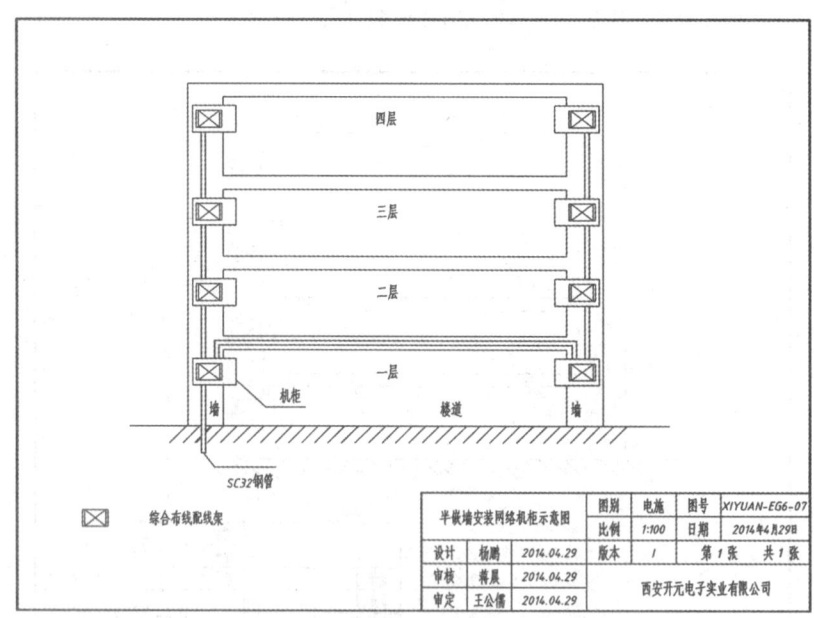

图 6-43　半嵌墙安装网络机柜示意图

第六步：命名为"半嵌墙安装网络机柜示意图"并保存文件。

6.4 垂直子系统

在 GB 50311—2016 国家标准中,把垂直子系统称为干线子系统,为了便于理解和工程行业习惯叫法,我们仍然称为垂直子系统。它是综合布线系统中非常关键的组成部分,它由设备间子系统与管理间子系统的引入口之间的布线组成,两端分别连接在设备间和楼层管理间的配线架上。垂直子系统是建筑物内综合布线的主干缆线,一般使用光缆传输,如图 6-44 所示。

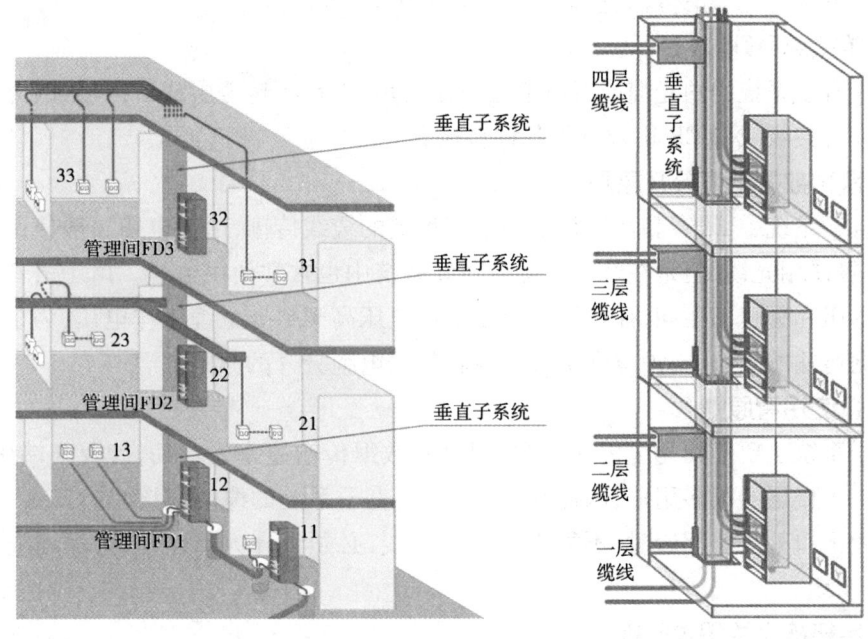

图 6-44 垂直子系统

垂直子系统的布线也是一个星型结构,从建筑物设备间向各个楼层的管理间布线,实现大楼信息流的纵向连接,如图 6-45 所示。在实际工程中,大多数建筑物都是垂直向高空发

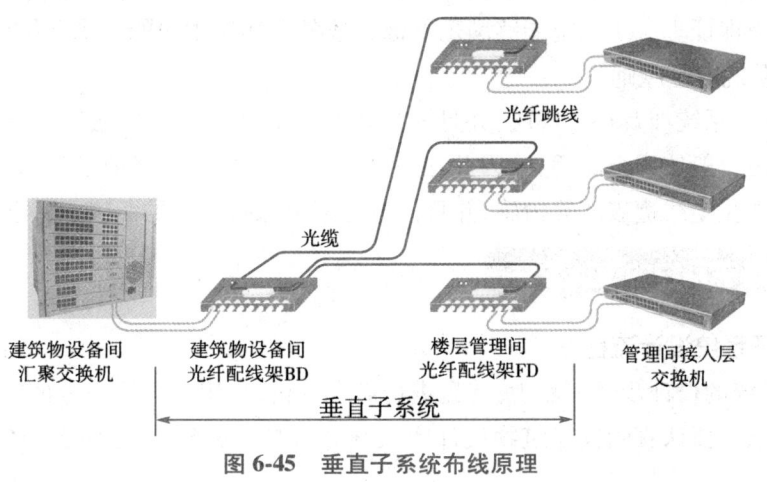

图 6-45 垂直子系统布线原理

展的,因此很多情况下会采用垂直型的布线方式。但是也有很多建筑物是横向发展的,如飞机场候机厅、工厂仓库等建筑,这时也会采用水平型的主干布线方式。因此,主干线缆的布线路由既可能是垂直型的,也可能是水平型的,或是两者的综合。

6.4.1 垂直子系统的设计原则

1. 星型拓扑结构原则

垂直子系统必须为星型网络拓扑结构。

2. 保证传输速率原则

垂直子系统首先考虑传输速率,一般选用光缆。

3. 无转接点原则

由于垂直子系统中的光缆或者电缆路由比较短,而且跨越楼层或者区域,因此在布线路由中不允许有接头或者 CP 集合点等各种转接点。

4. 语音和数据电缆分开原则

在垂直子系统中,语音和数据往往用不同种类的缆线传输,语音电缆一般使用大对数电缆,数据一般使用光缆,但是在基本型综合布线系统中也常常使用电缆。由于语音和数据传输时工作电压和频率不相同,往往语音电缆工作电压高于数据电缆工作电压,为了防止语音传输对数据传输的干扰,必须遵守语音电缆和数据电缆分开的原则。

5. 大弧度拐弯原则

垂直子系统主要使用光缆传输数据,同时对数据传输速率要求高,涉及终端用户多,一般会涉及一个楼层的很多用户,因此在设计时,垂直子系统的缆线应该垂直安装,如果在路由中间或者出口处需要拐弯时,不能直角拐弯布线,必须设计大弧度拐弯,保证缆线的曲率半径,方便布线。

6. 满足整栋大楼需求原则

由于垂直子系统连接大楼的全部楼层或者区域,不仅要满足信息点数量少、速率要求低的楼层用户的需要,更要保证信息点数量多、传输速率要求高的楼层用户的要求。因此在垂直子系统的设计中一般选用光缆,并且需要预留备用缆线,在施工中要规范施工流程和保证工程质量,最终保证垂直子系统能够满足整栋大楼各个楼层用户的需求和扩展需要。

7. 布线系统安全原则

由于垂直子系统涉及每个楼层,并且连接建筑物的设备间和楼层管理间交换机等重要设备,布线路由一般使用金属桥架,因此在设计和施工中要加强接地措施,预防雷电击穿破坏,还要采取防止缆线遭破坏等措施,并且注意与强电保持较远的距离,防止电磁干扰等。

6.4.2 垂直子系统的设计方法

1. 垂直子系统设计流程

垂直子系统的设计步骤一般为:首先进行需求分析,与用户进行充分的技术交流和了解建筑物用途;然后要认真阅读建筑物设计图纸,确定建筑物竖井、设备间和管理间的具体位置;再进行初步规划和设计,确定垂直子系统布线路径;最后确定布线材料规格和数量,列出材料规格和数量统计表。垂直子系统设计流程如图 6-46 所示。

需求分析 → 技术交流 → 阅读建筑物图纸 → 规划和设计 → 完成材料规格和数量统计表

图 6-46 垂直子系统设计流程

垂直子系统的缆线直接连接几十或几百个用户,一旦干线电缆发生故障,则影响巨大。因此,必须重视垂直子系统的设计工作。

2. 垂直子系统设计要点

(1) 确定缆线类型

垂直子系统缆线主要有光缆和铜缆两种类型,要根据布线环境的限制和用户对综合布线系统设计等级的考虑确定。垂直子系统所需要的电缆总对数和光纤总芯数,应满足工程的实际需求,并留有适当的备份容量。主干缆线宜设置电缆与光缆,并互相作为备份路由。

(2) 路径的选择

垂直子系统主干缆线应选择最短、最安全和最经济的路由,一端与建筑物设备间连接,另一端与楼层管理间连接。路由的选择要根据建筑物的结构以及建筑物内预留的电缆孔、电缆井等通道位置而决定。建筑物内一般有封闭型和开放型两类通道,宜选择带门的封闭型通道敷设垂直缆线。开放型通道是指从建筑物的地下室到楼顶的一个开放空间,中间没有任何楼板隔开。封闭型通道是指一连串上下对齐的空间,每层楼都有一间,电缆竖井、电缆孔、管道电缆、电缆桥架等穿过这些房间的地板层。

(3) 缆线容量配置

主干电缆和光缆所需的容量要求及配置应符合以下规定:

第一,语音业务。大对数主干电缆的对数应按每一个电话 8 位模块通用插座配置 1 对线,并在总需求线对的基础上至少预留约 10%的备用线对。

第二,数据业务。每个交换机至少应该配置 1 个主干端口。当主干端口为电端口时,应按 4 对线容量;当为光端口时,则按 2 芯光纤容量配置。

第三,当工作区至电信间的水平光缆延伸至设备间的光配线设备(BD/CD)时,主干光缆的容量应包括所延伸的水平光缆光纤的容量在内。

(4) 缆线敷设保护方式

第一,缆线不得布放在电梯或供水、供气、供暖管道竖井中,也不应布放在强电竖井中。

第二,电信间、设备间、进线间之间干线通道应沟通。

(5) 干线缆线交接

为了便于综合布线的路由管理,干线电缆、干线光缆布线的交接不应多于两次。从楼层配线架到建筑群配线架之间只应通过一个配线架,即建筑物配线架(在设备间内)。当综合布线只用一级干线布线进行配线时,放置干线配线架的二级交接间可以并入楼层配线间。

(6) 干线缆线端接

干线电缆可采用点对点端接,也可采用分支递减端接连接。

6.4.3 垂直子系统施工图设计实例

1. 垂直子系统干线缆线端接施工图

干线电缆的端接通常采用点对点端接方式,这是最简单、最直接的方法,垂直子系统每根干线电缆直接延伸到指定的楼层配线管理间或二级交接间。点对点端接方式施工图绘制步骤如下:

第一步:打开 AutoCAD 应用程序,新建文件。

第二步:利用"缩放"命令,使模板文件放大 150 倍。切换图层到"墙层",利用"直线""偏移"命令绘制墙体;切换图层到"楼梯层",利用"插入"→"块"命令插入"楼梯"图块,如图 6-47 所示。

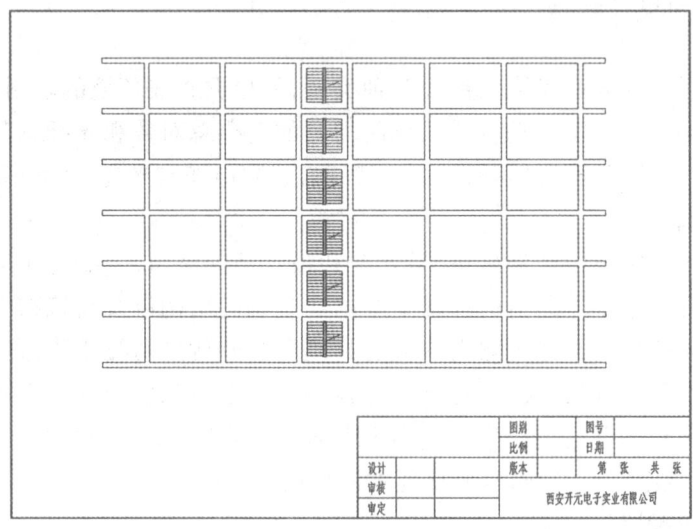

图 6-47　绘制墙体

第三步:切换图层到"设备层",利用"插入"→"块"命令插入"管理间机柜"图块,并进行排列,然后在图中绘制设备间示意图,如图 6-48 所示。

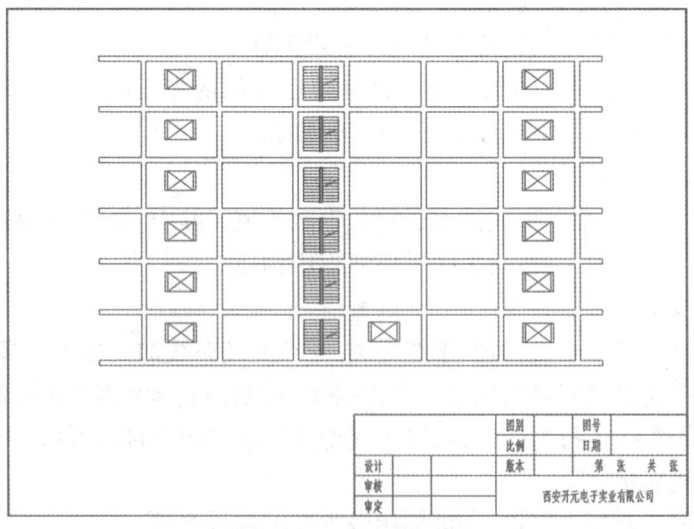

图 6-48　设备排列

第四步：切换图层到"缆线层"，利用"多段线"命令连接各设备，如图 6-49 所示。

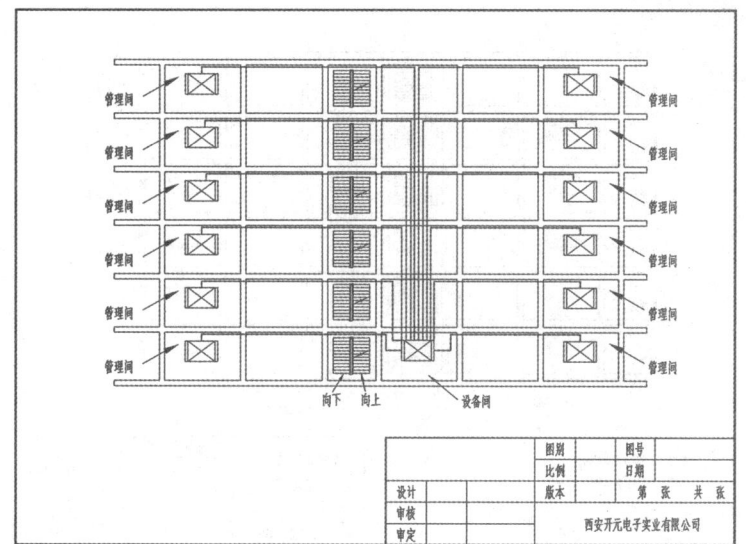

图 6-49　缆线连接

第五步：切换图层到"文字层"，利用"多行文字"命令进行文字标注；双击标题栏图块，填写标题栏，如图 6-50 所示。

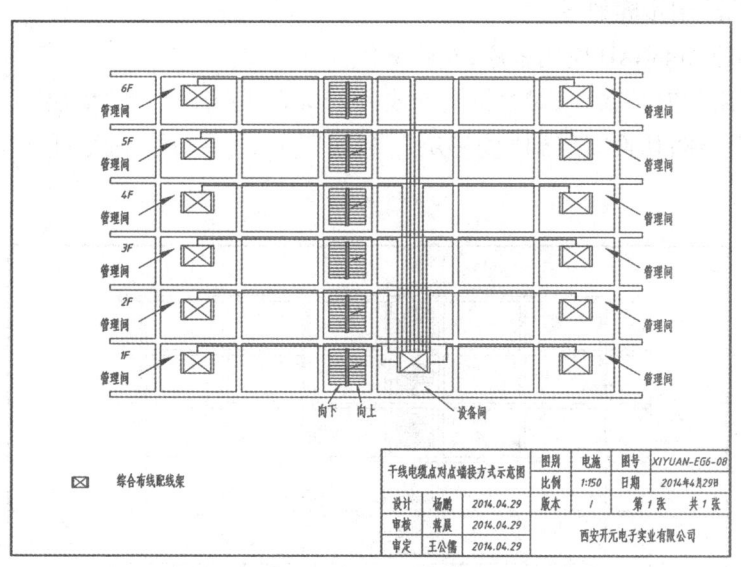

图 6-50　干线电缆点对点端接方式示意图

第六步：命名为"干线电缆点对点端接方式示意图"并保存文件。

分支递减端接是用一根足以支持若干个楼层配线管理间或若干个二级交接间的通信容量的大容量干线电缆，经过电缆接头交接箱分出若干根小电缆，再分别延伸到每个二级交接间或每个楼层配线管理间，最后端接到目的地的连接硬件上。分支接合方式施工图如

图 6-51 所示。

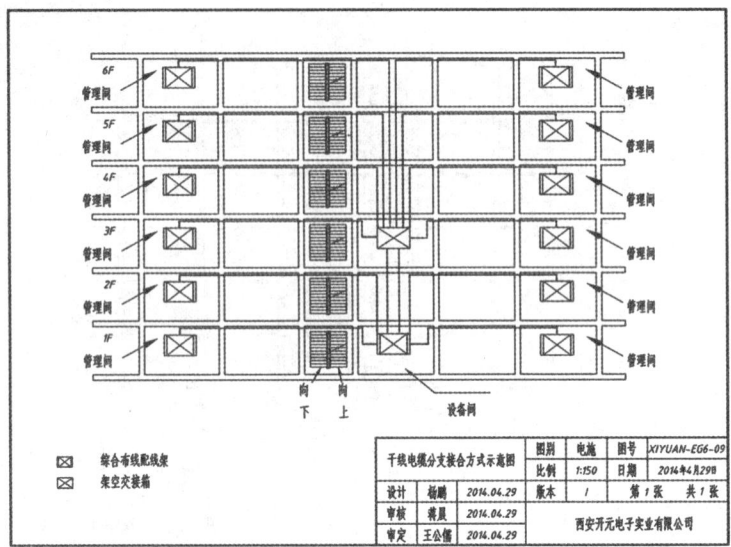

图 6-51　干线电缆分支接合方式示意图

2. 楼层间双干线电缆管道施工图

如果一幢大楼的配线间上下不对齐,则可采用大小合适的缆线管道系统将其连通。楼层间管道施工图绘制步骤如下。

第一步:打开 AutoCAD 应用程序,新建文件。

第二步:利用"缩放"命令,对模板文件放大 150 倍;切换图层到"墙层",利用"直线""偏移"等命令绘制墙体;切换图层到"楼梯层",利用"插入"→"块"命令插入"楼梯"图块,如图 6-52 所示。

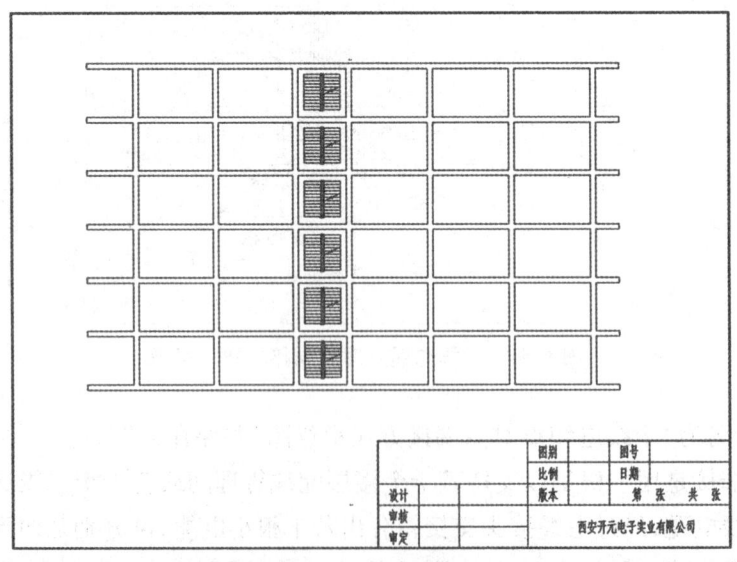

图 6-52　绘制墙体

第三步:切换图层到"设备层",利用"插入"→"块"命令插入"管理间机柜"图块,并进行排列,然后在图中绘制设备间示意图,如图 6-53 所示。

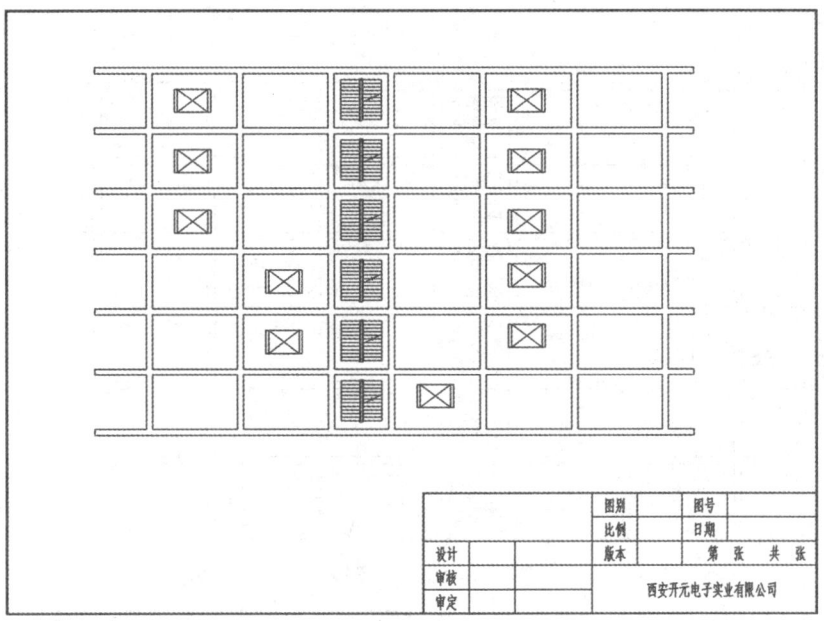

图 6-53　设备排列

第四步:切换图层到"管道层",利用"多段线"命令连接各设备;切换图层到"符号标注层",对竖井等进行标注,如图 6-54 所示。

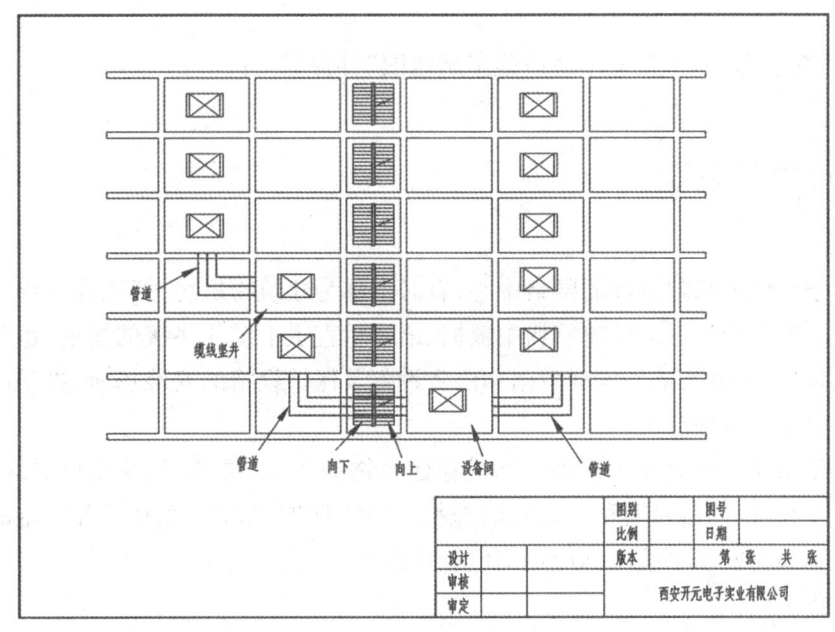

图 6-54　缆线连接与符号标注

第五步:切换图层到"文字层",利用"多行文字"命令进行文字标注;双击标题栏图块,填写标题栏,如图 6-55 所示。

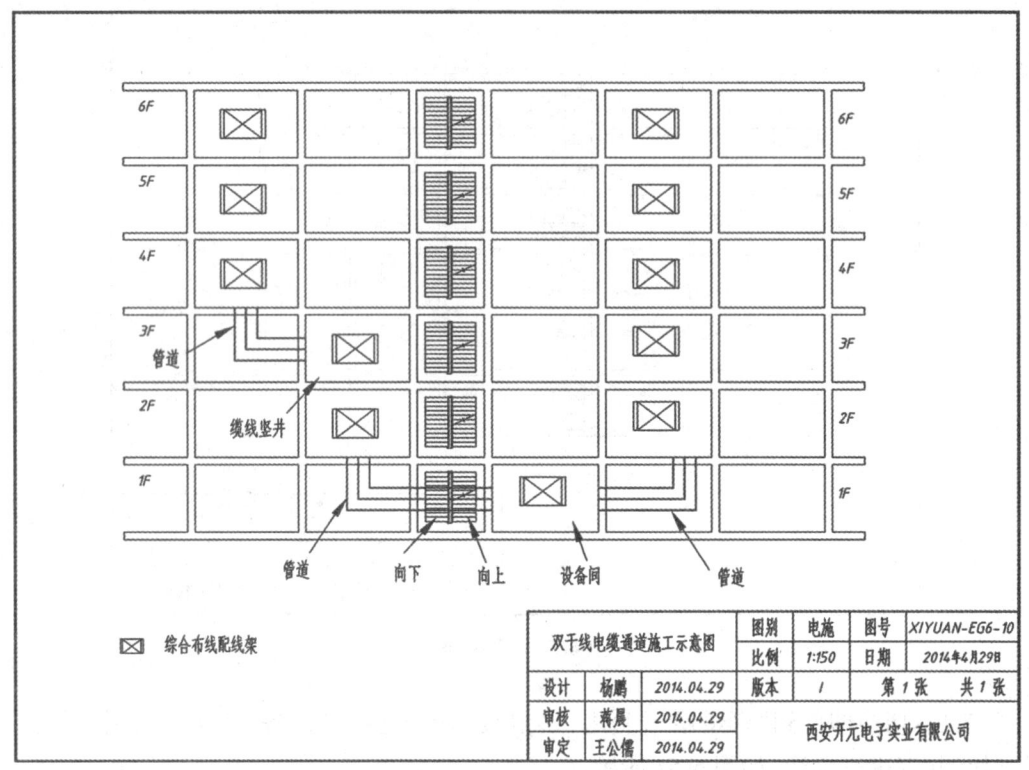

图 6-55　双干线电缆通道施工示意图

第六步:命名为"双干线电缆通道施工示意图"并保存文件。

6.5　设备间子系统

设备间子系统就是建筑物的网络中心,有时也称为建筑物机房,智能建筑物一般都有独立的设备间。设备间子系统是建筑物中数据、语音垂直主干缆线终接的场所,也是建筑群的缆线进入建筑物的场所,还是各种数据和语音设备及保护设施的安装场所,更是网络系统进行管理、控制、维护的场所。

设备间子系统一般设在建筑物中部或在建筑物的一、二层,避免设在顶层,而且要为以后的扩展留下余地,同时对面积、门窗、天花板、电源、照明、散热、接地等有一定的要求。图 6-56 为建筑物设备间子系统实际应用案例。

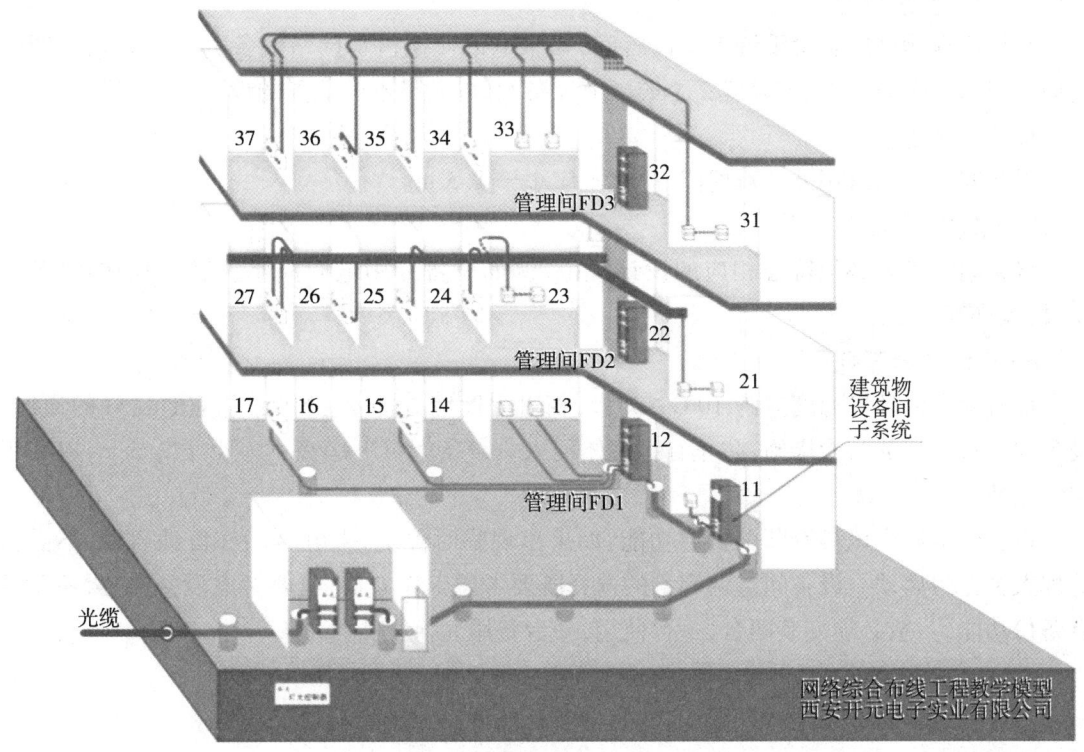

图 6-56 建筑物设备间子系统

6.5.1 设备间子系统的设计原则

1. 位置合适原则

设备间的位置应根据建筑物的结构、布线规模、设备数量和管理方式综合考虑。设备间宜处于干线子系统的中间位置,并考虑主干缆线的传输距离与数量;设备间宜尽可能靠近建筑物竖井位置,有利于主干缆线的引入;设备间的位置宜便于设备接地,设备间还要尽量远离高低压变配电、电机、X 射线、无线电发射等有干扰源存在的场地。

在工程设计中,设备间一般设置在建筑物一层或者地下室,位置宜与楼层管理间距离近,并且上下对应。这是因为设备间一般使用光缆与楼层管理间设备连接,短且少的拐弯方便光缆施工和降低布线成本。同时设备间与建筑群子系统也是使用光缆连接,布线方式一般常用地埋管方式,设置在一层或者地下室时能够以较短的路由或者较低的成本实现光缆进入。

2. 面积合理原则

设备间面积大小应该考虑安装设备的数量和维护管理方便。如果面积太小,后期可能出现设备安装拥挤,不利于空气流通和设备散热。设备间内应有足够的设备安装空间,其使用面积不应小于 20 m^2。特别要预留维修空间,方便维修人员操作,机架或机柜前面的净空不应小于 800 mm,后面的净空不应小于 600 mm。

3. 数量合适原则

每栋建筑物内应至少设置 1 个设备间，如果电话交换机与网络设备分别安装在不同的场地或根据安全需要，也可设置 2 个或以上设备间，以满足不同业务的设备安装需要。

4. 外开门原则

设备间入口门采用外开双扇门，门宽不应小于 1.5 m。

5. 配电安全原则

设备间的供电必须符合相应的设计规范，例如设备专用电源插座、维修和照明电源插座、接地排等。

6. 环境安全原则

设备间室内环境温度应为 10℃～35℃，相对湿度应为 20%～80%，并应有良好的通风。设备间应有良好的防尘措施，防止有害气体侵入。设备间梁下净高不应小于 2.5 m，以利于空气循环。

设备间空调应该具有断电自启功能，如果出现临时停电，来电后能够自动启动，不需要管理人员专门启动。设备间空调容量的选择既要考虑工作人员，更要考虑设备散热，还要具有备份功能，一般必须安装两台，一台使用，一台备用。

7. 标准接口原则

建筑物综合布线系统与外部配线网连接时，应遵循相应的接口标准要求。

6.5.2 设备间子系统的设计方法

1. 设备间子系统设计流程

在设计设备间时，设计人员应与用户方一起商量，根据用户方要求及现场情况具体确定设备间的最终位置。只有确定了设备间位置后，才可以设计综合布线的其他子系统。进行用户需求分析时，确定设备间的位置是一项重要的工作内容。此外，还要与用户进行技术交流，最终确定设计要求。设备间子系统设计流程如图 6-57 所示。

图 6-57　设备间子系统设计流程

2. 设备间子系统设计要点

（1）设备间的位置

设备间的位置及大小应根据建筑物的结构、综合布线规模、管理方式以及应用系统设备的数量等方面进行综合考虑，择优选取。一般而言，设备间应尽量建在建筑平面及其综合布线干线综合体的中间位置。在高层建筑内，设备间也可以设置在一、二层。

（2）设备间的面积

设备间的使用面积要考虑所有设备的安装面积，还要考虑预留工作人员管理操作设备的地方,一般最小使用面积不得小于 20 m²。

设备间的使用面积可按照下述两种方法之一确定:

方法一:已知 S_b 为设备所占面积(m^2),S 为设备间的使用总面积(m^2),$S = (5\sim7)\sum S_b$。

方法二:当设备尚未选型时,则设备间使用总面积 $S=KA$。其中,A 为设备间的所有设备台(架)数的总数,K 为系数,取值为(4.5~5.5) m^2/台(架)。

(3) 设备间的建筑结构

设备间的建筑结构主要依据设备大小、设备搬运以及设备重量等因素而设计。设备间的高度一般为 2.5~3.2 m。设备间门的大小至少为高 2.1 m,宽 1.5 m。

设备间一般安装有不间断电源的电池组,由于电池组非常重,因此对楼板承重设计有一定的要求,一般分为两级,A 级≥500 kg/m²,B 级≥300 kg/m²。

(4) 设备间的环境要求

设备间内安装有计算机、网络设备、电话程控交换机、建筑物自控设备等硬件设备。这些设备的运行需要相应的温度、湿度、供电、防尘等要求。设备间内的环境设置可以参照国家计算机用房设计标准《电子计算机机房设计规范》(GB 50174—2017)、程控交换机的 CECS 09:89《工业企业和程控用户交换机工程设计规范》等相关标准及规范。

(5) 设备间的管理

设备间内的设备种类繁多,而且缆线布设复杂。为了管理好各种设备及缆线,设备间内的设备应分类分区安装,所有进出线装置或设备应采用不同色标,以区别各类用途的配线区,方便线路的维护和管理。

(6) 缆线敷设方式

① 活动地板方式

该方式是缆线在活动地板下的空间敷设,由于地板下空间大,因此电缆容量和条数多,节省电缆费用,缆线敷设和拆除均简单方便,能适应线路增减变化,有较高的灵活性,便于维护管理。其缺点是造价较高,会减少房屋的净高,对地板表面材料也有一定要求,如耐冲击性、耐火性、抗静电、稳固性等。

② 地板或墙壁沟槽方式

该方式是缆线在建筑中预先建成的墙壁或地板内沟槽中敷设,沟槽的断面尺寸大小根据缆线终期容量来设计。这种方式造价较活动地板低,便于施工和维护,利于扩建,但沟槽设计和施工必须与建筑设计和施工同时进行,在配合协调上较为复杂。沟槽方式是在建筑中预先制成,因此在使用中会受到限制,缆线路由不能自由选择和变动。

③ 预埋管路方式

该方式是在建筑的墙壁或楼板内预埋管路,其管径和根数根据缆线需要来设计。穿放缆线比较容易,对维护、检修和扩建均有利,造价低廉,技术要求不高,是最常用的方式。

④ 机架走线架方式

这种方式是在设备或者机架上安装桥架或槽道的敷设方式,桥架和槽道的尺寸根据缆线需要设计,可以在建成后安装,便于施工和维护,也有利于扩建。机架上安装桥架或槽道时,应结合设备的结构和布置来考虑,在层高较低的建筑中不宜使用。

(7) 安全分类

设备间的安全分为 A、B、C 三个类别。

A 类:对设备间的安全有严格的要求,设备间有完善的安全措施。

B 类:对设备间的安全有较严格的要求,设备间有较完善的安全措施。

C 类:对设备间的安全有基本的要求,设备间有基本的安全措施。

根据设备间的要求,设备间安全可按某一类执行,也可按某些类综合执行。综合执行是指一个设备间的某些安全项目可按不同的安全类型执行。例如,某设备间按照安全要求可选防电磁干扰为 A 类,火灾报警及消防设施为 B 类。

(8) 其他规范

设备间的防火结构、散热要求、接地要求及内部装饰材料也应符合相关的国家标准。

3. 防雷器符号的绘制

绘制如图 6-58 所示图形,命名为"防雷器"块并保存。

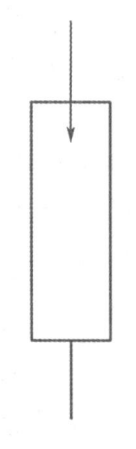

图 6-58　防雷器

6.5.3　设备间子系统施工图设计实例

1. 设备间布局设计图

在进行设备间布局时,一定要将安装设备区域和管理人员办公区分开考虑,单独设计设备间,这样不但便于管理人员的办公,而且便于设备的维护。设备间安装设备区域布局设计图绘制步骤如下。

第一步:打开 AutoCAD 应用程序,新建文件。

第二步:利用"缩放"命令,对模板文件放大 40 倍;切换图层到"墙层",绘制墙体;切换图层到"门窗层",利用"直线""偏移"等命令绘制玻璃窗,利用"插入"→"块"命令插入"双开门"块,如图 6-59 所示。

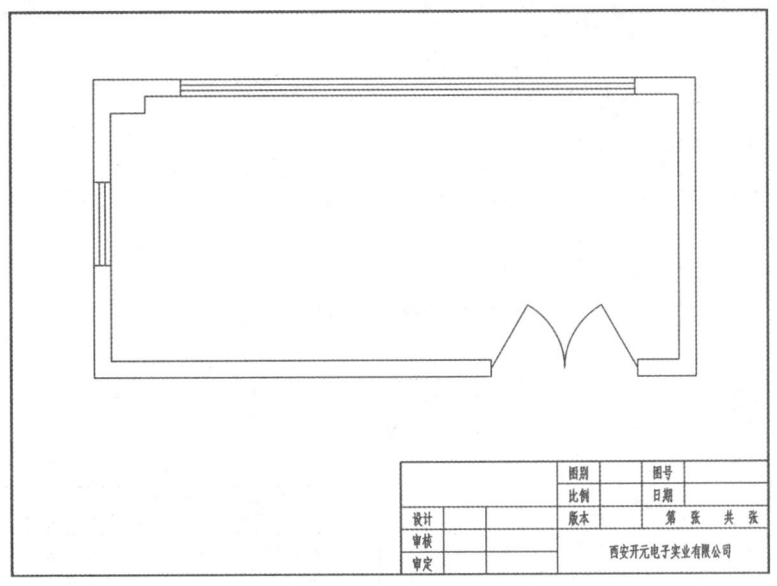

图 6-59　绘制房屋结构

第三步：切换图层到"设备层"，利用"插入"→"块"命令插入"空调""防雷器""网络机柜"等图块；利用"矩形"命令绘制几个矩形，分别作为网络机柜预留位置以及 UPS 电源，如图 6-60 所示。

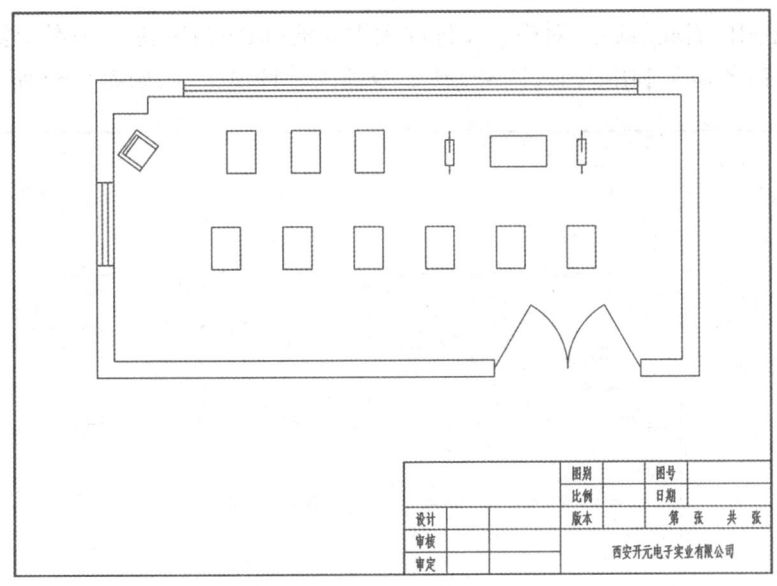

图 6-60　设备排列

第四步：切换图层到"文字层"，利用"多行文字"命令进行文字标注；双击标题栏图块，填写标题栏，如图 6-61 所示。

第五步：命名为"设备间布局平面图"并保存文件。

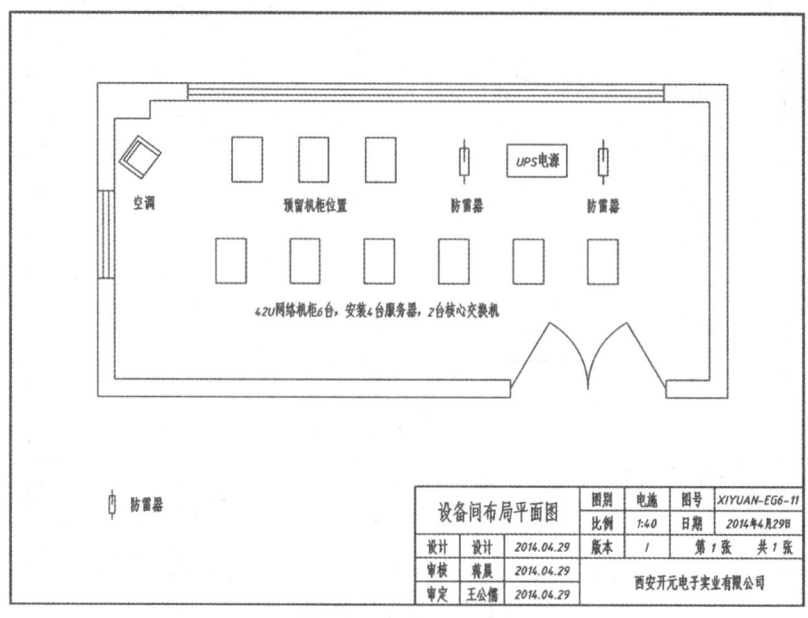

图 6-61　设备间布局平面图

2. 设备间预埋管路图

设备间的布线管道一般采用暗敷预埋方式。绘制设备间预埋管路施工图步骤如下。

第一步：打开 AutoCAD 应用程序，新建文件。

第二步：利用"缩放"命令，对模板文件放大 150 倍；切换图层到"墙层"，绘制墙体结构；切换图层到"设备层"，利用"插入"→"块"命令插入各种设备块，如图 6-62 所示。

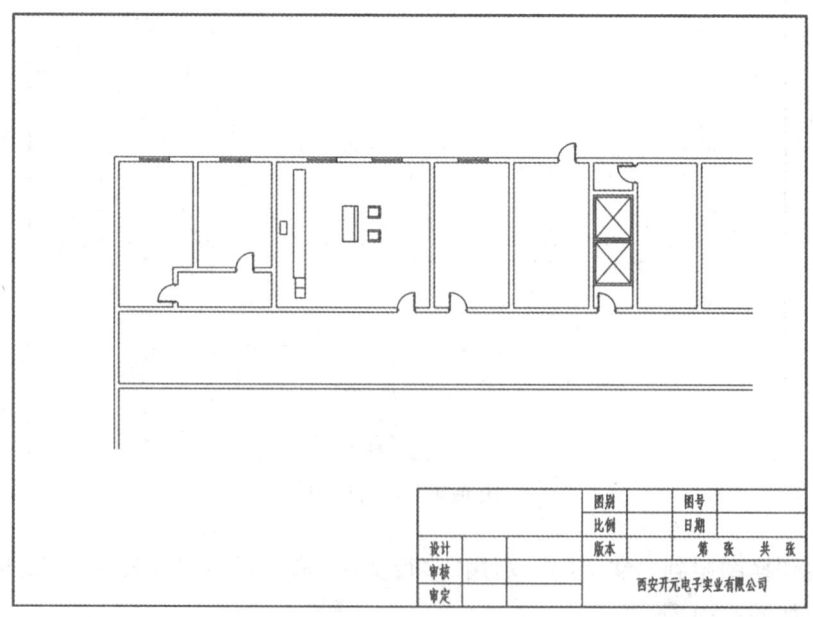

图 6-62　绘制房屋结构

第三步：切换图层到"标注层"，对图形外围尺寸进行标注，如图 6-63 所示。

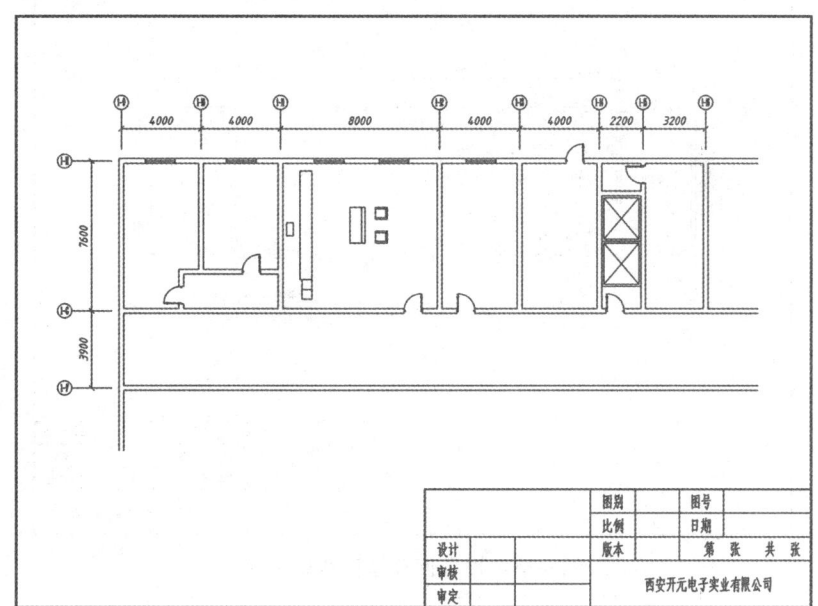

图 6-63　标注外围尺寸

第四步：切换图层到"管路层"，利用"多段线"命令绘制预埋管路，如图 6-64 所示。

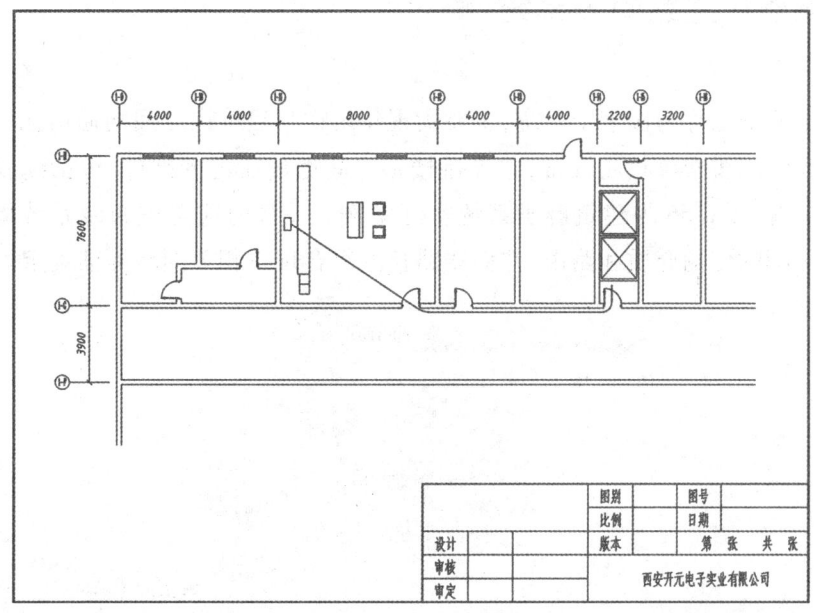

图 6-64　绘制管路

第五步：切换图层到"文字层"，利用"多行文字"命令进行文字标注；双击标题栏图块，填写标题栏，如图 6-65 所示。

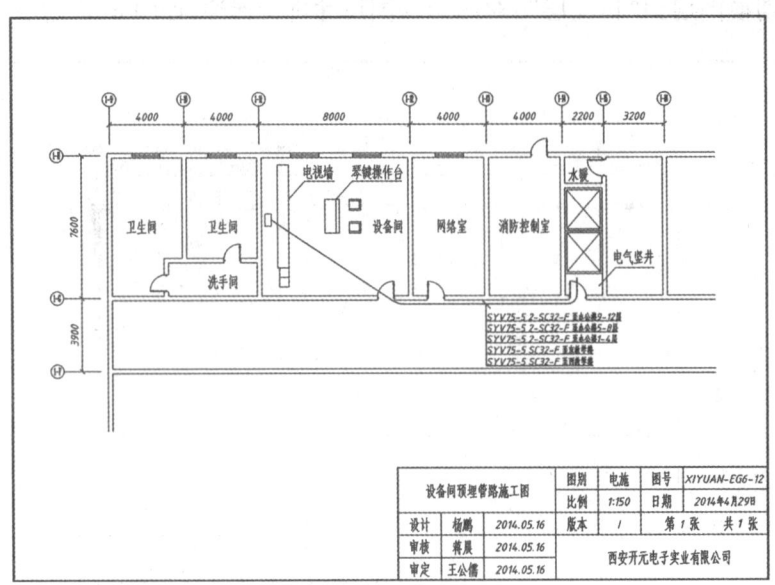

图 6-65 设备间预埋管路施工图

第六步：命名为"设备间预埋管路施工图"并保存文件。

6.6 建筑群和进线间子系统

建筑群子系统也称为楼宇子系统，主要实现建筑物与建筑物之间的通信连接，一般采用光缆并配置光纤配线架等相应设备，它支持楼宇之间通信所需的硬件，包括缆线、端接设备和电气保护装置，图 6-66 为建筑群子系统实际案例。设计时应考虑布线系统周围的环境，确定建筑物之间的传输介质和路由，并使线路长度符合现行相关网络标准规定。

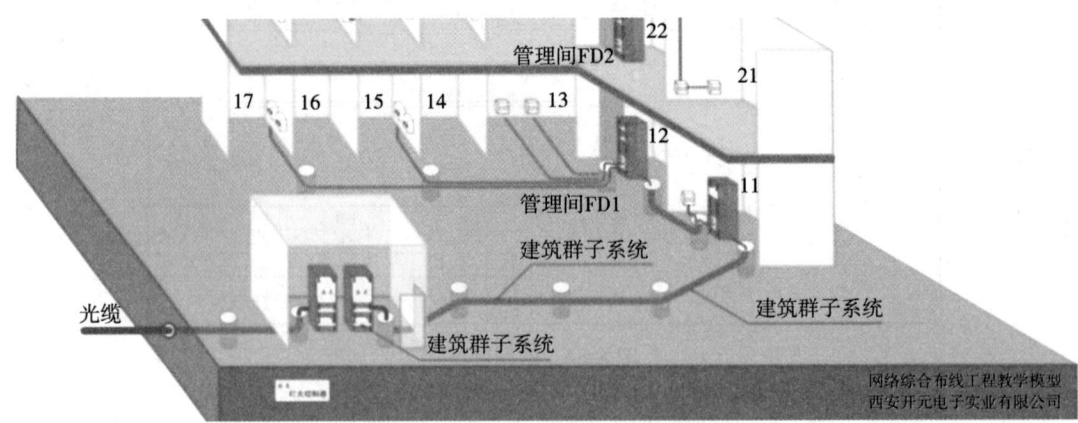

图 6-66 建筑群子系统实际案例

进线间是建筑物外部通信和信息管线的入口部位，并可作为入口设施和建筑群配线设备的安装场地。进线间是 GB 50311—2016 国家标准在系统设计内容中专门增加的，要求在建筑物前期系统设计中增加进线间，满足多家运营商业务需要。进线间一般通过地埋管线进入建筑物内部，宜在土建阶段实施。进线间主要作为室外电、光缆引入楼内的成端与分支及光缆的盘长空间位置。由于光缆至大楼、至用户、至桌面的应用及容量日益增多，进线间就显得尤为重要，图 6-67 为进线间子系统实际案例。

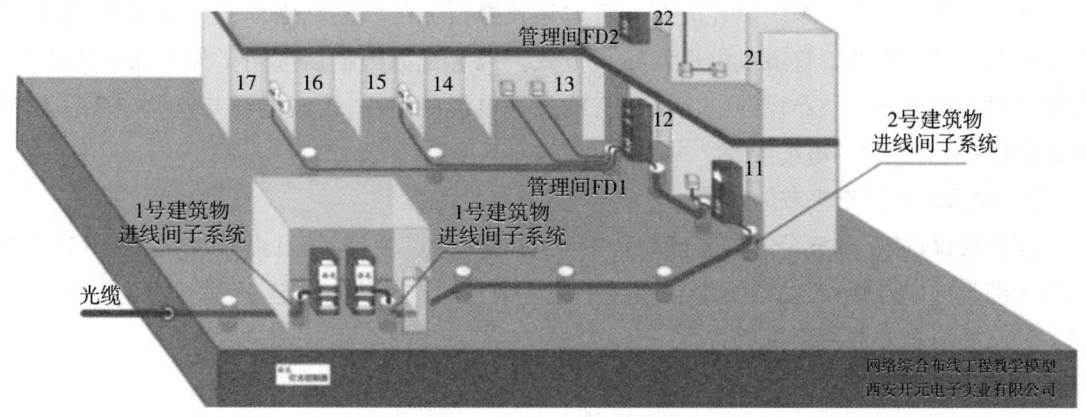

图 6-67　进线间子系统实际案例

6.6.1　建筑群子系统的设计原则

1. 地下埋管原则

建筑群子系统的室外缆线一般通过建筑物进线间进入大楼内部的设备间，室外距离比较长，设计时一般选用地埋管道穿线或者电缆沟敷设方式；也有在特殊场合使用直埋方式，或者架空方式。

2. 远离高温管道原则

建筑群的光缆或者电缆，经常在室外部分或者进线间需要与热力管道交叉或者并行，遇到这种情况时，必须保持较远的距离，避免高温损坏缆线或者缩短缆线的寿命。

3. 远离强电原则

园区室外地下埋设许多 380 V 或者 10 kV 的交流强电电缆，这些强电电缆的电磁辐射非常大，网络系统的缆线必须远离这些强电电缆，避免对网路系统产生电磁干扰。

4. 预留原则

建筑群子系统的室外管道和缆线必须预留备份，方便未来升级和维护。

5. 管道抗压原则

建筑群子系统的地埋管道穿越园区道路时，必须使用钢管或者抗压 PVC 管。

6. 大拐弯原则

建筑群子系统一般使用光缆，要求拐弯半径大。实际施工时，一般在拐弯处设立接线井，方便拉线和后期维护。如果不设立接线井拐弯时，必须保证较大的曲率半径。

6.6.2 建筑群子系统的设计要求

建筑群子系统主要应用于多幢建筑物组成的建筑群综合布线工程，设计时主要考虑布线路由等内容。建筑群子系统应按下列要求进行设计。

1. 考虑环境美化要求

建筑群主干布线子系统设计应充分考虑建筑群覆盖区域的整体环境美化要求，建筑群干线电缆尽量采用地下管道或电缆沟敷设方式。因客观原因最后选用了架空布线方式的，也要尽量选用原已架空布设的电话线或有线电视电缆的路由，干线电缆与这些电缆一起敷设，以减少架空敷设的电缆线路。

2. 考虑建筑群未来发展需要

在布线设计时，要充分考虑各建筑需要安装的信息点种类、信息点数量，选择相对应的干线光缆类型以及敷设方式，使综合布线系统建成后，保持相对稳定，能满足今后一定时期内各种新的信息业务发展需要。

3. 路由的选择

考虑到节省投资，应尽量选择距离短、线路平直的路由，但具体的路由还要根据建筑物之间的地形或敷设条件而定。在选择路由时，应考虑原有已敷设的地下各种管道，在管道内应与电力线缆分开敷设，并保持一定间距。

4. 电缆引入要求

建筑群干线光缆进入建筑物时，都要设置引入设备，并在适当位置终端转换为室内电缆、光缆。引入设备应安装必要保护装置以达到防雷击和接地的要求。干线光缆引入建筑物时，应以地下引入为主，如果采用架空方式，应尽量采取隐蔽方式引入。

5. 干线电缆、光缆交接要求

建筑群的主干光缆布线的交接不应多于两次。

6. 缆线的选择

建筑群子系统敷设的缆线类型及数量由连接应用系统种类及规模来决定。计算机网络系统常采用光缆，经常使用 62.5 μm/125 μm 规格的多模光纤，户外布线大于 2 km 时可选用单模光纤。

电话系统常采用 3 类大对数电缆，为了适于室外传输，电缆还覆盖了一层较厚的外层皮。3 类大对数双绞线根据线对数量分为 25 对、50 对、100 对、250 对、300 对等规格，要根据电话语音系统的规模来选择 3 类大对数双绞线相应的规格及数量。

有线电视系统常采用同轴电缆或光缆作为干线电缆。

7. 缆线的保护

当缆线从一建筑物到另一建筑物时，易受到雷击、电源碰地、感应电压等影响，必须进行保护。如果铜缆进入建筑物时，按照 GB 50311—2016 的强制性规定必须增加浪涌保护器。

6.6.3 建筑群子系统的设计实例

1. 地埋布线施工图

地埋管道布线是一种由管道和入孔组成的地下系统,它把建筑群的各个建筑物进行互连,一根或多根管道通过基础墙进入建筑物内部结构。地下管道对电缆起到很好的保护作用,因此电缆受损坏的机会减小,且不会影响建筑物的外观及内部结构。地埋布线方式如图6-68所示。

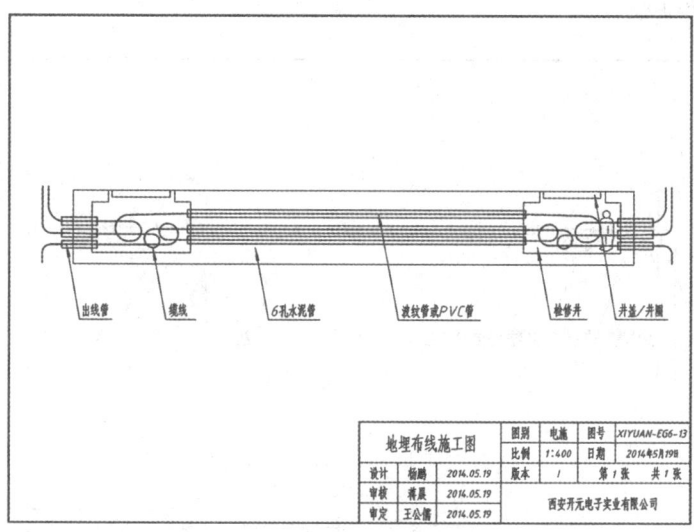

图 6-68 地埋布线

2. 室外管道敷设图

在设计建筑群子系统的埋管图时,一定要根据建筑物之间数据或语音信息点的数量来确定埋管规格。注意:室外管道进入建筑物的最大管外径不宜超过100 mm。建筑群之间预埋管路施工图如图6-69所示。

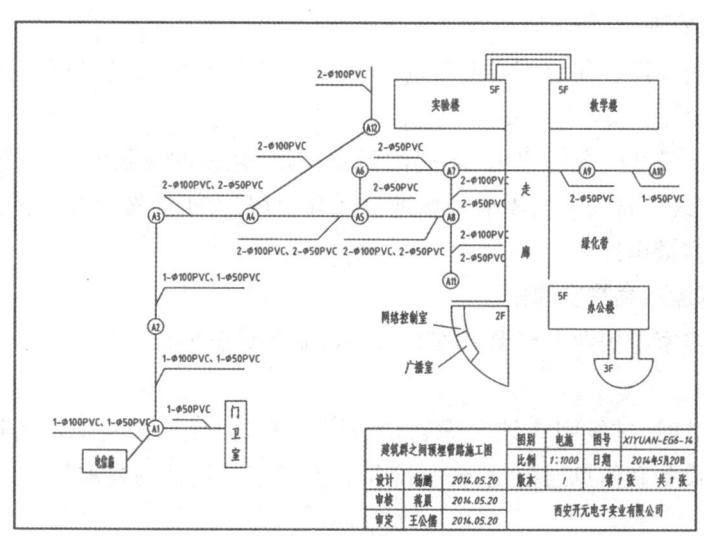

图 6-69 建筑群之间预埋管路施工图

3. 室外架空图

建筑物之间线路的连接还有一种方式就是架空方式,多应用于有现成电线杆、对电缆的直线方式无特殊要求的场合。这种布线方式造价较低,但影响环境美观且安全性和灵活性不足。架空布线法要求用电线杆将缆线在建筑物之间悬空架设,先架设钢丝绳,然后在钢丝绳上挂放缆线。架空布线使用的主要材料和配件有缆线、钢缆、固定螺栓、固定拉攀、预留架、U形卡、挂钩、标志管等,在架设时需要使用滑车、安全带等辅助工具。室外架空布线施工示意图如图 6-70 所示。

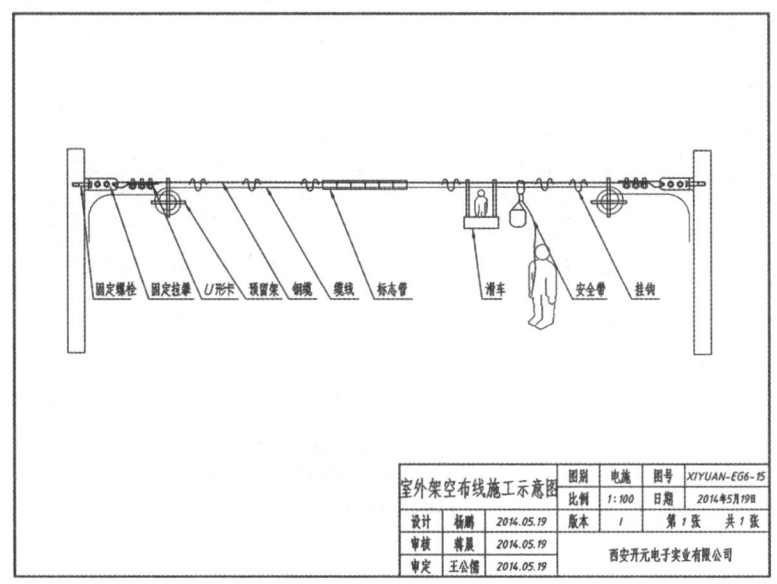

图 6-70 室外架空布线施工示意图

6.6.4 进线间子系统的设计原则

1. 地下设置原则

进线间一般应该设置在地下或者靠近外墙,以便于缆线引入,且与布线垂直竖井连通。

2. 空间合理原则

进线间应满足缆线的敷设路由、端接位置及数量、光缆的盘长空间和缆线的弯曲半径、充气维护设备、配线设备安装所需要的场地空间和面积,大小应按进线间的进出管道容量及入口设施的最终容量设计。

3. 满足多家运营商需求原则

应考虑满足多家电信业务经营者安装入口设施等设备的面积要求。

4. 共用原则

在设计和安装时,进线间应该考虑通信、消防、安防、楼控等其他设备以及设备安装空间。如安装配线设备和信息通信设施时,应符合设备安装设计的要求。

5. 安全原则

进线间应采取预防有害气体的措施,设置通风装置,排风量按每小时不小于 5 次容积计算,入口门应采用相应防火级别的防火门,门向外开,宽度不应小于 1 000 mm,同时与进线间无关的水暖管道不宜通过。

单元七 计算机网络系统配电设计

教学任务

在计算机网络系统中,各种弱电网络设备需要强电系统的支撑才可正常工作。强电设计通常是与弱电设计同时期甚至早于弱电设计进行的。强电系统包含供配电系统、照明系统、防雷接地系统、应急照明系统等各种功能不同的系统,本单元介绍了强电系统配电设计方法、施工图纸绘制、规划设计与实训。

技能目标

(1)了解照明系统配件分类与选用原则。
(2)掌握照明系统配电设计方法。
(3)了解防雷与接地系统的构成与分类。
(4)掌握防雷接地系统的设计方法。
(5)独立完成配电系统图与施工图的设计绘制。
(6)独立完成防雷接地系统的施工图设计绘制。

7.1 计算机网络系统供配电与照明控制

7.1.1 开关插座分类及选用原则

开关插座是电器、照明等用电设施控制和使用的配套产品,智能开关、墙壁开关、暗装开关插座等都是很常见的类型。

1. 开关插座分类常识

（1）按安装方式分类

根据开关插座所使用的场合及安装方式,可分为墙面明装式、墙面暗装式、移动式及地板暗装式等。

（2）按面板规格分类

按照面板的外形分类,常用的规格有 86 型、118 型和 120 型。

86 型:最常见的墙面开关插座的外观是方的,面板尺寸为 86 mm×86 mm 或类似尺寸,如图 7-1 所示。中国及国际上大多数国家采用该规格形式。

118 型:面板尺寸为 118 mm×75 mm,衍生产品为 154 mm×75 mm、195 mm×75 mm 等,如图 7-2 所示。

图 7-1　86 型墙面暗装插座

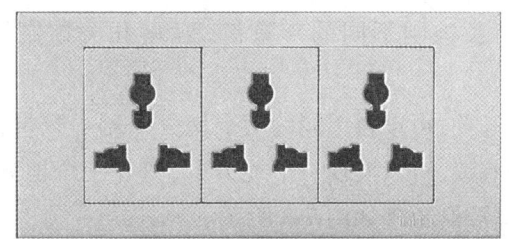

图 7-2　118 型墙面暗装插座

120 型:墙面式面板尺寸一般为 70 mm×120 mm 或类似尺寸,其中还有延伸产品,比如长三位、长四位、方四位,其中一位尺寸为 70 mm×120 mm,如图 7-3 所示。该产品在日本、韩国等国家采用较多,在我国也有部分区域采用该形式产品。

120 型的另一种形式为地板暗装式,尺寸为 120 mm×120 mm,如图 7-4 所示。

图 7-3　120 型墙面明装插座

图 7-4　120 型地板暗装插座

此外,还有 75 型、146 型等规格,应用较少,此处不再详细介绍。

（3）按功能分类

开关可分为一开、两开、三开、四开等,也可称为单联、双联、三联、四联或一位、二位、三位、四位等,几个开关并列在一个面板上控制不同的灯,俗称多位开关,如图 7-5 所示。

插座按其最大工作电流可分为 10 A、16 A 和 25 A,按插孔类型可分为三孔、五孔、七孔、十孔等,还有附带开关的如单开三孔、双开五孔等,如图 7-6 所示。

图 7-5 三位开关

图 7-6 双开五孔

开关根据其控制方式又分为单控和双控,例如一开单控、一开双控和二开双控。

单控开关:只能在一个地方开或关。一只开关控制一只灯,两只开关控制不同的两只灯,三只开关控制不同的三只灯,四只开关控制不同的四只灯,开关控制原理如图 7-7 所示。

双控开关:可以在不同的两个地方控制一只灯,如房间的门口和床头、楼梯口、大厅等,需预先布好线,可以实现一个地方开,另外一个地方关闭。单控不可当双控用,双控可当单控用,开关控制原理如图 7-8 所示。

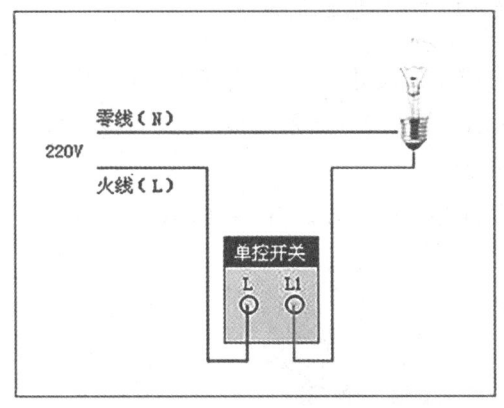
图 7-7 单控开关控制原理

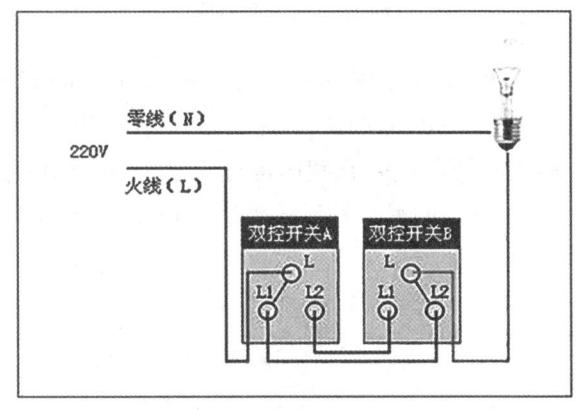
图 7-8 双控开关控制原理

2. 开关插座选用原则

(1) 材料

选购开关插座,首先要看开关插座的材料。如果开关插座的材料不好,有可能产生安全问题。

优质开关的面板所使用的材料在阻燃性、绝缘性、抗冲击性和防潮性等方面都十分出色,材质稳定性强,不易变色。对于开关插座的材料,国家有相应的标准。

随着工艺的进步,开关面板除了采用高级塑料之外,也有镀金、不锈钢、铜等金属材质,为人们提供了越来越多的选择,外表更加美观。但谨记在干燥环境中不宜使用金属面板,因为在冬季接触容易引发人体静电。

(2) 外观

选购开关插座,除了材料是重点外,也要看外观。选购时应尽量选购表面光滑,做工精良的,这样开关的质量也往往比较好。

(3) 内部构造

开关通常采用复合银或纯银触点与银铜复合材料做导电桥,这样可防止开关启闭时电弧引起氧化。采用黄铜螺钉压线的开关,接触面大,压线能力强,接线稳定可靠。而如果是单孔接线铜柱,接线容量大,不受导线粗细的限制,十分方便。目前采用这一铜柱接线方式的品牌不多,国外品牌一般采用卡接式或在材料上做文章,要多加留意。铜柱接线方式,接线螺钉的材质也很重要,如果采用铁质材料来代替铜材料,将影响产品的导热性和通电安全性,造成严重的安全隐患。

选购开关插座时,虽然看不到上述的内部构造,但可以阅读说明书,或可以通过商家来得知开关插座的内部构造。

(4) 手感

好的开关弹簧软硬适中,弹性极好,开和关的转折比较有力度,不会发生开关按钮停在中间某个位置的状况。可据一据开关,优质的产品因为大量使用了铜银金属,不会太轻。

(5) 制作工艺

开关经常被触摸,尤其是彩色开关面板,如果选用的是不合格的劣质产品,时间久了就会老化褪色,或者变黄发暗。如果选择那些使用了具有抗紫外线性能的材料,并且对边框进行喷涂烤膜工艺处理的开关,即使使用较长时间,颜色也不会发生丝毫变化。

(6) 人性化设计

好的开关面板上都有夜间指示灯,即便是最传统的荧光涂料夜间指示方式,也从单一的绿色荧光发展到多种颜色。电源发光是另一种夜间指示方式,目前更多的是用 LED 灯代替氖光灯,以保证更长的寿命、更低的发热率、更柔和的光线。有些开关采用网格结构面板和加厚安装孔,可以有效避免安装面板时用力过大导致其变形;或者比如空间插座上带的开关,在空调不工作时,可以通过开关关闭空间插座上的电源,从而免去总是拔下插头的麻烦。

(7) 说明书

说明书对于产品品名、品牌、技术指标等应标注清晰,从安装到安全注意事项也一应俱全。这些都是选择开关时需要注意的。

(8) 安全认证

合格的开关产品一定是获得国家认证和符合国际行业标准的。国产产品要通过 3C 认证、ISO9000 系列认证,一些国际品牌还获得了其他国家和国际性的安全认证,这些会通过标识标注在产品本身、包装或说明书中。

在开关插座安装施工时,应注意如下事项:

(1) 开关插座高度有标准

开关与插座除非是特殊的装修使用需要,一般都应按标准设置高度。开关的高度与成人的肩膀等高,距离地面 120～140 cm。插座根据使用情况的不同安装的高度要求也不一样,装修设计时应尽可能进行预留规划,如视听设备、台灯等电器的插座应距地面 30 cm;洗衣机、电冰箱等电器插座距地面 120 cm;空调、排气扇插座距地面 200 cm。

（2）开关安装位置的选择

开关的位置要根据生活习惯来确定,如大多数人惯用右手,所以一般家装进门向右打开,开关都装在门口的左侧。另外,对于楼梯上下两层、卧室门与床头两处、比较大的客厅两边,使用双控开关是十分方便的。

（3）插座安装位置注意事项

在厨房安装插座,注意插座必须远离灶台,以防止热量损坏插座;而在浴室、阳台等近水处,注意插座安装不能低,并且应该配用防溅盖;在特别潮湿,有易燃、易爆气体及粉尘的场所不应装配任何插座。

（4）大功率电器应使用独立插座

空调、洗衣机、抽油烟机等大功率的电器最好使用单独的三插插座,以防止电路总功率过大跳闸。对于换季性电器如空调,可选用带开关的插座,在不使用时可关闭开关而不用拔掉插头。

7.1.2 照明系统配电原则

1. 基本原则

（1）照明负荷应根据其中断供电可能造成的影响及损失,合理地确定负荷等级,并应根据照明的类别,结合电力供电方式统一考虑,正确选择照明配电系统的方案。

（2）正常照明电源宜与电力负荷合用变压器,但不宜与较大冲击性电力负荷合用,如必须合用时,应由专用馈电线供电,并校核电压波动值。对于照明容量较大而又集中的场所,如果电压波动或偏差过大,严重影响照明质量或灯泡寿命,可装设照明专用变压器或调压装置。

（3）备用照明(供继续和暂时继续工作的照明)应由两路电源或两回线路供电。

（4）当备用照明作为正常照明的一部分并经常使用时,其配电线路及控制开关应分开装设。当备用照明仅在事故情况下使用时,则当正常照明因故停电时,备用照明应自动投入工作。在有专人值班时,可采用手动切换。

（5）疏散照明最好由另一台变压器供电。当只有一台变压器时,可在母线处或建筑物进线处与正常照明分开,还可采用带充电电池(荧光灯还需带有直流逆变器)的应急照明灯。

（6）在照明分支回路中,应避免采用三相低压断路器对三个单相分支回路进行控制和保护。

（7）照明系统中的每一单相回路的电流不宜超过 16 A,灯具数量不宜超过 25 个。连接建筑物组合灯具每一单相回路电流不宜超过 25 A,光源数量不宜超过 60 个。连接高强度气体放电灯的单相分支回路电流不应超过 30 A。

（8）插座不宜和照明灯接在同一分支回路,宜由单独的回路供电。当插座为单独回路时,数量不宜超过 10 个(组)。备用照明、疏散照明的回路上不应设置插座。

（9）为减轻气体放电光源的频闪效应,可将其同一灯具或不同灯具的相邻灯管分接在不同相序的线路上。

（10）机床和固定工作台的局部照明一般由电力线路供电。

（11）移动式照明可由电力或照明线路供电。

（12）道路照明可以集中由一个变电所供电,也可以分别由几个变电所供电,尽可能在一处集中控制。控制方式采用手动或自动,控制点应设在有人值班的地方。

（13）露天工作场地、露天堆场的照明可由道路照明线路供电,也可由附近有关建筑物供电。

（14）三相配电干线的各相负荷宜分配平衡,最大相负荷不宜超过三相负荷平均值的115%,最小相负荷不宜小于三相负荷平均值的85%。

2. 电压选择

（1）照明网络一般采用220 V/380 V三相四线制中性点直接接地系统,灯用电压一般为220 V。当需要采用直流应急照明电源时,其电压可根据容量大小使用要求来确定。

（2）安全电压限值有两档:正常环境50 V,潮湿环境25 V。安全电压及设备额定电压不应超过此限值。目前,我国常用于正常环境的手提行灯电压为36 V。在不便于工作的狭窄地点,且工作者接触有良好接地的大块金属面（如在锅炉、金属容器内）时,使用电压12 V的手提行灯。

（3）在特别潮湿、高温、有导电灰尘或导电地面（如金属或其他特别潮湿的土、砖、混凝土地面等）的场所,当灯具安装高度距地面为2.4 m及以下时,容易触及的固定式或移动式照明器的电压可选用24 V,或采取其他防电击措施。

3. 缆线选择

合理选择导线截面,应能达到安全运行、降低电能损耗、减少运行费用的效果。导线截面的选择可由安全载流量、线路电压降、机械强度、与熔体额定电流或开关整定值相配合等四个方面加以确定。电缆截面的选择原则:电缆截面的选择按允许载流量、经济电流密度选择,按机械强度、允许电压损失校验,同时满足短路稳定度的条件。

导线线径一般按以下公式计算。

铜线：$S = IL / 54.4U$

铝线：$S = IL / 34U$

式中　I——导线中通过的最大电流(A);

　　　L——导线的长度(m);

　　　U——允许的电压降(V);

　　　S——导线的截面积(mm^2)。

在线路的设计和安装过程中,首先需要查找电工手册和有关书籍,通过计算确定负荷电流后进行查表得出导线的截面积,导线的安全载流量是很难记忆的,如铜线和铝线就不一样,不同的环境温度、穿管与不穿管导线的安全载流量又不一致,有时靠查电工手册和书籍的方法很难提高工作效率。经过实践证明,留有一定的裕量的"口诀法"给电工技术人员带

来了方便,这种方法是安全、可靠的。导线安全载流量计算口诀如下:

10下五,100上二;25,35,四三界;70,95,两倍半;穿管温度,八九折;裸线加一半;铜线升级算。

口诀以铝芯绝缘线、明敷在环境温度25℃的条件为准。若条件不同,口诀另有说明。绝缘线包括各种型号的橡皮绝缘线或塑料绝缘线。

口诀对各种截面的截流量(电流,安)不是直接指出,而是用"截面乘上一定倍数"来表示。为此,应当先熟悉导线截面(mm^2)的排列:

1 1.5 2.5 4 6 10 16 25 35 50 70 95 120 150 185…

生产厂制造铝芯绝缘线的截面通常从2.5开始,铜芯绝缘线则从1开始;裸铝线从16开始,裸铜线则从10开始。

口诀中,数字部分代表导线截面积,汉字部分代表允许通过的电流。

(1) 10下五:铝导线截面积≤10 mm^2 时,每平方毫米允许通过的电流为5 A。

(2) 100上二:铝导线截面积≥100 mm^2 时,每平方毫米允许通过的电流为2 A。

(3) 25,35,四三界:当铝导线截面积≥10 mm^2 且≤25 mm^2 时,每平方毫米允许通过的电流为4 A;当铝导线截面积≥35 mm^2 且≤70 mm^2 时,每平方毫米允许通过的电流为3 A。

(4) 70,95,两倍半:当铝导线截面积≥70 mm^2 且≤95 mm^2 时,每平方毫米允许通过的电流为2.5 A。

(5) 穿管温度,八九折:如穿管敷设应打8折;如环境温度≥35℃,应打9折。

(6) 裸线加一半:裸导线允许通过的电流要提高50%。

(7) 铜线升级算:铜导线的允许电流与较大一级的铝导线的允许电流相等,如:1.5 mm^2 的铜线相当于2.5 mm^2 的铝导线的截流量,2.5 mm^2 的铜线相当于4 mm^2 的铝线的截流量,依此类推。

7.1.3 消防电源和应急照明系统

1. 消防电源

消防电源适用于当建筑物发生火灾时,其作为疏散照明和其他重要的一级供电负荷提供集中供电。在交流市电正常时,由交流市电经过互投装置给重要负载供电;当交流市电断电后,互投装置将立即投切至逆变器供电。供电时间由蓄电池的容量决定,当市电电压恢复时,应急电源将恢复为市电供电。

(1) 消防应急电源

EPS是"Emergency Power Supply"的英文缩写,即应急电源装置,如图7-9所示。EPS是一种以弱电控制强电变换的备用交流电源装置,属于电力电子类的电源设备。EPS主要配用于消防行业的电气设备,主要作为应急电源在市电停电以后的备用电源,使用范围主要在建筑工程、消防系统民用等领域使用。

(2) 不间断电源

UPS是"Uninterruptible Power System"的英文缩写,即不间断电源,如图7-10所示。UPS

是一种含有储能装置,以逆变器为主要组成部分的恒压恒频的不间断电源,主要用于给单台计算机、计算机网络系统或其他电力电子设备提供不间断的电力供应。当市电输入正常时,UPS将市电稳压后供应给负载使用,此时的UPS就是一台交流市电稳压器,同时它还向机内电池充电;当市电中断(事故停电)时,UPS立即将机内电池的电能,通过逆变转换的方法向负载继续供应220 V交流电,使负载维持正常工作并保护负载软、硬件不受损坏。

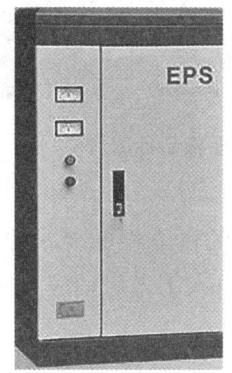
图7-9 消防应急电源

图7-10 不间断电源

2. 应急照明系统

当火灾发生时,电线可能被烧断,有时火灾就是由电线的短路等原因引起,为了防止灾情蔓延扩大,必须人为地切断部分电源。在这种情况下,为了保证人员能安全顺利地疏散和要害部门能够继续工作以及组织救援工作,在消防联动控制系统中,系统设计时应考虑应急照明和疏散指示标志灯以及事故报警通信等问题。

消防应急照明系统主要包括消防应急照明灯、疏散出口标志及指示灯,是在发生火灾时正常照明电源切断后,为引导被困人员疏散或展开灭火救援行动而设置的。为了保证应急照明灯迅速发光,通常采用白炽灯。

照明设备所使用的电源由柴油发电机组提供,在应急照明配电箱中设有市电和柴油发电机组供电电源的自动切换装置,以便在市电被切断的情况下及时提供发电机电源(或蓄电池电源),保证备用电源立即供电。

一般在高层楼宇的疏散楼梯、防烟楼梯间的前室、消防电梯及其前室、配电室、消防控制中心、消防水泵房、自备发电机房等重要地方与部门设置消防应急照明灯,并应该保证其亮度达到继续工作所需要的亮度。

应急照明灯的工作方式可分为专用和混合用两种。专用的应急照明灯平时是关着的,火灾事故发生后立即自动开启发光,如图7-11所示。混合用照明灯与正常的照明灯没有什么不同,平时作为工作照明的一部分提供照明。混合用照明灯一般装有照明开关,火灾发生时强行使它发光。

在商场营业厅、展览厅、多功能厅、娱乐场所等人员密集的地方以及疏散走道等地方设置火灾事故疏散照明灯。疏散照明指示标志灯通常安装在疏散通道、通往楼梯或通向室外的出入口处,并采用绿色标志,如图 7-12 所示。

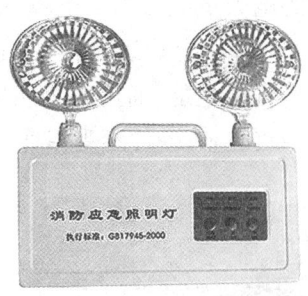

图 7-11　消防应急照明灯　　　　　　图 7-12　疏散照明指示标志灯

由于应急照明系统在火灾发生后所扮演的重要角色,对它的可靠性的要求显得特别重要,因此,在消防监控中心应设置手动控制开关,以便在必要时由人工来启动应急照明电源。

7.1.4　供配电与照明系统设计方法

1. 照明供电系统组成

照明供电系统是由室外架空线路供电给照明灯具和其他用电器具使用的供电线路的总称,一般由进户线、配电箱、电源的支线和干线组成。

2. 照明供电线路的布置

建筑物的电气照明供电一般应采用 380 V/220 V 的三相四线制线路供电,额定电压偏移量允许在±5%范围内。这样的供电方式对三相动力负载可以使用 380 V 的线电压,照明负载可以使用 220 V 的相电压。

(1) 进户线

进户点的位置应根据供电电源的位置、建筑物大小和用电设备的布置情况综合考虑后确定。要求:建筑物的长度在 60 m 以内者,采用一处进线;超过 60 m 的,可根据需要采用两处进线。进户线距室内地平面不得低于 3.5 m,对于多层建筑物,一般可以由二层进户。

(2) 配电箱

配电箱是接受和分配电能的装置。配电箱装设有开关、熔断器及电度表等电气设备。要求:三相电源的零线不经过开关,直接接在零线极上,各单相电路所需零线都可以从零线接线板上引出。照明配电箱一般距离地面 1.5 m 安装。

(3) 干线

从总配电箱到各分配电箱的线路称为干线。干线布置方式主要有以下三种。

① 放射式:适用于一个电源对小区域建筑群供电。

② 树干式:适用于对狭长区域的建筑群供电。

③ 混合式:适用于对大中型建筑群或上述两种建筑群的综合供电。

(4) 支线

从分配电箱引出的线路称为支线。要求:单相支线电流一般不宜超过 15 A,灯和插座数量不宜超过20个,最多不应超过25个。

3. 室内照明线路的敷设

室内照明线路的敷设方式有明线敷设与暗线敷设两种。

明线敷设就是把导线沿建筑物的墙面或顶棚表面、桁架、屋柱等外表面敷设,导线裸露在外。明线敷设方式有瓷夹板敷设、瓷柱敷设、槽板敷设、铝皮卡钉敷设及穿管明敷设等。明敷的优点是工程造价低,施工简便,维修容易;缺点是由于导线裸露在外,所以容易受到有害气体的腐蚀,受到机械损伤而发生事故,同时也不够美观。

暗线敷设就是将管子预先埋入墙内、楼板内或顶棚内,然后再将导线穿入管中,使用线管有金属钢管、硬塑料管等。暗敷的优点是不影响建筑物的美观,防潮,防止导线受到有害气体的腐蚀和意外的机械损伤,但是它的安装费用较高,要耗费大量管材。由于导线穿入管内,而管子又是埋在墙内,在使用过程中检修比较困难,所以在安装过程中要求比较严格。

4. 照明配电系统图

照明配电系统常用的有三相四线制、三相五线制和单相两线制,一般都采用单线图绘制,根据照明类别的不同可分为以下几种类型。

(1) 单电源照明配电系统

如图7-13所示,照明线路与电力线路在母线上分开供电,事故照明与正常照明线路分开。

(2) 双电源照明配电系统

如图7-14所示,该系统中两段电力干线间设联络开关,当一路电源发生故障停电时,通过联络开关接到另一段干线上,事故照明由两段干线交叉配电。

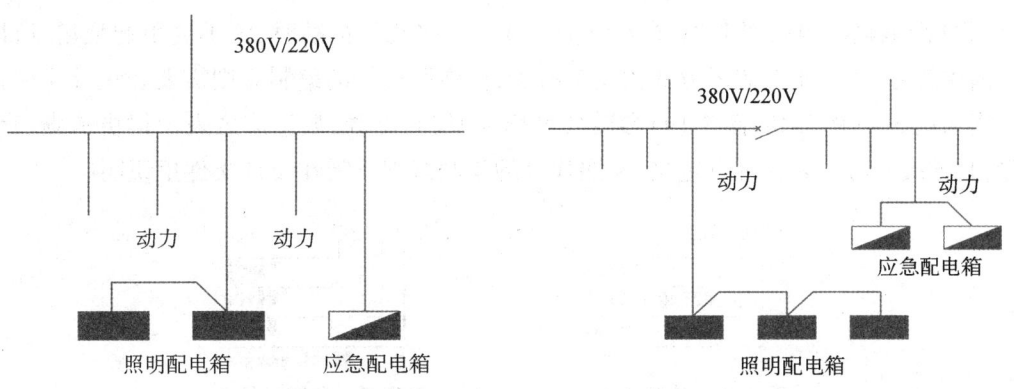

图7-13 单电源照明配电系统　　　图7-14 双电源照明配电系统

(3) 多高层建筑照明配电系统

如图7-15所示,在多高层建筑物内,一般采用干线式供电,每层均设控制箱,总配电箱设在底层(设备层)。

照明配电系统的设计应根据照明类别,综合供电方式统一考虑,一般照明分支线采用单相供电,照明干线采用三相五线制,并尽量保证配电系统的三相平衡稳定。

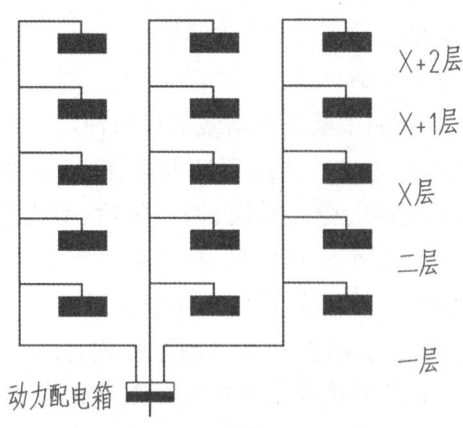

图 7-15 多高层建筑照明配电系统

5. 编号与参照代号

当电气设备符号在图样中不会引起混淆时,可不标注其参照编号,例如电气平面图中的开关或插座,如没有特殊要求,可只绘制图形符号。当电气设备符号在图样中不能清晰表达其信息时,例如电气平面图中的照明配电箱,如果数量大于 2 且规格不同时,需要在图形符号附近加注参照代号 AL1、AL2 等。

参照代号的应用应根据实际工程的规模确定,同一项目其参照编号可有不同的表示方法。以照明配电箱为例,如果一个建筑楼层超过 10 层,一个楼层的照明配电箱数量超过 10 个,每个照明配电箱参照标号的规则如下:

参照代号 AL11B2、ALB211、+B2-AL11、-AL11+B2,均可表示安装在地下二层的第 11 个照明配电箱。当采用 1、2(图 7-16、图 7-17)参照代号标准时,因不会引起混淆,所以取消了前缀符号"-"。1、2 表示方式占用字符少,但参照代号的编制规则需要在设计文件里说明。当采用 3、4(图 7-18、图 7-19)参数代号标注时,对位置、数量信息表示得更清晰、直观、易懂,且前缀符号国家标准有定义,参照代号的编制规则不需在设计文件里说明。

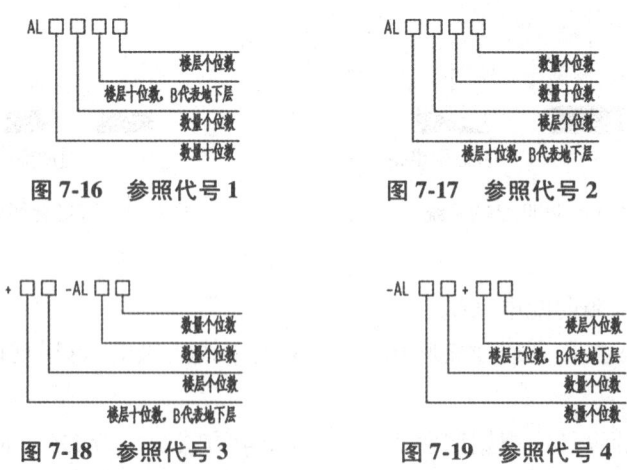

图 7-16 参照代号 1　　图 7-17 参照代号 2

图 7-18 参照代号 3　　图 7-19 参照代号 4

6. 缆线型号和线路标注

缆线型号一般由系列代号、材料代号和使用特性、机构特征组成，例如：BV、ZD-BV、YJY、WDZ-YJY、WDZN-YJY、SYWV 等。当缆线的额定电压不会引起混淆时，标注可省略。

线路的文字标注基本格式为：ab-c(d×e+f×g)i-jh。其中：

a——缆线编号；

b——型号；

c——缆线根数；

d——缆线线芯数；

e——线芯截面（mm^2）；

f——PE、N 线芯数；

g——PE、N 线芯截面（mm^2）；

i——线路敷设方式，具体如表 7-1 所示；

j——线路敷设部位，具体如表 7-2 所示；

h——线路敷设安装高度（m）。

表 7-1　　　　　　　　　　线路敷设方式文字符号

敷设方式	符号	敷设方式	符号
穿焊接钢管敷设	SC	电缆桥架敷设	CT
穿电线管敷设	MT	金属线槽敷设	MR
穿硬塑料管敷设	PC	塑料线槽敷设	PR
穿阻燃半硬聚氯乙烯管敷设	FPC	直埋敷设	DB
穿聚氯乙烯塑料波纹管敷设	KPC	电缆沟敷设	TC
穿金属软管敷设	CP	混凝土排管敷设	CE
穿加压式薄壁钢管敷设	KBG	钢管敷设	M

表 7-2　　　　　　　　　　线路敷设部位文字符号

敷设方式	符号	敷设方式	符号
沿或跨梁（屋架）敷设	AB	暗敷设在墙内	WC
暗敷设在梁内	BC	沿天棚或顶板敷设	CE
沿或跨柱敷设	AC	暗敷设在屋面或顶板内	CC
暗敷设在柱内	CLC	吊顶内敷设	SCE
沿墙面敷设	WS	地板或地下面敷设	F

上述字母无内容时则省略该部分。如：N1-BLX-3×4-SC20-WC 表示有 3 根截面为 4 mm^2 的铝芯橡皮绝缘导线，穿直径为 20 mm 的水煤气钢管沿墙暗敷设。

7. 供配电照明系统 AutoCAD 元素绘制

（1）"单相二孔加三孔暗插座"块制作

第一步：打开 AutoCAD 应用程序，新建文件。

第二步：切换图层到"0"层，利用"圆""直线""剪切"与"复制"命令绘制如图7-20所示图形。

第三步：利用"图案填充"命令，对绘制好的图形进行填充，并使填充区域也在图层"0"层，如图7-21所示。

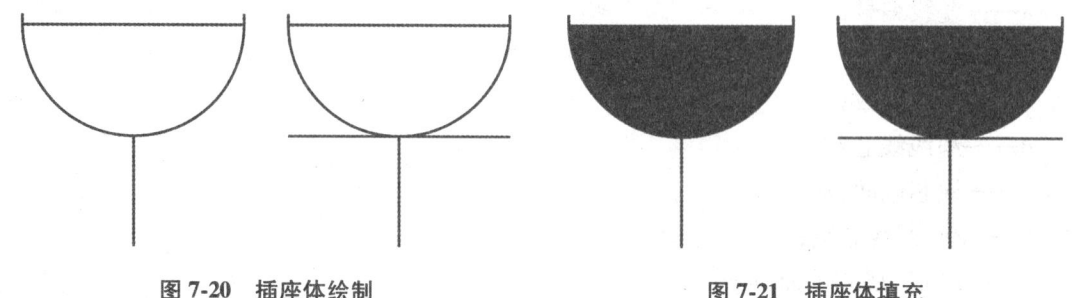

图7-20　插座体绘制　　　　　　　图7-21　插座体填充

第四步：利用"W"命令，保存名为"单相二孔加三孔暗插座"块于本地磁盘。

（2）同理，制作其他配电系统常用图块，如表7-3所示。

表7-3　　　　　　　　　　配电系统常用图例

图例	名　　称	图例	名　　称
⊗	线吊裸灯头	▬	户内配电箱
⊡	安全出口灯	⊠	家庭多媒体箱
⊢⊣	双管荧光灯	▬	动力配电箱
▼▼	单相二孔加三孔暗插座	▮	电度表箱
⌐	单联单控暗插座	⌐	断路器
⌐	双联单控暗开关	◣	应急配电箱

7.1.5　供配电与照明系统设计实例

1. 低压干线配电系统图

低压干线配电系统图是用来表达建筑物照明及动力供配电的图纸，一般采用单线法绘制，图中应标出配电箱、开关、熔断器、导线和电缆的型号规格、保护管径与敷设方式以及用电设备的名称、容量及配电方式等。下面举例说明低压干线配电系统图的绘制步骤。

第一步：打开AutoCAD应用程序，新建文件。

第二步：利用"缩放"命令，对模板文件放大150倍；切换图层到"墙"层，利用"多段线""复制"命令，绘制如图7-22所示墙体。

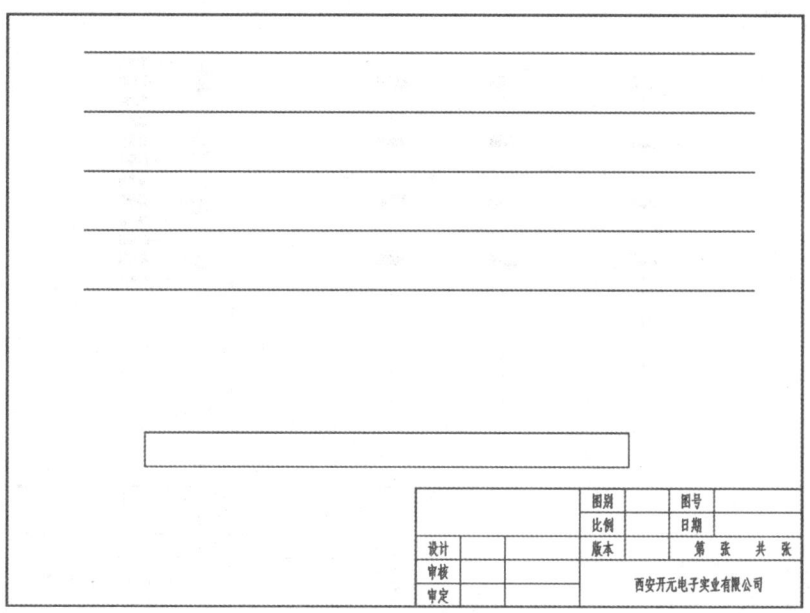

图 7-22 绘制墙体

第三步：切换图层到"设备层"，利用"插入"→"块"命令，分别插入"照明配电箱""应急配电箱""动力配电箱"及"电度表箱"块，并通过"复制"及"移动"命令，对各设备进行合理排列，如图 7-23 所示。

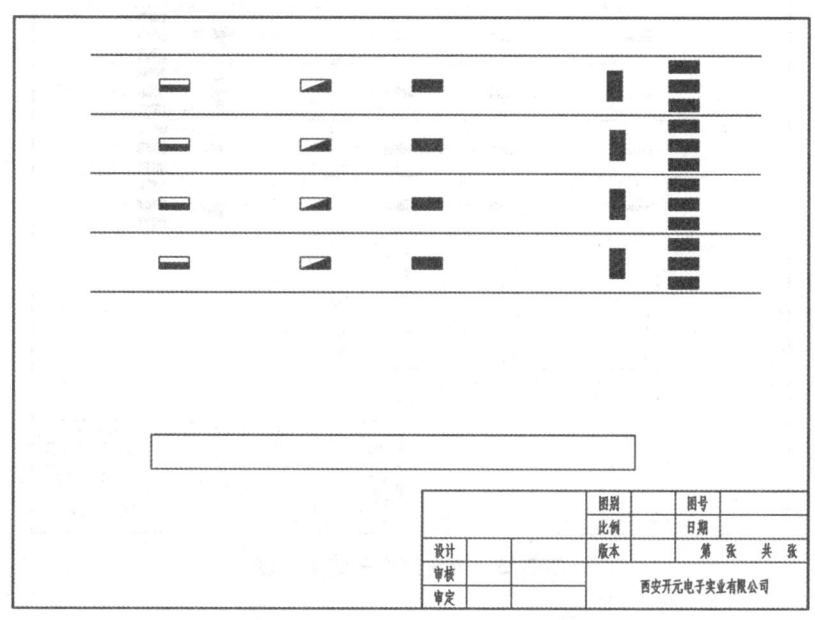

图 7-23 设备排列

第四步：切换图层到"缆线层"，利用"多段线"命令对各设备进行连接，如图 7-24 所示。

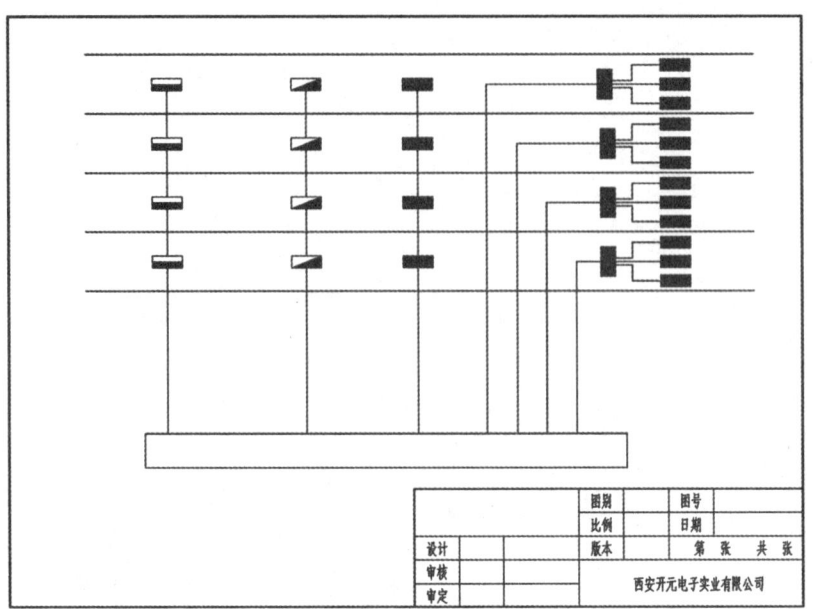

图 7-24 缆线连接

第五步:切换图层到"文字层",对各设备及缆线进行标注;双击标题栏图块,填写标题栏,如图 7-25 所示。

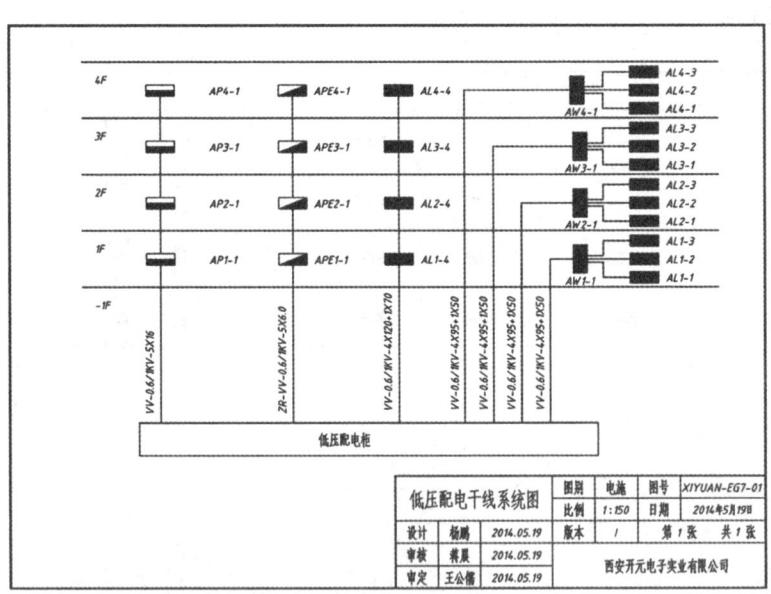

图 7-25 低压配电干线系统图

第六步:命名为"低压配电干线系统图"并保存文件。

2. 电气照明配电系统图

与低压配电系统图类似,照明配电系统图是用以表达建筑物照明配电系统供电方式、配电回路分布及相互联系的建筑电气工程图,能集中反映照明的配电方式,导线或电缆的型号、规格、数量、敷设方式及穿管管径的规格型号等。下面举例说明照明配电系统图的绘制步骤。

第一步:打开 AutoCAD 应用程序,新建文件。

第二步:利用"缩放"命令,对模板文件放大 150 倍;切换图层到"设备层",利用"矩形""复制"命令,作出两个矩形,表示配电箱;切换图层到"双点画线层",利用"多段线""复制"命令,作出两条垂直线作为配电箱出口线,如图 7-26 所示。

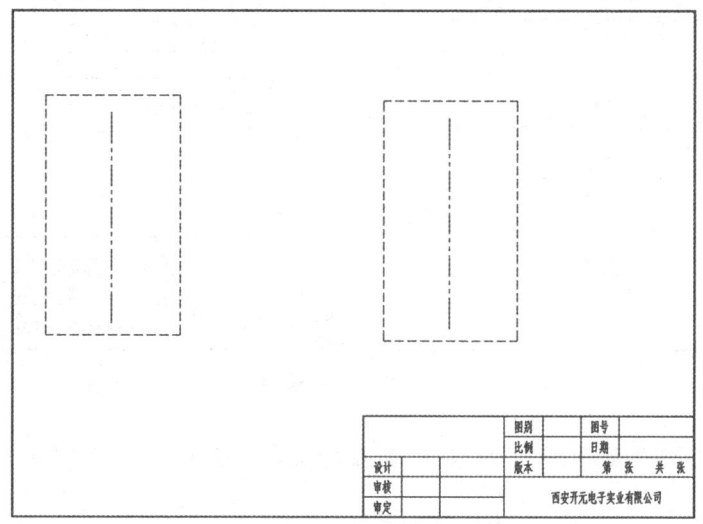

图 7-26 配电箱与出口线的绘制

第三步:切换图层到"开关层",利用"插入"→"块"命令,分别插入"断路器"与"漏电开关"图块,并通过"复制"及"移动"命令,对各设备进行合理排列,如图 7-27 所示。

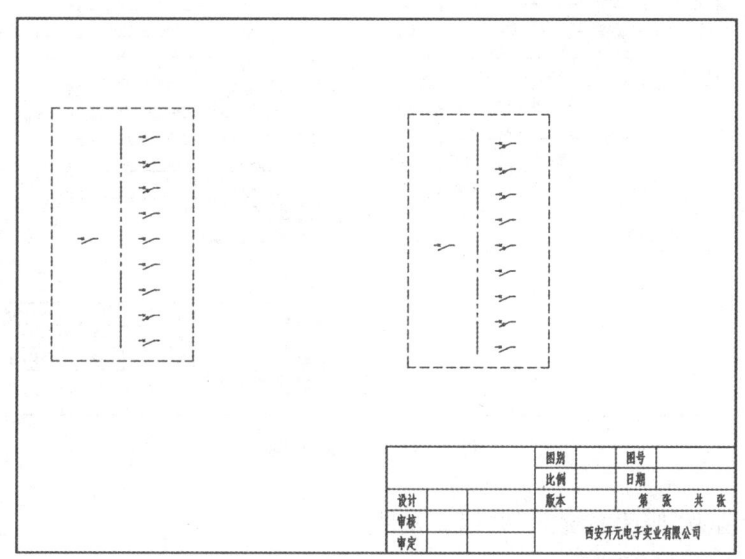

图 7-27 插入插座

第四步：切换图层到"缆线层"，利用"多段线"命令对各设备进行连接，如图7-28所示。

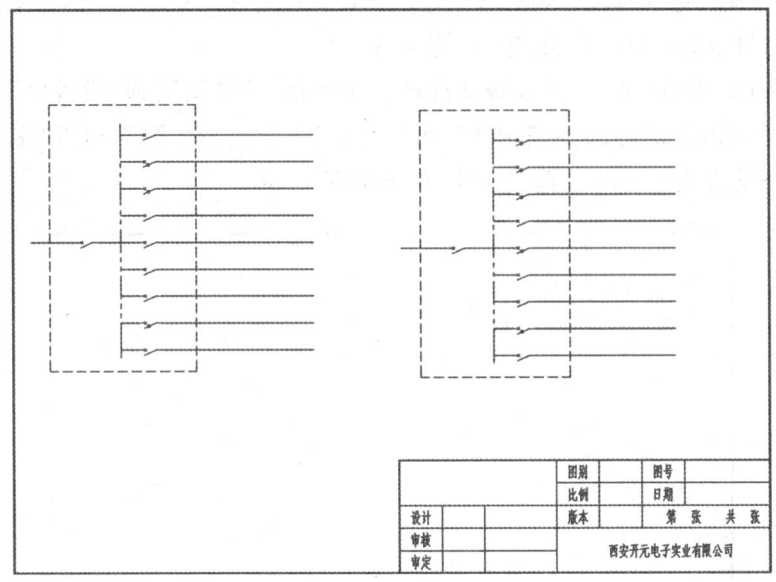

图 7-28　缆线连接

第五步：切换到"文字层"，对各缆线进行标注；双击标题栏图块，填写标题栏，如图7-29所示。

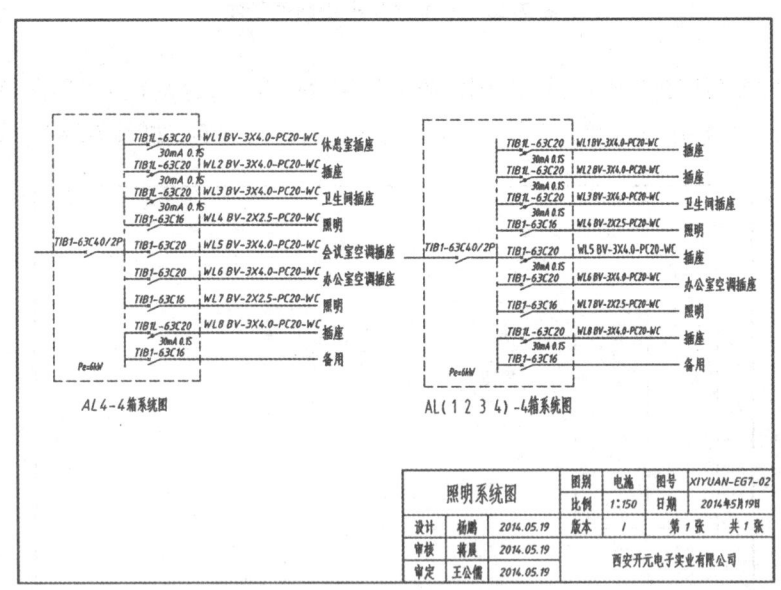

图 7-29　照明系统图

第六步：命名为"照明系统图"并保存文件。

3. 电气照明施工平面图

第一步：打开 AutoCAD 应用程序，新建模板文件。

第二步：切换图层到"墙层"，利用"多段线"命令绘制房屋结构，并标注外围尺寸，如图 7-30 所示。

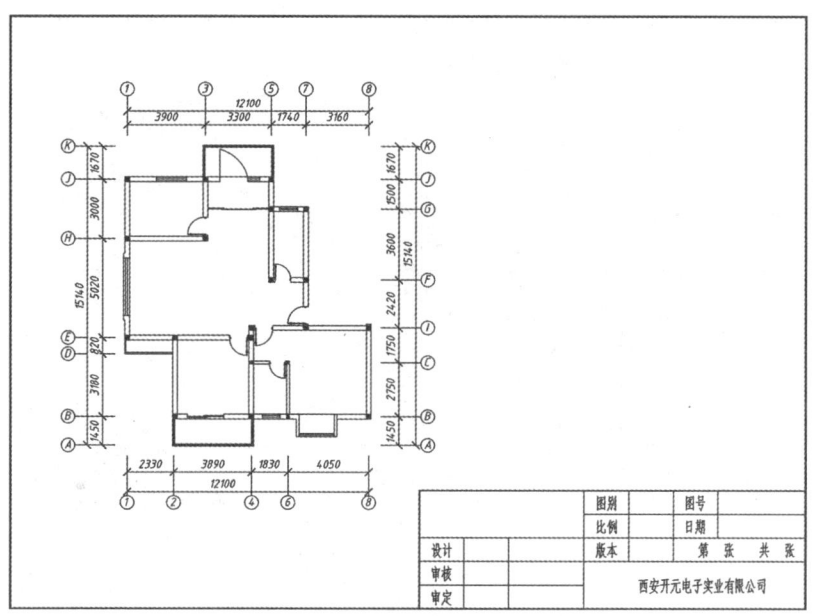

图 7-30　绘制房屋平面图

第三步：切换图层至"设备层"，利用"插入"→"块"命令，插入"配电箱""电源插座""开关"及"照明灯"图块，通过"复制""移动""旋转"等命令，对各设备进行合理排列，如图 7-31 所示。

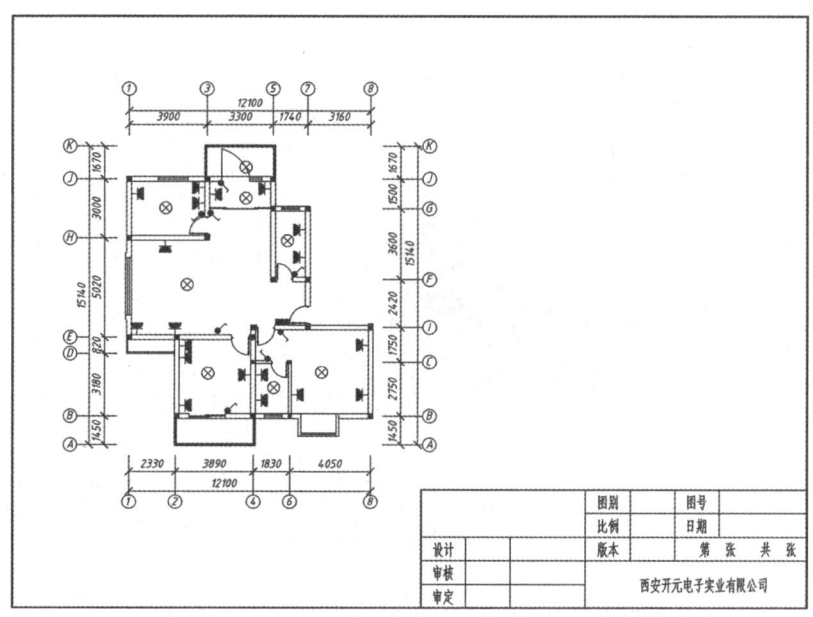

图 7-31　插入强电设备

第四步:切换图层到"缆线层",利用"多段线"命令连接各强电设备,绘制强电线,如图7-32所示。

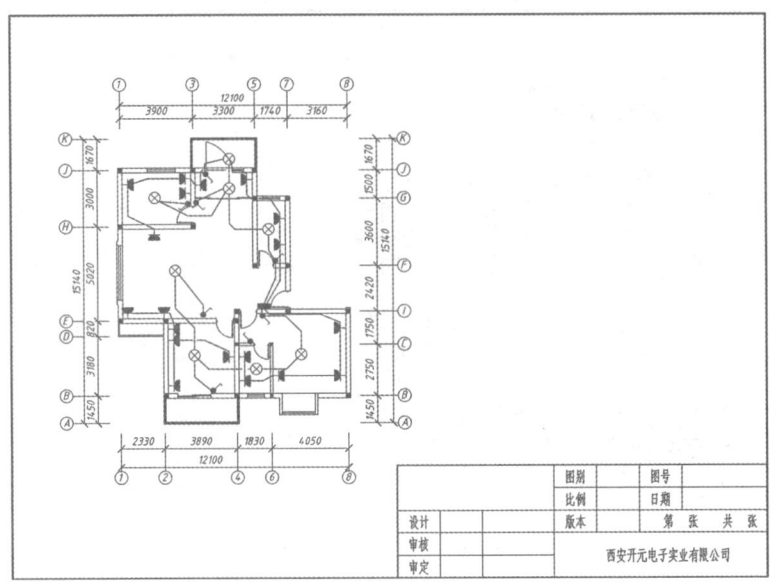

图 7-32　绘制强电线

第五步:切换图层到"文字层",添加图例说明;双击标题栏图块,填写标题栏,如图7-33所示。

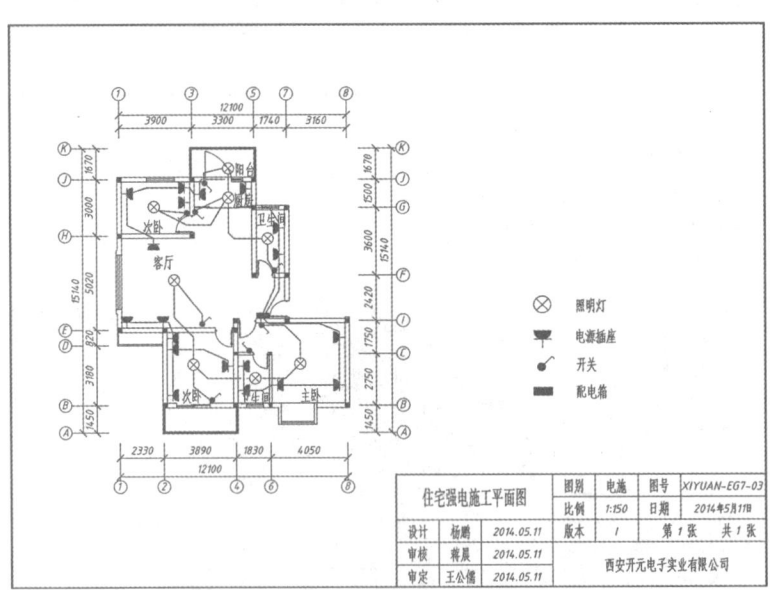

图 7-33　住宅强电施工平面图

第六步:命名为"住宅强电施工平面图"并保存文件。

7.2 计算机网络系统防雷与接地

7.2.1 防雷保护

1. 雷电的危害

随着电子设备在人们生产、生活中的应用日益广泛,雷击事故带来的损失和影响也越来越大,尤其是在经济发达国家和地区,雷击造成的电子设备直接经济损失达雷电灾害总损失的80%以上。雷电灾害已成为联合国公布的10种最严重的自然灾害之一。

全世界平均每分钟发生雷暴2 000次,全球每年因雷击造成的人员伤亡超过1万人,所导致的火灾、爆炸等时有发生。我国的雷电灾害损失80%以上涉及电子、通信和配电系统。

雷击的危害主要有三方面:直击雷、感应雷和雷电过电压侵入。

(1) 直击雷

直击雷是直接击在建筑物或防雷装置上的闪电。大气中带电的雷云直接对没有防雷设施的建筑物或其他物体放电时,强大的雷电流通过这些物体入地,将产生破坏性很大的热效应和机械效应,可导致建筑物或其他物体损坏和人畜死亡。

通信局(站)的建筑物遭受直击雷时,雷电流通过接闪器、雷电引下线和接地体入地泄放,导致地电位升高,如果没有良好的等电位连接等防护措施,可能产生地电位反击损坏设备的现象。移动通信基站等宜尽量增大机房接地引入线与雷电引下线在地网上引接点的相互距离,这样做是为了减轻地电位反击对机房内设备的影响。

(2) 感应雷

感应雷是雷云放电时对电气线路或设备产生静电感应或电磁感应所引起的感应雷电流与过电压。通信局(站)大部分的雷击为感应雷击。在导线中产生的感应雷电流比直击雷电流小很多,一般幅值在20 kA以内。

感应雷的电磁传播可分为传导耦合和辐射耦合。传导耦合是由各种导线、金属体、电阻和电感及电容性阻抗耦合到电子设备上的,也可以由公共接地阻抗公共电源耦合危害设备;辐射耦合则是通过空间以电磁场形式耦合到电子设备的接收天线及传输电缆上,以危害电子设备。只要摧毁设备的电子元件就可以摧毁电子设备,而现在的电子设备均由低电压的晶体管、集成电路等构成,很小的脉冲电流就能击穿晶体管和集成电路。

(3) 雷电过电压侵入

因特定的雷电放电,在系统中局部位置上出现的瞬态过电压,称为雷电过电压。通信系统的外引线在距离通信局(站)稍远的地方遭到雷击,部分雷电过电压将沿这些外引线进入机房设备中,形成雷电过电压侵入。

2. 雷害侵入计算机系统的途径

(1) 由户外电力线路侵入的雷害

发电厂通过高压输送线路向用户线路提供电力能源,在供电系统的线路和用户的使用线路间形成一个庞大的电力互联输送网,而且这些线路的大部分都是暴露在室外,并在距地面较高处甚至处在较空旷的田野,使这些线路成为雷暴的侵害对象。无论是直击雷还是感应雷都会侵害这些线路,从而产生过电压、过电流,并通过这些线路,特别是计算机机房的电力输送线侵入机房直至用电设备,造成计算机设备的损坏,同时机房中的 UPS、空调、通信等设备也会因侵入的雷过电压、雷过电流而遭到破坏。

(2) 由户外通信信号线路侵入的雷害

暴露在户外的信号网络的传输线,不论是架空线还是地下传输线都可能遭到雷击(直击或感应雷击),雷电沿着信号线路计算机系统和其他用户的终端设备入口侵入,从而造成设备的损坏。

对于由无线传输的通讯信号,在天线系统接收无线电信号的同时,也会将雷电同时引下,因此天线接口的防雷保护是必不可少的。

(3) 由户外避雷针引起的感应雷击

由建筑物的避雷装置承担直击雷的雷击电流的入地释放作用,雷过电流自避雷针引下线上产生的强力变化磁场将作用于周围导体和金属物体,从而产生感应高压,在与地线的低电位间产生电位差时击毁用电设备和通讯设备。其危害将包括以下几个方面:

第一是用户内通讯信号线路上侵入的雷击:一般情况下,由户外输入的信号线路在户内首先经过机房的转接设备再传送到户内其他终端设备(特别是较大的办公楼内的局域网),这些传输线路一般较远,而且外部一般无屏蔽措施,极易受到感应雷击。

第二是由建筑物内部电力线路侵入的雷击:机房的电源进线(UPS 的前端)假使已做过防雷装置,但由于 UPS 至机房内其他的用电负载间仍有一定的距离,这段距离的传输线一般也未有屏蔽措施,尽管有些线路有金属线槽或线管的保护,但是由于接地措施线槽线管安装得不规范,不能有效地起到保护作用。

第三是由建筑物内综合布线系统侵入的雷击:综合布线系统在建筑物内纵横交错,并且与各种用电负载相连,四通八达的线路不但可能遭受感应雷击,而且为感应雷击的传递提供了良好的通路。

(4) 反击雷的破坏

在建筑物的顶端一般都安装有避雷针,并由一根或多根引下线接入大地,当雷电击在避雷针上时,就会有雷击电流通过引下线释放到大地,从而引起地电位升高。由于地电位升高,考虑到目前机房的接地状况存在不规范的情况,如多重接地(用电设备的交流保护地线、直流逻辑地线、交流工作地线、防雷保护不共地的情况)导致电位升高,从而侵入用电设备内,并在设备内部件间产生电压差,击穿器件或击毁设备,这种形式的雷过电压对设备的破坏被称为反击雷的破坏。

7.2.2 接地与接零

地线用于连接电力装置与接地体,是用来将电流引入大地的导线。电气设备漏电或电压过高时,电流通过地线进入大地。

零线是变压器二次侧中性点引出的线路,与相线构成回路对用电设备进行供电。通常情况下,零线在变压器二次侧中性点处与地线重复接地,起到双重保护作用。

接地和接零的类型及作用不同的电路有不同的接地方式,电子电力设备中常见的接地和接零方式有以下九种。

1. 安全接地

安全接地即将高压设备的外壳与大地连接。一是防止机壳上积累电荷,产生静电放电而危及设备和人身安全,例如电脑机箱的接地、油罐车拖地铁链,都是为了使积聚在一起的电荷释放,防止出现事故;二是当设备的绝缘损坏而使机壳带电时,促使电源的保护动作而切断电源,以便保护工作人员的安全,例如电冰箱、电饭煲的外壳;三是可以屏蔽设备巨大的电场,起到保护作用,例如民用变压器的防护栏。

2. 防雷接地

当电力电子设备遇雷击时,不论是直接雷击还是感应雷击,如果缺乏相应的保护,电力电子设备都将受到很大损害甚至报废。为防止雷击,一般在高处(例如屋顶、烟囱顶部)设置避雷针与大地相连,以防雷击时危及设备和人员安全。安全接地与防雷接地都是为了给电子电力设备或者人员提供安全的防护措施,用来保护设备及人员的安全。

3. 工作接地

工作接地是为电路正常工作而提供的一个基准电位。这个基准电位一般设定为零。该基准电位可以设为电路系统中的某一点、某一段或某一块等。当该基准电位不与大地连接时,视为相对的零电位。但这种相对的零电位是不稳定的,它会随着外界电磁场的变化而变化,使系统的参数发生变化,从而导致电路系统工作不稳定。当该基准电位与大地连接时,基准电位视为大地的零电位,而不会随着外界电磁场的变化而变化。但是不合理的工作接地反而会增加电路的干扰。

4. 信号地

信号地是各种物理量信号源零电位的公共基准地线。由于信号一般都较弱,易受干扰,不合理接地会使电路产生干扰,所以对信号地的要求较高。

5. 模拟地

模拟地是模拟电路零电位的公共基准地线。模拟电路中有小信号放大电路、多级放大、整流电路、稳压电路等,不适当接地会引起干扰,影响电路的正常工作。

6. 数字地

数字地是数字电路零电位的公共基准地线。数字电路工作在脉冲状态,特别是脉冲的前后沿较陡或频率较高时,会产生大量的电磁波干扰电路。如果接地不合理,会使干扰加剧,因此对数字地的接地点选择和接地线的敷设也要充分考虑。

7. 电源地

电源地是电源零电位的公共基准地线。由于电源往往同时供电给系统中的各个单元,而各个单元要求的供电性质和参数可能有很大差别,所以既要保证电源稳定可靠地工作,又要保证其他单元稳定可靠地工作。电源地一般是电源的负极。

8. 功率地

功率地是负载电路或功率驱动电路的零电位的公共基准地线。负载电路或功率驱动电路的电流较强、电压较高,如果接地的地线电阻较大,会产生显著的电压降而产生较大的干扰,因此功率地线上的干扰较大。功率地必须与其他弱电地分别设置,以保证整个系统稳定可靠地工作。

9. 接零

接零是把电气设备的金属外壳和中性垂直接地系统中的零线可靠连接,以保护人身安全的一种用电安全措施。

7.2.3 防雷接地系统设计方法

1. 防止直击雷

一般情况下,防止直击雷的方式如图 7-34 所示,采取接闪器、引下线和接地装置的系统结构。

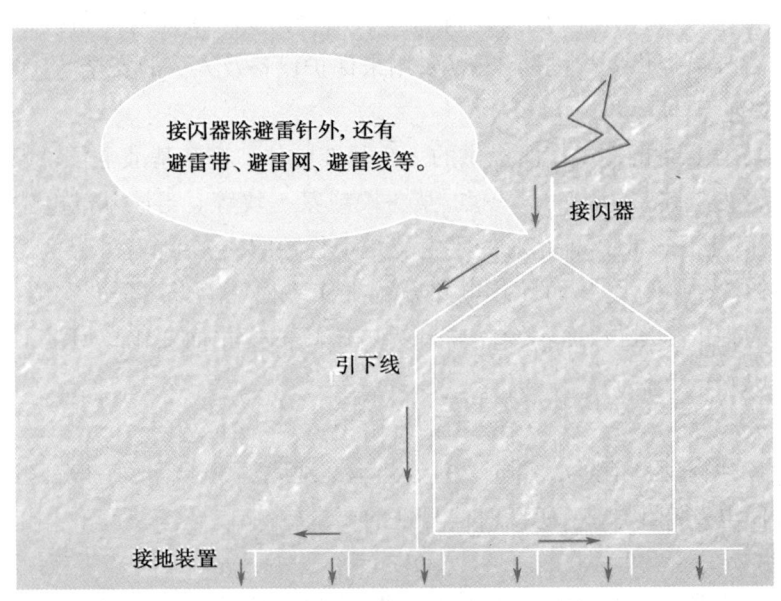

图 7-34 直击雷防护

(1)接闪器

接闪器一般分为避雷针、避雷带、避雷网、避雷线四种。

避雷针是附设在建筑物顶部或独立装设在地面上的针状金属杆。避雷针在地面上的保护半径约为避雷针高度的 1.5 倍,其保护范围一般可根据滚球法来确定,此法是根据反复的实验及长期的雷害经验总结而成的,有一定的局限性。

避雷带是沿着建筑物的屋脊、檐帽、屋角及女儿墙等突出部位,易受雷击部位暗敷的带状金属线,一般采用截面 48 mm^2、厚度不小于 4 mm 的镀锌或直径不小于 8 mm 的镀锌圆钢制成。

避雷网是在较为重要的建筑物及面积较大的屋面上,纵横敷设金属线组成矩形平面网格,或以建筑物外形构成一个整体较密的金属大网笼,实行较全面的保护。

避雷线又称架空地线,架设在杆塔顶部,一根或两根,用于防雷,110~220 kV 线路一般沿全线架设。避雷线可以遮住导线,使雷尽量落在避雷线本身上,并通过杆塔上的金属部分和埋设在地下的接地装置,使雷电流流入大地。

(2) 引下线

引下线指连接接闪器与接地装置的金属导体。引下线的作用是把接闪器上的雷电流连接到接地装置并引入大地。引下线有明敷设和暗敷设两种。

引下线明敷设一般采用圆钢或扁钢,沿建筑物墙面敷设,其尺寸和防腐蚀要求与避雷网、避雷带相同。用钢绞线做引下线,其截面积不得小于 25 mm^2;用有色金属导线做引下线时,应采用截面积不小于 16 mm^2 的铜导线。

引下线暗敷设是利用建筑物结构混凝土柱内的钢筋,或在柱内敷设铜导体做防雷引下线。

(3) 接地装置

将接闪器与大地作良好的电气连接的装置就是接地装置,其是引导雷电流泄入大地的导体。接地装置包括接地体和接地线两部分:接地体是进入土壤中作为流散电流使用的金属导体,其既可采用建筑物内的基础钢筋,也可采用金属材料进行人工敷设;接地线是从引下线的断接卡或接线处至接地体的连接导体。

2. 防止感应雷

在拥有计算机网络系统的建筑中,除了在室外设置避雷器防止直击雷,在建筑内部,还应对电源系统、网络系统作单独的防雷保护,防止感应雷的破坏。

(1) 电源三级防雷

由于雷击的能量是非常巨大的,能量需要通过分级泄放的方法,将雷击能量逐步泄放到大地。对于拥有信息系统的建筑物,三级防雷是成本较低、保护较为充分的选择,如图 7-35 所示。

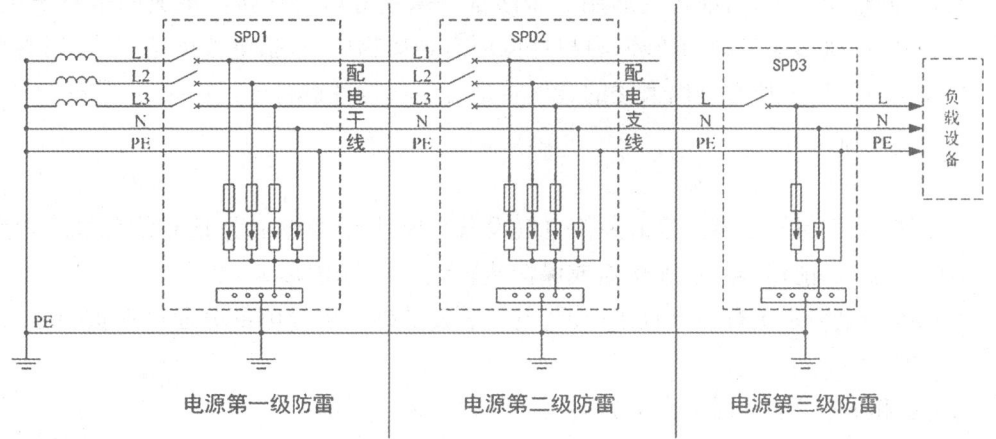

图 7-35 电源三级防雷系统

第一级防雷器可以对直接雷击电流进行泄放，或者对电源传输线路遭受直接雷击时传导的巨大能量进行泄放。对于有可能发生直接雷击的地方，必须要进行 CLASS-I 的防雷。通常在机房所在楼层配电间总电源处并联安装单相（三相）电源防雷箱，作为电源的第一级防雷保护。

虽然已经在楼层总电源进线端安装了第一级的防雷器，但是当较大雷电流进入时，第一级防雷器可将绝大部分雷电流由地线泄放，而剩余的雷电残压还是相当高的，因此第一级防雷器的安装，并不能确保后接设备的万无一失，还存在感应雷电流和雷电波的二次入侵的可能。通常在机房电源进线处安装电源第二级防雷器。

同样，当较大雷电流进入时，前二级防雷器可将绝大部分雷电流由地线泄放，而剩余的雷电残压仍然相当高，存在感应雷电流和雷电波的再次入侵的可能。通常在设备电源进线处安装电源第三级防雷器。

（2）信号系统的防护

尽管在电源和通信线路等外接引入线路上安装了防雷保护装置，但当雷击发生在网络线（如双绞线）感应到过电压时，仍然会影响网络的正常运行，甚至彻底破坏网络系统。雷击时产生巨大的瞬变磁场，在 1 km 范围内的金属环路，如网络金属连线等都会感应到极强的感应雷击。另外，当电源线或通信线路传输过来雷击电压时，或建筑物的地线系统在泄放雷击时所产生强大的瞬变电流，对于网络传输线路来说，所感应的过电压已经足以一次性破坏网络。即使不是特别高的过电压，不能够一次性破坏设备，但是每一次的过电压冲击都加速了网络设备的老化，影响数据的传输和存储，直至彻底损坏。因此网络信号线的防雷对于网络集成系统的整体防雷来说，是非常重要的环节。

3. 防止雷电过电压侵入和高电位反击雷

为防止高电位从线路引入，低压线路宜全线采用电缆直接埋地敷设，在入户端将电缆的金属外皮、钢管接到防雷电感应的接地装置上。当全线采用电缆有困难时，可采用架空线。在电缆与架空线连接处，还应装设避雷器。避雷器、电缆金属外皮、钢管和绝缘子铁脚、金具等应连接在一起接地，其冲击接地电阻不应大于 10 Ω。

为防止高电位反击，目前普遍通用的做法都是采用等电位连接。集成网络系统主干交换机所在的中心机房应设置均压环，将机房内所有金属物体，包括电缆屏蔽层、金属管道、金属门窗、设备外壳以及所有进出大楼的金属管道等金属构件进行电气连接，以均衡电位。

4. 接地系统设计

（1）TN 系统

TN 系统，称作保护接零。当故障使电气设备金属外壳带电时，形成相线和零线短路，回路电阻小，电流大，能使熔丝迅速熔断或保护装置动作切断电源。

TN 系统的电力系统有一点直接接地，电气装置的外露可导电部分通过保护导体与该点连接。

按 N 线和 PE 线的不同组合又分为以下三种类型。

① TN-C 系统——在整个系统内 N 线和 PE 线是合一的，如图 7-36 所示。

② TN-S 系统——在整个系统内 N 线和 PE 线是分开的,如图 7-37 所示。

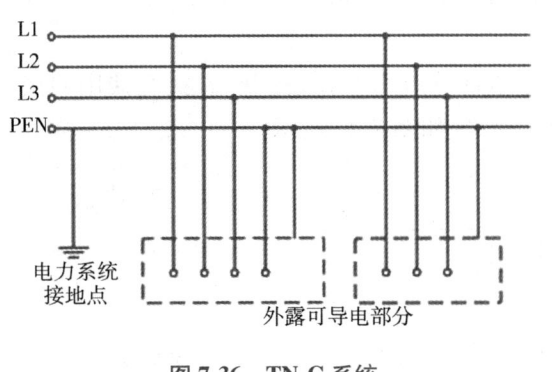

图 7-36　TN-C 系统　　　　　　　图 7-37　TN-S 系统

③ TN-C-S 系统——在整个系统内,通常仅在低压电气装置电源进线点前 N 线和 PE 线是合一的,电源进线点后即分为两根线,如图 7-38 所示。

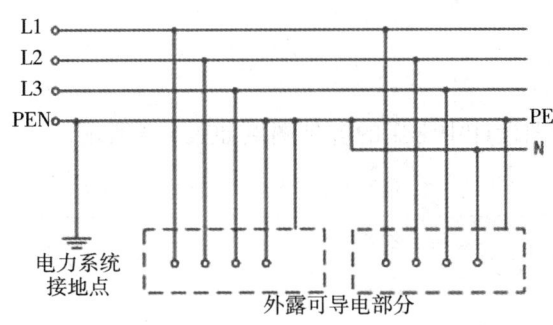

图 7-38　TN-C-S 系统

（2）IT 系统

IT 系统的电源不接地或通过阻抗接地,电气设备外露可导电部分可直接接地或通过保护线接到电源的接地体上,称为保护接地系统,如图 7-39 所示。

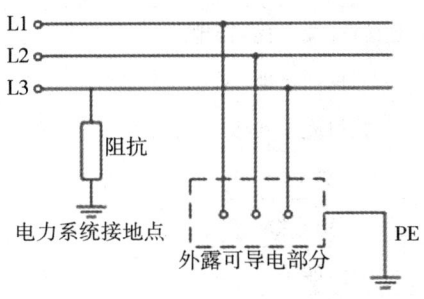

图 7-39　IT 系统

（3）TT 系统

TT 系统是指将电气设备的金属外壳直接接地的保护系统，也是保护接地系统，是一种中性点直接接地系统。

TT 系统由同一接地故障保护电路的外露可导电部分应用 PE 线连接，并接至共用的接地极上。当有多级保护时，各级宜有各自独立的接地极，如图 7-40 所示。

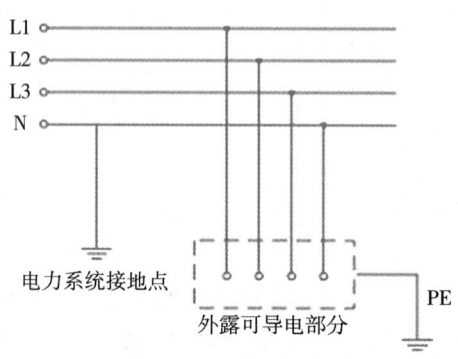

图 7-40　TT 系统

5. 防雷接地系统 AutoCAD 元素绘制

防雷接地系统工程图设计中常用的各种图例如表 7-4 所示。

表 7-4　防雷接地工程常用图例

序号	名称	图例
1	避雷针	●
2	避雷带（线）	✕—✕
3	实验室用接地端子板（明装）	⏚
4	实验室用接地端子板（暗装）	⏚
5	有接地极接地装置	
6	无接地极接地装置	
7	一般接地符号	⏚
8	无噪声（抗干扰）接地	
9	保护接地	⏚
10	接机壳或底板	
11	等电位	↓
12	引下线	
13	端子	○
14	端子板	
15	等电位连接	

7.2.4 防雷接地系统设计实例

建筑防雷接地平面图一般是指建筑物屋顶设置避雷带或避雷网,利用基础内的钢筋作为防雷的引下线,埋设人工接地体的方式。下面举例说明防雷接地施工平面图的绘制步骤。

第一步:打开 AutoCAD 应用程序,新建文件。

第二步:利用"缩放"命令,对模板文件放大 150 倍;切换图层到"墙"层,利用"多段线""复制"命令,绘制如图 7-41 所示墙体,并进行外围尺寸标注。

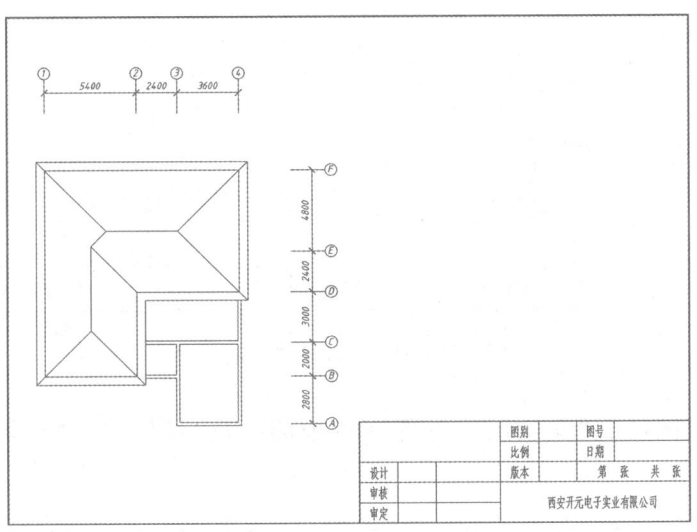

图 7-41 顶层平面图绘制

第三步:切换图层到"防雷层",绘制避雷带、引下线及接地装置,如图 7-42 所示。

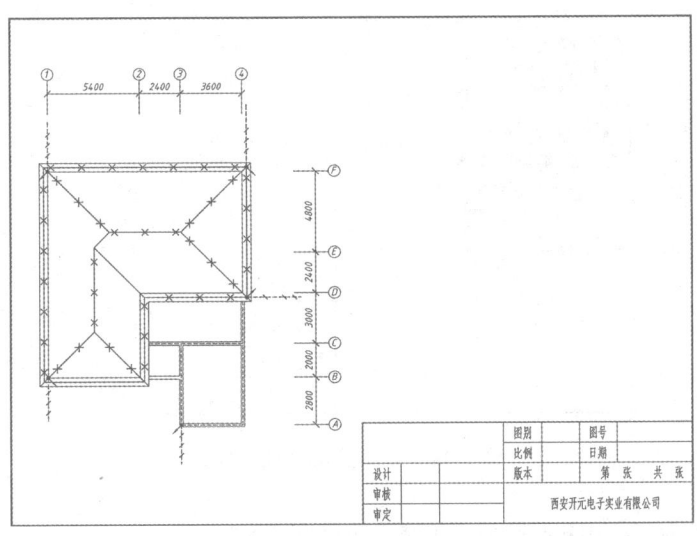

图 7-42 绘制避雷带、引线及接地装置

第四步：切换图层到"标注层"，添加文字标注说明，如图 7-43 所示。

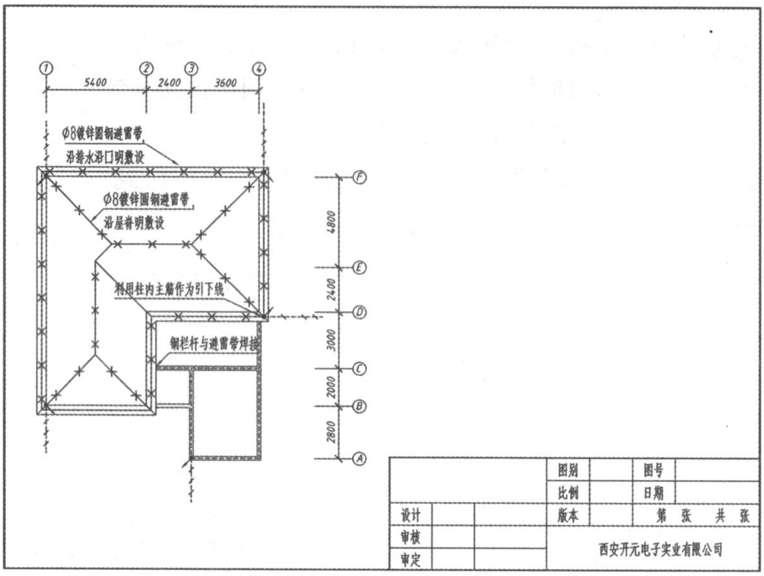

图 7-43　添加文字说明

第五步：切换图层到"文字层"，补充图例说明；双击标题栏图块，填写标题栏，如图 7-44 所示。

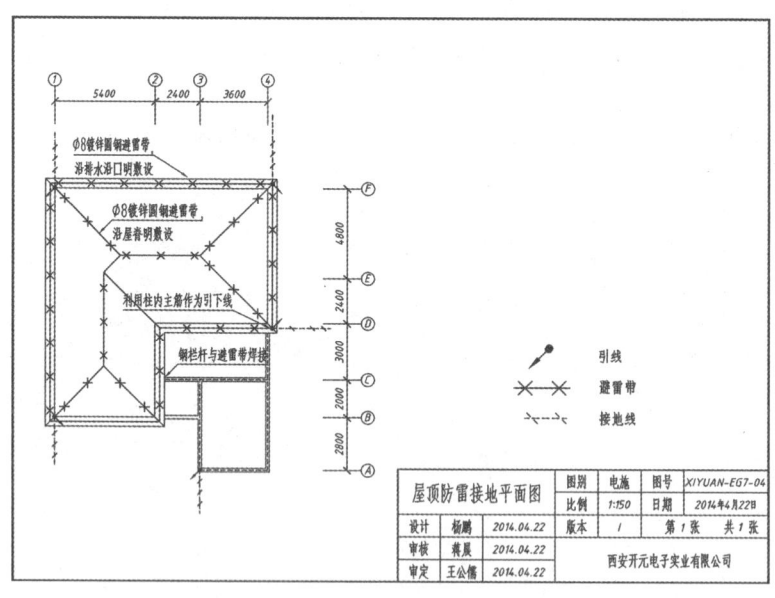

图 7-44　屋顶防雷接地平面图

第六步：命名为"屋顶防雷接地平面图"并保存文件。

单元八 智能建筑系统设计案例

教学任务

本单元通过多种工程案例 CAD 设计图,介绍智能建筑系统的设计原则和方法等。

技能目标

(1) 了解智能建筑系统工程 CAD 图纸设计原则和方法,包括视频监控系统、入侵报警系统、停车场系统、出入口控制系统。
(2) 读懂智能建筑系统工程 CAD 示意图、系统图、施工图等。
(3) 能够独立完成工程 CAD 图纸设计绘制。

8.1 视频监控系统工程设计案例

视频监控系统是安全技术防范体系中的一个重要组成部分,是一种先进的、防范能力极强的综合系统。《视频安防监控系统工程设计规范》(GB 50395—2016)中定义为:视频监控系统是利用视频技术探测、监视设防区域,并实时显示和记录现场图像的电子系统或网络。

本节主要介绍视频监控系统工程的设计原则、设计流程、设计任务及设计方法,最后给出典型案例工程设计图纸。

8.1.1 视频监控系统工程设计原则

(1) 确定系统的规模、模式及应采取的防护措施

一般根据防护对象的风险等级和防护级别、环境条件、功能要求、安全管理要求和建设投资等因素确定。例如博物馆等文物保护单位属于高风险防护对象,须采取视频监控一级

防护,达到视频监控无盲区。

（2）进行防区的划分,确定摄像机、传输线缆、监控中心设备的选型和安装位置

一般根据建设单位提供的设计任务书、建筑平面图和现场勘察报告等文件确定。例如在博物馆等文物保护单位,可划分为文物展览区、文物交接区、文物通道区、文物库房等多个防区,根据各防区的结构特点和监控区域等确定适合的视频监控设备。

（3）确定控制设备的配置和管理软件的功能

一般根据防区的数量和分布、信号传输方式、集成管理要求和系统扩充要求等确定。

（4）保证设备的互换性

一般采取规范化、结构化、模块化、集成化的方式实现。

8.1.2 视频监控系统工程设计流程和常用标准

《视频安防监控系统工程设计规范》（GB 50395—2016）中规定,视频安防监控系统工程的设计应按照如图8-1所示的流程进行。对于新建建筑的视频安防监控系统工程,建设单位应向设计单位提供有关建筑概况、电气和管槽路由等设计资料。

图 8-1 视频安防监控系统工程设计流程

视频监控系统工程设计的常用标准如下。

（1）《智能建筑设计标准》（GB 50314—2015）

该标准规定了各类智能建筑应具有的智能化功能、设计标准等级和所需配置的智能化系统,要求满足建筑生命周期内持续提升和完善智能化综合技术功能,持续发挥有效作用。

（2）《安全防范工程技术标准》（GB 50348—2018）

该标准适用于新建、改建、扩建的安全防范工程,也是安全防范工程设计的通用规范,明确规范了设计、施工、检验和验收内容。安全防范是人防、物防、技防的有机结合,该规范主要对技术防范系统的设计、施工、检验、验收作出了基本要求和规定。

（3）《视频安防监控系统工程设计规范》（GB 50395—2016）

该规范是《安全防范工程技术标准》（GB 50348—2018）的配套标准,是安全防范系统工程建设的基础性标准之一。该规范对视频安防监控系统的相关概念进行了详细阐述,包括相关术语、系统结构等,并对视频安防监控系统工程的设计作了详细规定,包括系统设计、设备选型与设置、传输方式、线缆选型与布线、供电、防雷与接地、系统安全性、可靠性、电磁兼容性、环境适应性、监控中心等。

8.1.3 视频监控系统工程主要设计任务和要求

1. 视频监控系统工程主要设计任务

（1）设计任务书的编制；

（2）现场勘察；

（3）初步设计；

（4）方案论证；

（5）正式设计，包括施工图设计和相关技术文件的编制。

下面按照《视频安防监控系统工程设计规范》和《安全防范工程技术标准》等规定，结合实际工程设计经验，主要介绍视频监控系统工程施工图设计的相关要求和方法。更多专业知识请参考"十三五"国家规划教材《视频监控系统工程实用技术》（王公儒主编，中国铁道出版社，ISBN 978-7-113-23994-7）。

2. 初步设计内容和要求

（1）建设单位的总体构思，包括需求分析和工程设计要求。例如系统的防护等级、防区划分等。

（2）前端设备的布设及监控范围说明。例如前端设备的安装位置、监控效果等。

（3）前端设备的选型，包括摄像机、镜头、云台、防护罩、支架等。例如半球摄像机一般适用于办公场所等区域，广角镜头比较适合需要监控较大场景的场合等。

（4）监控中心设备的选型，包括控制主机、显示设备、记录设备等。例如采用数字技术时应选用网络视频服务器，实现多画面同时显示时应选取多画面分割器等。

（5）信号的传输方式、路由及管线敷设说明。例如选取双绞线、光纤等不同传输线缆。

（6）监控中心的选址、面积、温湿度、照明等要求和设备布局。例如《安全防范工程技术标准》（GB 50348—2018）规定，监控中心的面积应与安防系统的规模相适应，一般应不小于 $20\ m^2$，应有保证值班人员正常工作的相应辅助设施，如设置饮水设施、卫生间和办公家具等。

（7）系统安全性、可靠性、电磁兼容性、环境适应性、供电、防雷与接地等的说明。例如室内外温度、湿度、大气压等的要求。

（8）与其他系统的接口关系，包括联动、集成方式等。

（9）系统扩展性的考虑。

（10）对人防、物防的要求和建议，包括操作与值班人员配置等。

3. 初步设计文件

初步设计文件包括设计说明、设计图纸、主要设备器材清单、工程概算书等。

（1）设计说明应包括工程项目概述、设防策略、系统配置及其他必要的说明。

（2）设计文件应包括系统点数统计表、防区编号表等。

（3）设计图纸应包括系统图、平面图、施工图、监控中心布局图及必要说明。

4. 设计图纸规定

（1）图纸应符合国家制图相关标准的规定，标题栏应完整，文字应准确、规范，应有相关人员签字、设计单位盖章。

（2）图例应符合《安全防范系统通用图形符号》(GA/T 74—2017)等国家现行标准的规定。

（3）平面图应标明尺寸、比例和指北针。

（4）在平面图中应包括设备名称、规格、数量和其他必要的说明。

5．系统图主要内容

（1）主要设备类型及配置数量。

（2）信号传输方式、系统主干线缆走向和设备连接关系。

（3）供电方式。

（4）接口方式，含与其他系统的接口关系。

6．平面图主要内容

（1）应标明监控中心的位置及面积。

（2）应标明前端设备的布设位置、设备类型和数量等。

（3）线缆走向设计应对主干管路的路由等进行标注。

7．监控中心布局图主要内容

（1）平面布局和设备布置。

（2）线缆敷设方式。

（3）供电要求。

8．非标产品设计图

对安装部位有特殊要求的，宜提供安装示意图等工艺性图纸。例如设计非标准支架，应提供制作图纸、安装图纸等，包括在墙角安装的支架、加长杆支架、室外空旷场地立杆等。

8.1.4 施工图设计案例

正式设计的施工图文件应包括设计说明、设计图纸、主要设备材料清单和工程预算书等。施工图设计说明应包括设备材料的施工工艺说明、管线敷设说明等。例如摄像机的安装可分为墙面安装、墙角安装、吊顶安装和立柱(杆)安装等多种方式，需要说明每种安装方式的具体施工工艺和管路的敷设，管线敷设路由是明装还是暗装，是否为最佳和安全路由等。设计图纸应包括系统图、平面图、施工图、监控中心布局图及必要说明。

1．施工图设计要求

施工图设计的目的就是规定摄像机等设备和布线路由在建筑物中安装的具体位置，一般使用平面图。以下为施工图设计的一般要求和注意事项。

（1）图形符号正确

施工图设计的图形符号，首先要符合相关建筑设计标准和图集规定。

（2）布线路由设计合理、正确

施工图设计了全部线缆和设备等器材的安装管道、安装路径、安装位置等，也直接决定工程项目的施工难度和成本。布线路由设计前需要仔细阅读建筑物的土建施工图、水电施工图、网络施工图等相关图纸，熟悉和了解建筑物主要水管、电管、气管等路由和位置，并且尽量避让这些管线。如果无法避让,则必须设计钢管穿线进行保护,减少其他管线对视频监控系统的干扰。

（3）位置设计合理、正确

在施工图设计中,必须清楚标注摄像机的安装位置与方向,包括安装高度和支架规格等。特别注意下列情况。

① 优先设计为顺光安装,尽量避免设计为逆光安装。如果无法避免时,必须选用适合逆光使用的摄像机。

② 摄像机与监控区域中间不能有树枝或者其他建筑构建遮挡。

③ 安装方式第一选择为吊顶安装,第二选择为壁装,减少立柱安装的情况。因为吊顶安装和壁装时布线方便,固定牢固;立柱安装不仅成本高,占用地面和空间,而且布线困难。

④ 不要在光源或者强电箱附近安装摄像机。

⑤ 室内安装时,选用室内摄像机。室外安装时必须选用具有防水和防尘功能的云台、解码器和护罩,保护摄像机。

（4）施工图说明完整

在图纸的空白位置增加设计说明和图形符号,帮助施工人员快速读懂设计图纸。

（5）图纸标题栏信息完整。

2. 施工图设计案例介绍

（1）停车场摄像机施工图设计案例

如图 8-2 所示为停车场摄像机安装位置示意图,监控范围为停车场的主通道。一般选用枪式彩色摄像机,应能够看清楚车牌号码以及车型和颜色。

（2）建筑物楼梯口和电梯轿厢摄像机施工图设计案例

如图 8-3 所示为建筑物楼梯口和电梯轿厢摄像机安装位置示意图,楼梯口监控范围为建筑物入口门和入户门。一般选用枪式彩色摄像机或者半球彩色摄像机。

人们进入电梯后,一般都会转身按压电梯按钮,面向电梯按钮站立,因此电梯轿厢的摄像机应安装在轿厢顶部,位于电梯按钮上方的角位置。一般应选用半球彩色摄像机或嵌入式彩色摄像机。

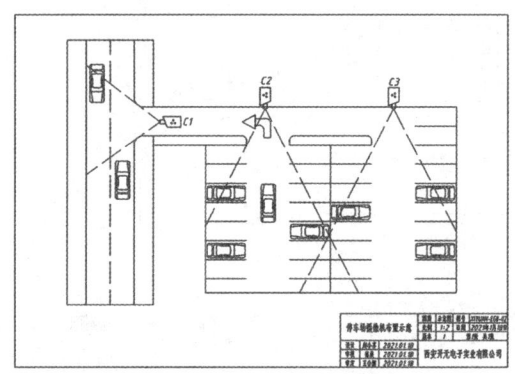

图 8-2 停车场摄像机布置示意图

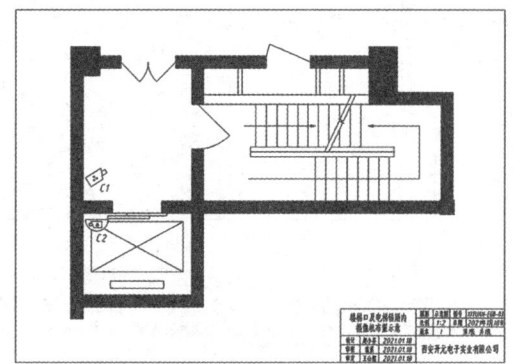

图 8-3 楼梯口和电梯轿厢摄像机布置示意图

(3) 超市摄像机施工图设计案例

如图 8-4 所示为超市摄像机安装位置示意图,监控范围需要覆盖主要通道和收银区,实现全区域覆盖,应没有盲区,应选用枪式高清彩色摄像机或者半球高清彩色摄像机。

(4) 宾馆楼层摄像机施工图设计案例

如图 8-5 所示为宾馆楼层摄像机安装位置示意图,监控范围须覆盖主通道、楼梯口、电梯口等出入口位置,应没有盲区,应选用枪式高清彩色摄像机或者半球高清彩色摄像机。

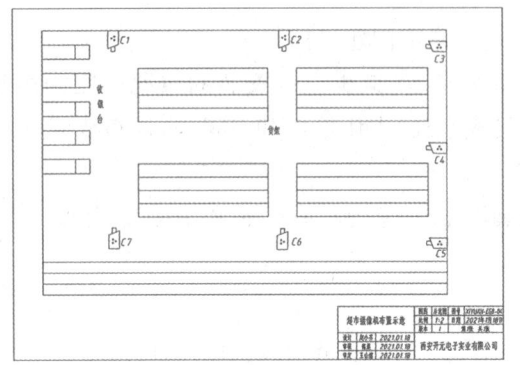

图 8-4 超市摄像机布置示意图

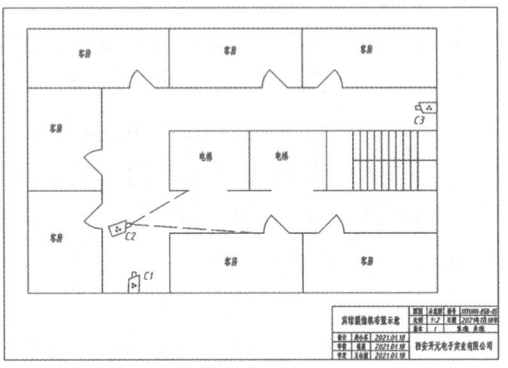

图 8-5 宾馆楼层摄像机布置示意图

(5) 监控中心施工图设计案例和说明

如图 8-6 所示为监控中心设备安装施工图,图幅 A3(297 mm×420 mm),比例 1∶40。

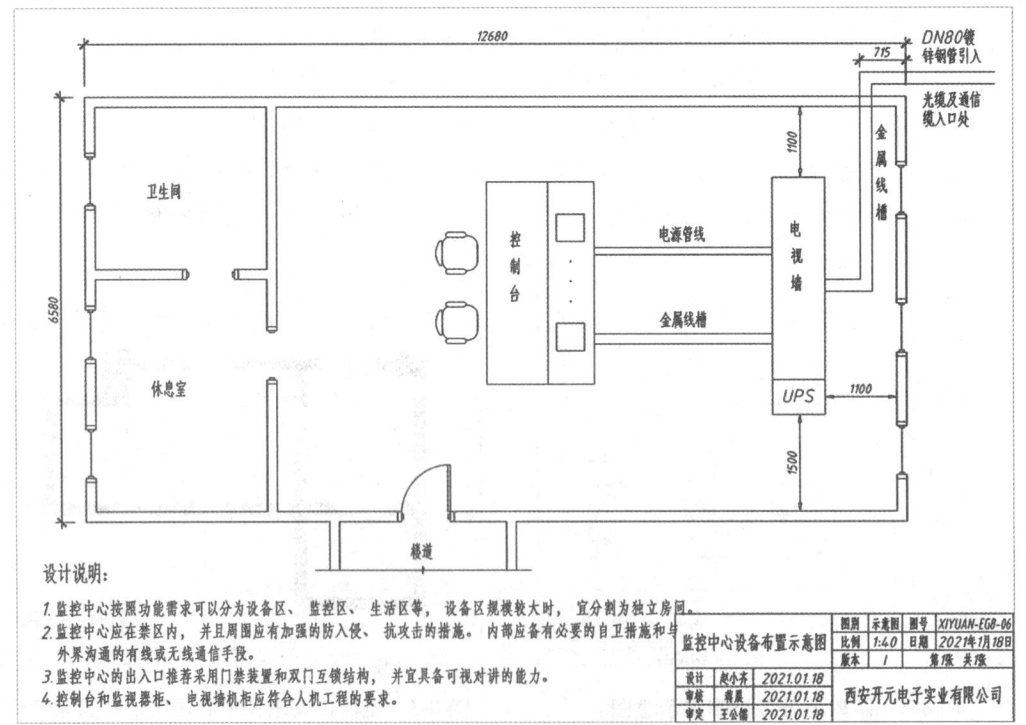

图 8-6 监控中心设备布置示意图

① 监控中心的平面图应标明控制台和显示设备的位置、外形尺寸、边界距离等。

② 根据人机工程学原理,确定控制台、显示设备、机柜以及相应控制设备的位置、尺寸。例如控制台一般为琴键台式,总高度为 1.3 m 左右,不宜太高,要求操作人员在坐姿情况下能够看见前方的电视墙;控制台面高度应与普通工作台相同,宜为 0.75 m。

③ 根据控制台、显示设备、设备机柜及操作位置的布置,标明监控中心内管线走向、开孔位置。

设计说明如下:

① 监控中心按照功能需求可以分为设备区、监控区、生活区等,设备区规模较大时,宜分割为独立房间。

② 监控中心应设在禁区内,并且周围应有加强的防入侵、抗攻击的措施。内部应备有必要的自卫措施和与外界沟通的有线或无线通信手段。

③ 监控中心的出入口推荐采用门禁装置和双门互锁结构,并宜具备可视对讲的能力。

④ 控制台和监控器柜、电视墙机柜应符合人机工程的要求。

(6) 非标准支架设计案例

对于特殊场合使用的非标准支架,例如墙面或者墙角安装的加长支架、室外立杆等往往不是市场供货的标准产品,就需要专门设计,提供正式设计图纸。

如图 8-7 所示为西元科技园墙面安装摄像机的加长支架设计图,图幅 A3(297 mm×420 mm),比例 1∶2。

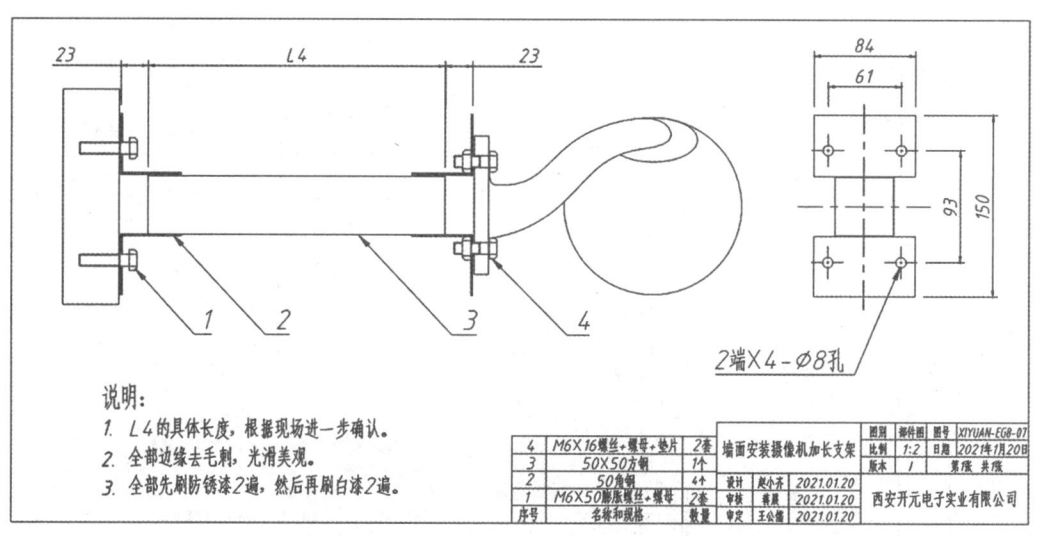

图 8-7 西元科技园墙面安装摄像机的加长支架设计图

如图 8-8 所示为西元科技园墙角安装摄像机的加长支架设计图,图幅 A3(297 mm×420 mm),比例 1∶2。

(7) 室外立杆设计案例和说明

室外立杆设计主要用于道路监控高空安装摄像机,一般由立杆、连接法兰、造型支臂、安

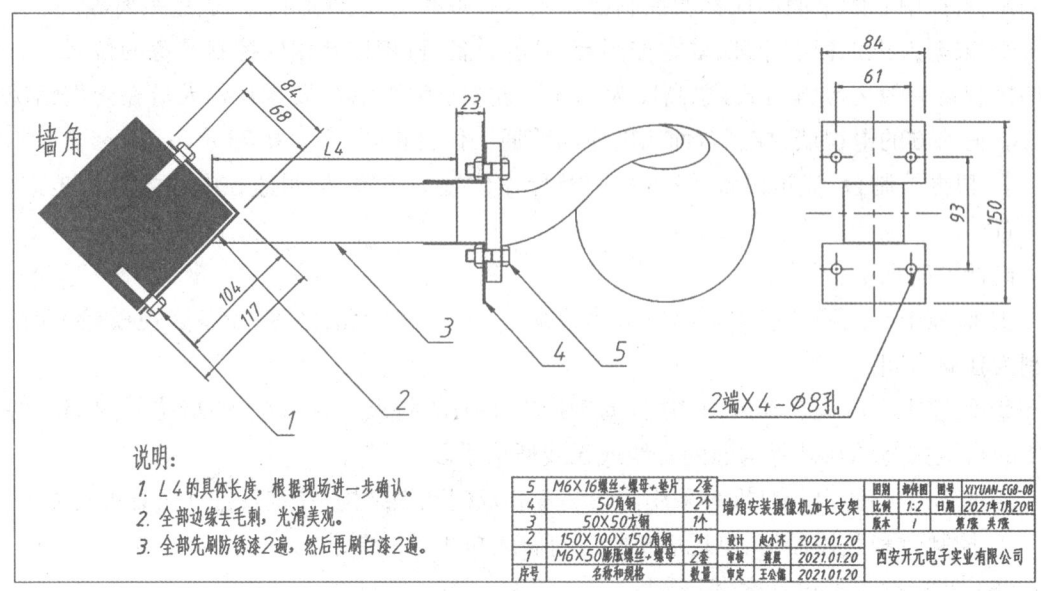

图 8-8　西元科技园墙角安装摄像机的加长支架设计图

装法兰及预埋钢结构组成,应提供设计图纸、安装图纸等工艺性文件及必要的施工要求。如图 8-9 所示为常见的室外立杆支架设计图,图幅 A3(297 mm×420 mm),比例 1∶20。

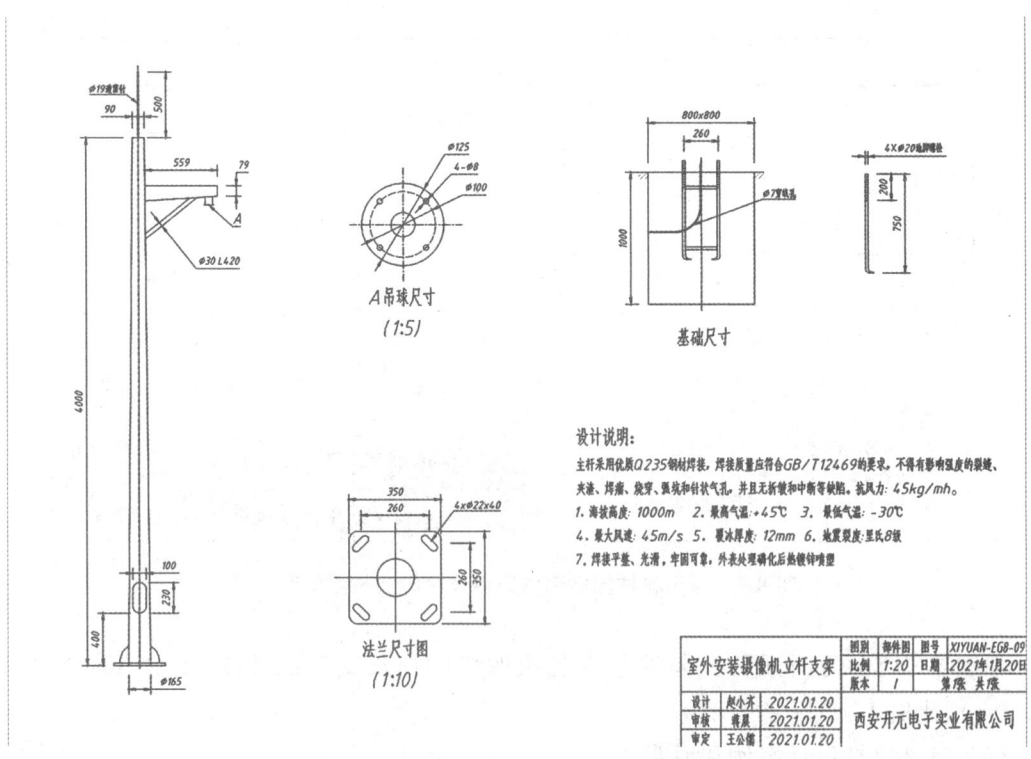

图 8-9　室外立杆支架设计图

设计说明如下：

主杆采用优质 Q235 钢材焊接，焊接质量应符合《钢结构焊接规范》(GB 50661—2011)的相关要求，不得有影响强度的裂缝、夹渣、焊瘤、烧穿、弧坑和针状气孔，并且无折皱和中断等缺陷。抗风力：45 kg/mh。

① 海拔高度：1 000 m；② 最高气温：45 ℃；③ 最低气温：-30 ℃；④ 最大风速：45 m/s；⑤ 覆冰厚度：12 mm；⑥ 地震裂度：里氏 8 级；⑦ 焊接平整、光滑，牢固可靠，外表处理磷化后热镀锌喷塑；⑧ 颜色：根据用户要求确定，一般为银灰色或者热镀锌。

8.2 入侵报警系统工程设计案例

入侵报警系统是智能建筑安防系统重要的安全技术防范设施，是防止非法入侵的重要保障，也是安全防范自动化系统的一个主要子系统。它应能根据建筑物的安全技术防范管理需要，对设防区域的非法入侵、盗窃、破坏和抢劫等行为进行实时有效的探测和报警，并应有报警复核的功能。

本节将通过西元科技园入侵报警系统工程施工图、银行入侵报警系统安装施工图等案例，介绍入侵报警系统工程施工图的设计知识。更多专业知识请参考《入侵报警系统工程实用技术》(王公儒主编，中国铁道出版社，ISBN 978-7-113-24010-3)。

8.2.1 入侵报警系统工程设计原则

1. 设计系统规模等综合防护措施

根据防护对象的风险等级和防护级别、环境条件、功能要求、安全管理要求和建设投资等因素，设计和确定系统的规模、系统模式及应采取的综合防护措施。例如银行等单位属于高风险防护对象，需要采取入侵报警一级防护，达到入侵防区无盲区。

2. 设计设备安装位置与选型

根据建设单位提供的设计任务书、建筑平面图和现场勘察报告进行防区的划分，设计和确定探测器、传输设备的安装位置和选型。例如在银行入侵报警系统中，可划分为 ATM 区、现金交易区等多个防区，根据各防区的结构特点和设防区域等确定适合的探测器设备。

3. 设计系统配置和软件功能

根据防区的数量和分布、信号传输方式、集成管理要求、系统扩充要求等，设计和确定控制设备的配置和管理软件的功能。

4. 设计和规范系统的通用性

入侵报警系统工程应以规范化、结构化、模块化、集成化的方式实现，以保证设备的通用性与互换性。

8.2.2 入侵报警系统工程设计常用标准

1. 《入侵报警系统工程设计规范》(GB 50394—2019)

该规范是《安全防范工程技术标准》(GB 50348—2018)的配套标准,也是安全防范系统工程建设的基础性标准之一。该规范对入侵报警系统的相关概念进行了详细阐述,包括入侵报警系统的相关术语、系统结构等,并对入侵报警系统工程的设计作了详细规定,包括系统设计、设备选型与设置、传输方式、线缆选型与布线、供电、防雷与接地、系统安全性、可靠性、电磁兼容性、环境适应性、监控中心等。

2. 《智能建筑设计标准》(GB 50314—2015)
3. 《安全防范工程技术标准》(GB 50348—2018)

8.2.3 入侵报警系统图设计案例

入侵报警系统点数统计表能够全面反映该项目探测器安装位置和点位数量,但不能反映各种设备的连接关系。入侵报警系统图能够快速和清晰地展示该系统的主要组成部分和连接关系,它简明地标识出了前端设备、传输设备、控制设备、显示记录设备,以及各种设备之间的连接关系。如图 8-10 所示为西元科技园入侵报警系统图,该入侵报警系统图的设计要点如下:

1. 图形符号必须正确

在系统图设计时,必须使用规范的图形符号,保证其他技术人员和现场施工人员能够快速读懂图纸,并且在系统图中给予说明,请勿使用奇怪的图形符号。

2. 连接关系清楚

入侵报警系统图规定了各个报警防区探测器的连接关系,因此必须按照相关标准规定,清楚地给出各设备之间的连接关系,即前端设备与控制设备、控制设备与显示记录设备等之间的连接关系,这些连接关系实际上决定了入侵报警系统拓扑图。

3. 说明完整

系统图设计完成后,必须在图纸的空白位置增加设计说明。设计说明一般是对图的补充,帮助理解和阅读图纸,对图中的符号给予说明等。

4. 图面布局合理

任何工程图纸都必须注意图面布局合理,比例合适,文字清晰,一般布置在图纸中间位置。在设计前根据设计内容,选择图纸幅面,一般有 A4、A3、A2、A1、A0 等标准规格,例如 A4 幅面高 297 mm,宽 210 mm;A0 幅面高 841 mm,长 1 189 mm。在智能建筑设计中也经常使用加长图纸。

5. 标题栏完整

标题栏是任何工程图纸都不可缺少的内容,一般在图纸的右下角。标题栏一般至少包括以下内容。

(1) 建筑工程名称。例如,西元科技园。

（2）项目名称。例如，入侵报警系统。

（3）图别。例如，系统图。

（4）图纸编号。例如，XIYUAN-EG8-10。

（5）设计人签字。

（6）审核人签字。

（7）审定人签字。

（8）时间。

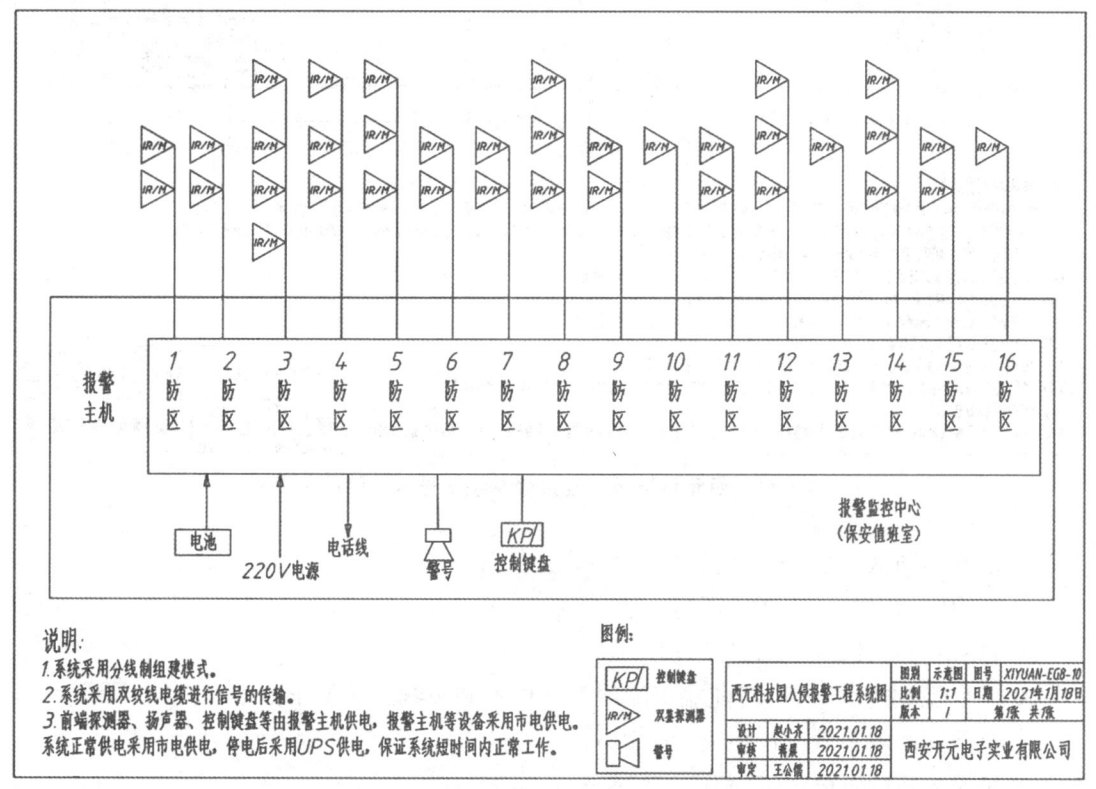

图 8-10　西元科技园入侵报警工程系统图

8.2.4　入侵报警系统施工图设计案例

1. 西元科技园入侵报警系统施工图设计案例

西元科技园位于西安市秦岭四路，占地面积 14 652 m^2，一期建设有 3 栋大楼，建筑面积 12 500 m^2，一期总投资 7 500 万元。入侵报警系统工程施工图设计的目的，就是规定布线路由和设备在建筑物中的具体安装位置，一般使用平面图。如图 8-11 所示为西元科技园入侵报警系统 3 号楼一层施工图，图幅 A1（594 mm×841 mm），比例 1∶80。

设计防区和说明如下。

（1）西元科技园规划 1 台 16 路报警主机，防区分配如下：

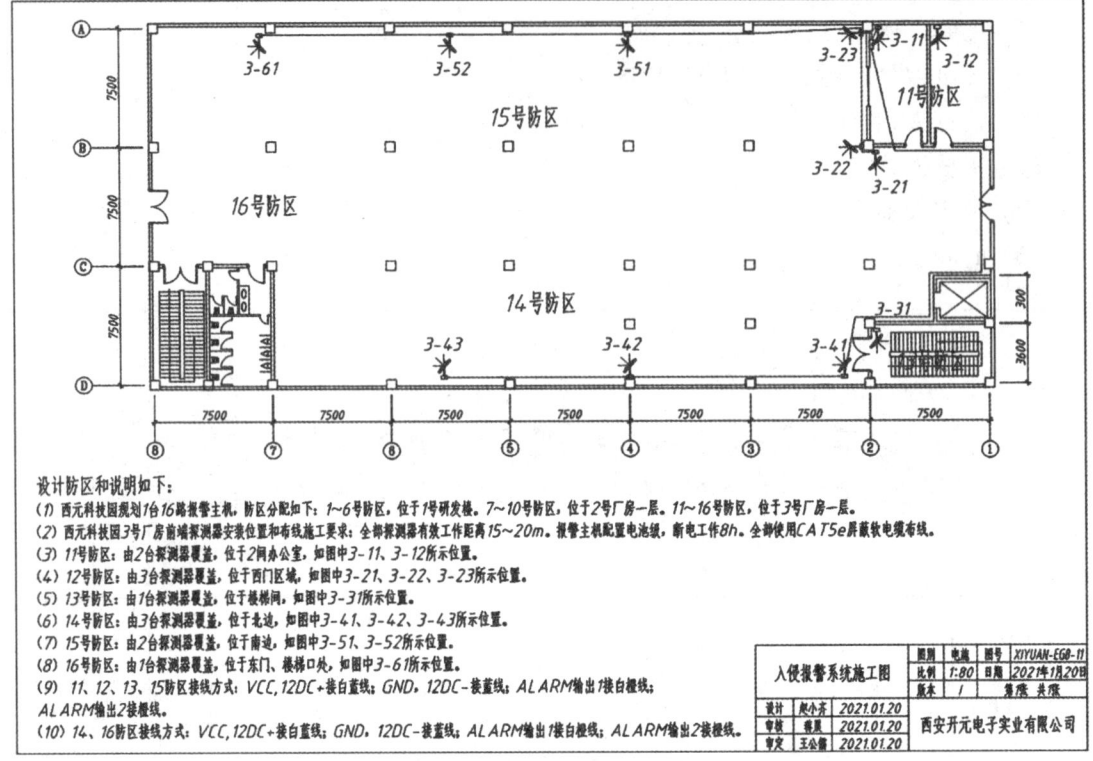

图 8-11　西元科技园入侵报警系统 3 号楼一层施工图

① 1~6 号防区,位于 1 号研发楼。

② 7~10 号防区,位于 2 号厂房一层。

③ 11~16 号防区,位于 3 号厂房一层。

(2) 西元科技园 3 号厂房前端探测器安装位置和布线施工要求如下:

① 全部探测器有效工作距离 15~20 m。

② 报警主机配置电池级,断电工作 8 h。

③ 全部使用 CAT5e 屏蔽软电缆布线。

(3) 11 号防区:由 2 台探测器覆盖,位于 2 间办公室,如图中 3-11、3-12 所示位置。

(4) 12 号防区:由 3 台探测器覆盖,位于西门区域,如图中 3-21、3-22、3-23 所示位置。

(5) 13 号防区:由 1 台探测器覆盖,位于楼梯间,如图中 3-31 所示位置。

(6) 14 号防区:由 3 台探测器覆盖,位于北边,如图中 3-41、3-42、3-43 所示位置。

(7) 15 号防区:由 2 台探测器覆盖,位于南边,如图中 3-51、3-52 所示位置。

(8) 16 号防区:由 1 台探测器覆盖,位于东门、楼梯口处,如图中 3-61 所示位置。

(9) 11、12、13、15 防区接线方式:VCC,12DC+接白蓝线;GND,12DC−接蓝线;ALARM 输出 1 接白橙线;ALARM 输出 2 接橙线。

(10) 14、16 防区接线方式:VCC,12DC+接白蓝线;GND,12DC−接蓝线;ALARM 输出 1 接白橙线;ALARM 输出 2 接橙线。

2. 银行入侵报警系统工程设计案例

银行属于重点安全防范单位,它具有规模多样、重要设施繁多、出入人员复杂等特点。而其业务涉及大量的现金、有价证券及贵重物品等,导致业务纠纷时有发生,同时也一直是各种犯罪分子关注的焦点,全面加强银行安全防范系统至关重要。

(1) 相关标准

银行入侵报警系统有完善的国家标准和行业标准,工程设计应遵守以下专业标准:
① 《安全防范工程技术标准》(GB 50348—2018);
② 《入侵报警系统工程设计规范》(GB 50394—2019);
③ 《防盗报警控制器通用技术条件》(GB 12663—2019);
④ 《银行营业场所安全防范工程设计规范》(GB/T 16676—2021);
⑤ 《银行营业场所安全防范要求》(GA 38—2021);
⑥ 《银行自助设备、自助银行安全防范要求》(GA 745—2017)。

(2) 工程设计案例

银行入侵报警系统主要是针对夜间非法入侵的行为,以及营业时间抢劫行为及时报警制止,建立有效的安防体系。入侵报警系统应采用高可靠性产品,具有防破坏的功能,断路、短路、拆装均可报警;保持一致性,可兼容其他可选设备,具有先进性,同时有较高的性价比。

设某银行办公场所为地上一层,建筑面积 154.25 m^2,属钢筋混凝土框架结构。一楼内设 5 个现金柜台,4 个非现金柜台;根据功能要求分为现金柜台交易区、大厅服务区。根据《银行营业场所安全防范要求》(GA 38—2021)规定,该银行按二级风险防护工程进行设计、施工,提出防护需求。

如图 8-12 所示为该银行入侵报警系统布线路由和设备安装施工图,图幅 A2(420 mm×594 mm),比例 1∶50。该入侵报警系统共计有 16 个防区,安装有 3 个双鉴探测器、2 个吸顶双鉴探测器、1 个振动探测器、11 个紧急按钮。

① 探测器安装区域

a. 紧急按钮安装区域:现金区营业柜口、非现金区营业柜口、ATM 室、机房。

b. 防盗探测器安装区域:ATM 室、营业大厅、营业内厅、机房。

c. 振动探测器安装区域:ATM 机。

d. 报警控制键盘位于大门左侧,报警主机位于机房。

② 防区划分

a. 机房安装 1 个紧急按钮,设置编号为防区 1。

b. 现金区营业柜口安装 5 个紧急按钮,设置编号为防区 2、防区 3。

c. 非现金区营业柜口安装 4 个紧急按钮,设置编号为防区 4。

d. ATM 室安装 1 个紧急按钮,设置编号为防区 5。

e. ATM 室安装 1 个双鉴探测器,设置编号为防区 8、防区 9,其中防区 8 为防拆除防区。

f. 营业大厅安装 2 个吸顶双鉴探测器,设置编号为防区 10、防区 11、防区 12,其中防区

12 为防拆除防区。

　　g. 营业内厅安装 1 个双鉴探测器,设置编号为防区 13、防区 14,其中防区 13 为防拆除防区。

　　h. 机房安装 1 个双鉴探测器,设置编号为防区 15、防区 16,其中防区 15 为防拆除防区。

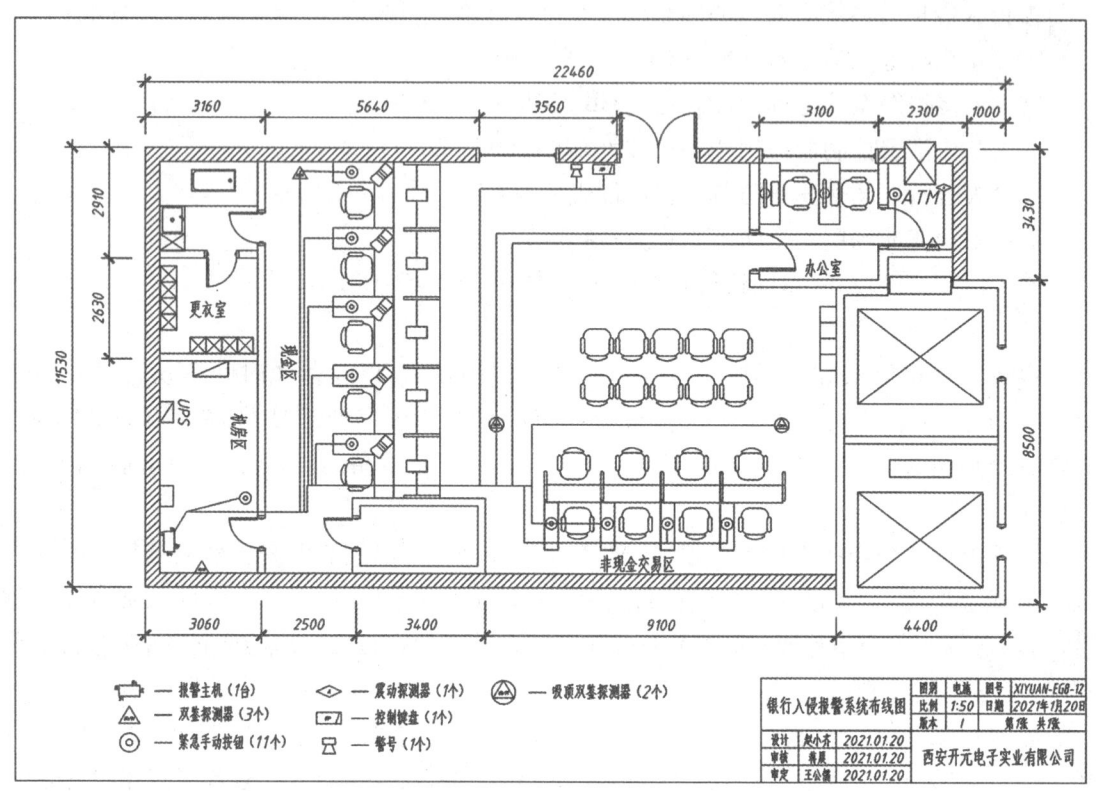

图 8-12　某银行入侵报警系统布线图

　　该入侵报警系统采用小型报警主机,分线制组建模式,利用安装在各防区前端的入侵探测器和紧急报警开关,来实现对防区的实时入侵报警监测和人为手动报警。安保人员可通过报警控制键盘完成入侵报警系统的布防、撤防等操作,当系统处于布防状态时,若防区内发生非法入侵或人为触动紧急报警开关,系统立刻发出报警动作,如声光报警、拨打报警电话等。报警主机及控制键盘能够显示和记录报警信息,如相应的报警防区、报警类别等。所有探测器都具有防拆功能,遭到破坏时可立刻发出报警信号。

8.3　停车场系统工程设计案例

　　停车场系统又称停车场安全管理系统,是安全技术防范体系的一个重要组成部分。停车场系统是智能建筑重要的安全技术防范设施,直接影响着智能建筑的使用功能,也直接关系到智能建筑在使用过程中的舒适性和人性化程度。

本节设计案例包括西元大厦停车场系统图、出入口设备安装示意图、出入口设备安装施工图、场区设备安装施工平面图等。更多专业知识请参考《停车场系统工程实用技术》(王公儒主编,中国铁道出版社,ISBN 978-7-113-25990-7)。

8.3.1 停车场系统图设计

停车场系统图的功能就是直观清晰地反映停车场系统的主要组成部分和连接关系,必须在图中清楚标明各种设备之间的连接关系,包括出入口道闸、车牌识别一体机、入口信息显示屏、室内引导屏、车位检测器、管理中心等设备。停车场系统图一般不考虑设备的具体位置、距离等详细情况。

如图 8-13 所示为西元大厦停车场系统图,图幅 A3(297 mm×420 mm),比例 1∶10。

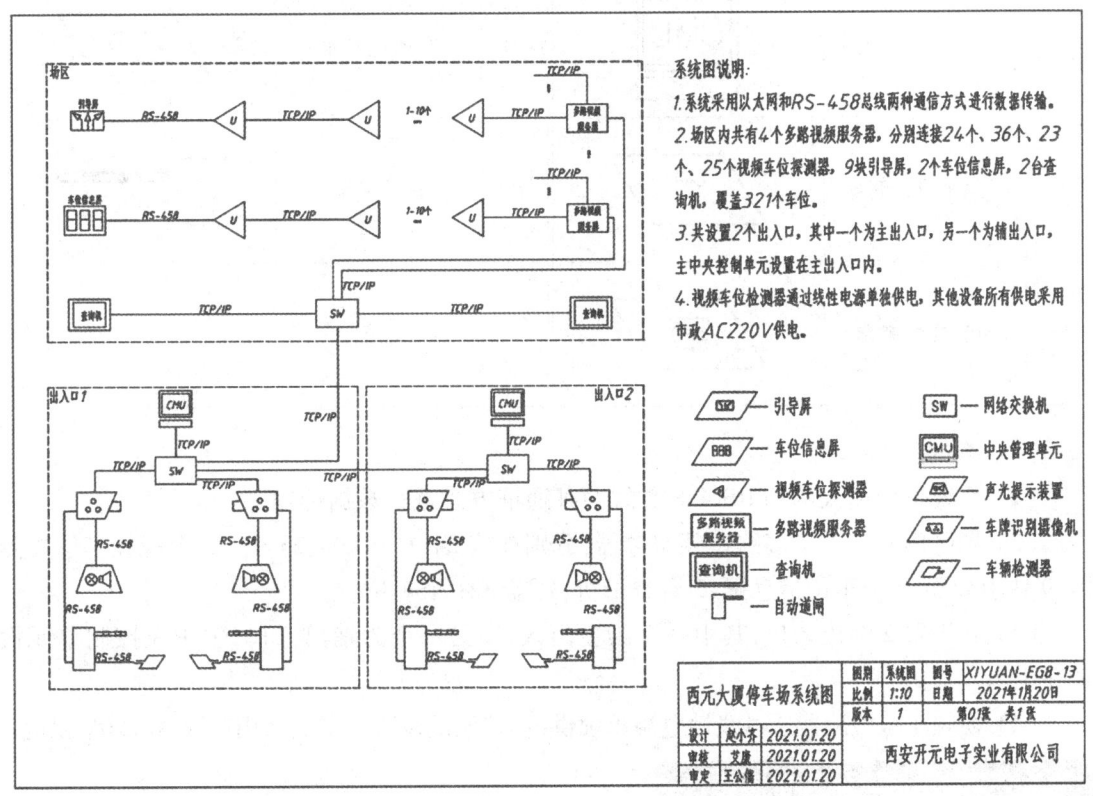

图 8-13　西元大厦停车场系统图

1. 图例说明

本系统图图例选取自《安全防范系统通用图形符号》(GA/T 74—2017)中停车场系统的相关图形符号,如表 8-1 所示。

表 8-1　　　　　　　　　　　　　停车场系统相关图形符号

序号	名称	图形符号	序号	名称	图形符号
1	引导屏		7	多路视频服务器	
2	网络交换机		8	车牌识别摄像机	
3	车位信息屏		9	查询机	
4	中央管理单元		10	车辆检测器	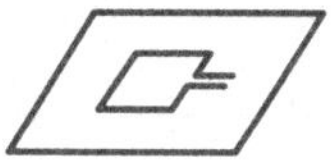
5	视频车位探测器		11	自动道闸	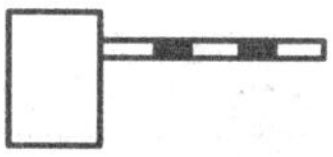
6	声光提示装置				

2．系统图说明

（1）系统采用以太网和 RS-458 总线两种通信方式进行数据传输。

（2）场区内共有 4 个多路视频服务器，分别连接 24 个、36 个、23 个、25 个视频车位探测器，9 块引导屏，2 个车位信息屏，2 台查询机，覆盖 321 个车位。

（3）共设置 2 个出入口，其中一个为主出入口，另一个为辅出入口，主中央控制单元设置在主出入口内。

（4）视频车位检测器通过线性电源单独供电，其他设备所有供电采用市政 AC220V 供电。

8.3.2　停车场系统施工图设计

1．出入口设备安装示意图

出入口设备在一起，且不需要岗亭时，通道长度和宽度决定着设备的安装方式，如果通道较长，路宽受限，则采用单排安装方式，即出入口设备成一字排列；如果通道长度受限，宽度不受限制，则采用并排安装方式。如图 8-14 所示为单排/并排安装示意图，图幅 A3（297 mm×420 mm），比例 1∶5。

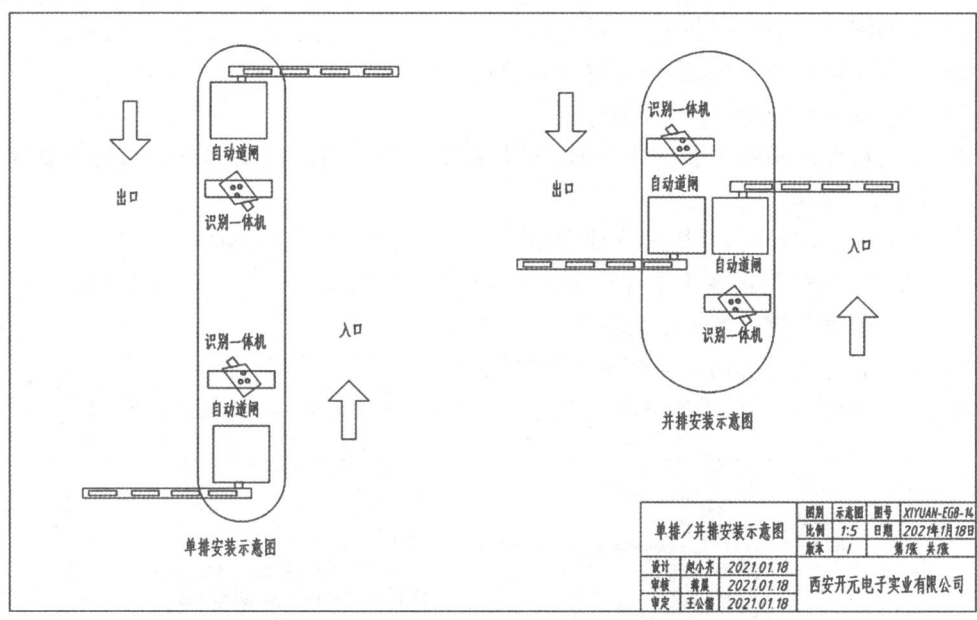

图 8-14 单排(左)/并排(右)安装示意图

2. 出入口设备安装施工图

完成系统图等设计资料后,停车场系统的基本结构和连接关系已经确定,需要进行设备布局、布线路由等施工图的设计。如图 8-15 所示为西元大厦停车场系统出入口设备布局图,图幅 A3(297 mm×420 mm),比例 1∶50。图纸中对安装施工说明如下:

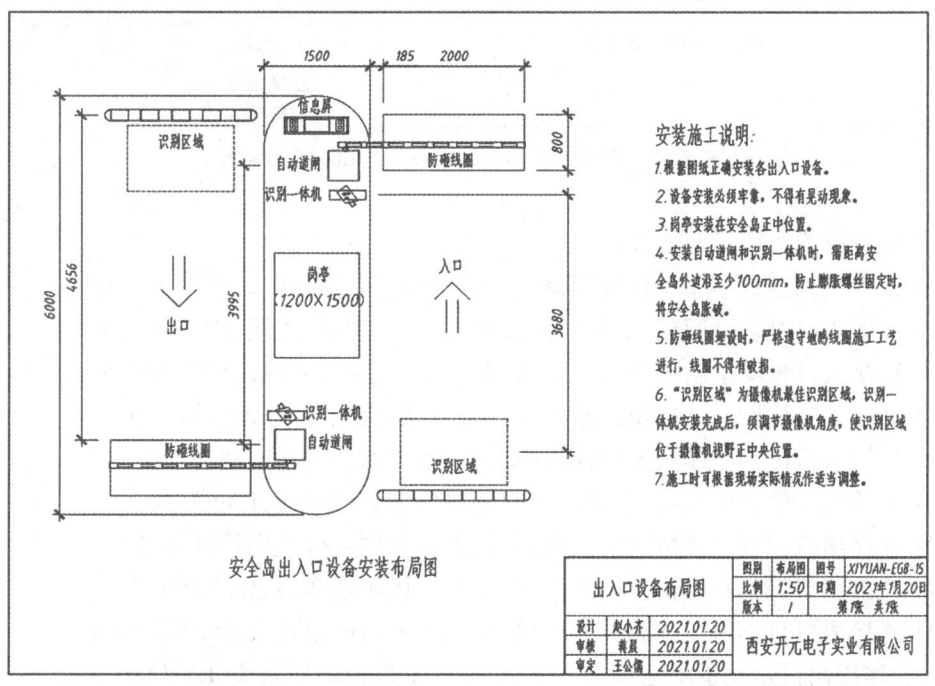

图 8-15 西元大厦停车场系统出入口设备布局图

(1)根据图纸正确安装各出入口设备。
(2)设备安装必须牢靠,不得有晃动现象。
(3)岗亭安装在安全岛正中位置。
(4)安装自动道闸和识别一体机时,须距离安全岛外边沿至少 100 mm,防止膨胀螺丝固定时,将安全岛胀破。
(5)防砸线圈埋设时,严格遵守地感线圈施工工艺进行,线圈不得有破损。
(6)"识别区域"为摄像机最佳识别区域,识别一体机安装完成后,须调节摄像机角度,使识别区域位于摄像机视野正中央位置。
(7)施工时可根据现场实际情况作适当调整。

如图 8-16 所示为出入口布线路由施工图,图幅 A3(297 mm×420 mm),比例 1∶50。

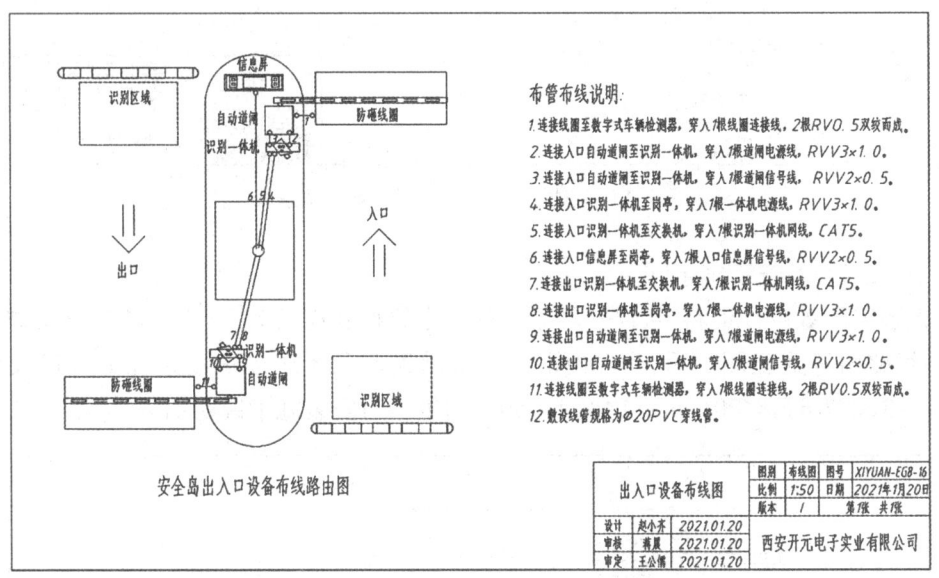

图 8-16 西元大厦停车场系统出入口布线路由图

图纸中对布管布线说明如下:
(1)连接线圈至数字式车辆检测器,穿入 1 根线圈连接线,2 根 RV0.5 双绞而成。
(2)连接入口自动道闸至识别一体机,穿入 1 根道闸电源线,RVV3×1.0。
(3)连接入口自动道闸至识别一体机,穿入 1 根道闸信号线,RVV2×0.5。
(4)连接入口识别一体机至岗亭,穿入 1 根一体机电源线,RVV3×1.0。
(5)连接入口识别一体机至交换机,穿入 1 根识别一体机网线,CAT5。
(6)连接入口信息屏至岗亭,穿入 1 根入口信息屏信号线,RVV2×0.5。
(7)连接出口识别一体机至交换机,穿入 1 根识别一体机网线,CAT5。
(8)连接出口识别一体机至岗亭,穿入 1 根一体机电源线,RVV3×1.0。
(9)连接出口自动道闸至识别一体机,穿入 1 根道闸电源线,RVV3×1.0。
(10)连接出口自动道闸至识别一体机,穿入 1 根道闸信号线,RVV2×0.5。
(11)连接线圈至数字式车辆检测器,穿入 1 根线圈连接线,2 根 RV0.5 双绞而成。

（12）敷设线管规格为 Φ20PVC 穿线管。

3. 场区设备安装施工平面图

施工图规定了系统设备、布线路由在施工现场中安装的具体位置,一般使用平面图。根据停车场建筑的结构布局,合理设计场区部分停车场平面图。如图 8-17 所示为场区部分设备安装施工平面图,图幅 A0(841 mm×1 189 mm),比例 1∶150。图纸中对安装施工说明如下：

（1）视频车位探测器 ◎ 通过桥架吸顶安装布线,安装过程中结合实际情况根据点位图进行安装,每个视频车位探测器覆盖 3 个车位,注意调整探测器角度,使每个车位都在探测器视野范围内部。

（2）探测器之间采用手拉手连接方式连接和供电,网线和电源线布置在桥架内部。

（3）多路视频服务器 1 负责采集 1 区域的 24 个探测器的数据,多路视频服务器 2 负责采集 2 区域和 3 区域的 36 个探测器的数据,多路视频服务器 3 负责采集 4 区域和 8 区域的 23 个探测器的数据,多路视频服务器 4 负责采集 5~7 区域的 25 个探测器的数据。

（4）各引导屏指示区域如下：

引导屏 1→↓指示 1 区域车位,←指示 5~8 区域车位,↑指示 2~4 区域车位；

引导屏 2→指示 2 区域车位,↑指示 3、4、8 区域车位；

引导屏 3→指示 3 区域车位,↑指示 4、8 区域车位；

引导屏 4→指示 4 区域车位,↑指示 8 区域车位；

引导屏 5→指示 6 区域车位,↑指示 7 区域车位；

引导屏 6←指示 6 区域车位,↑指示 7 区域车位；

引导屏 7↑指示 1、5、6、7、8 区域车位,→指示 2、3、4 区域车位；

引导屏 8←指示 2 区域车位,↑指示 3、4 区域车位；

引导屏 9←指示 4 区域车位,↑指示 4 区域车位。

8.4 出入口控制系统工程设计案例

出入口控制系统是智能建筑重要的安全技术防范设施,是采用现代电子技术与信息技术,对建筑物、建筑群、特殊场所等出入目标实行管制的智能化系统。它一般设计安装在建筑物/建筑群的各个出入口部位,对出入目标实行管制,其功能直接影响着智能建筑的使用,也直接关系到智能建筑在使用过程中的舒适性和人性化程度。

本节将介绍西元小区工程设计案例,包括出入口控制系统图、平面示意图、立面示意图。更多专业知识请参考《出入口控制系统工程实用技术》(王公儒主编,中国铁道出版社,ISBN 978-7-113-26725-4)。

8.4.1 出入口控制系统图

系统图的功能就是直观清晰地反映出入口控制系统的主要组成部分和连接关系,必须

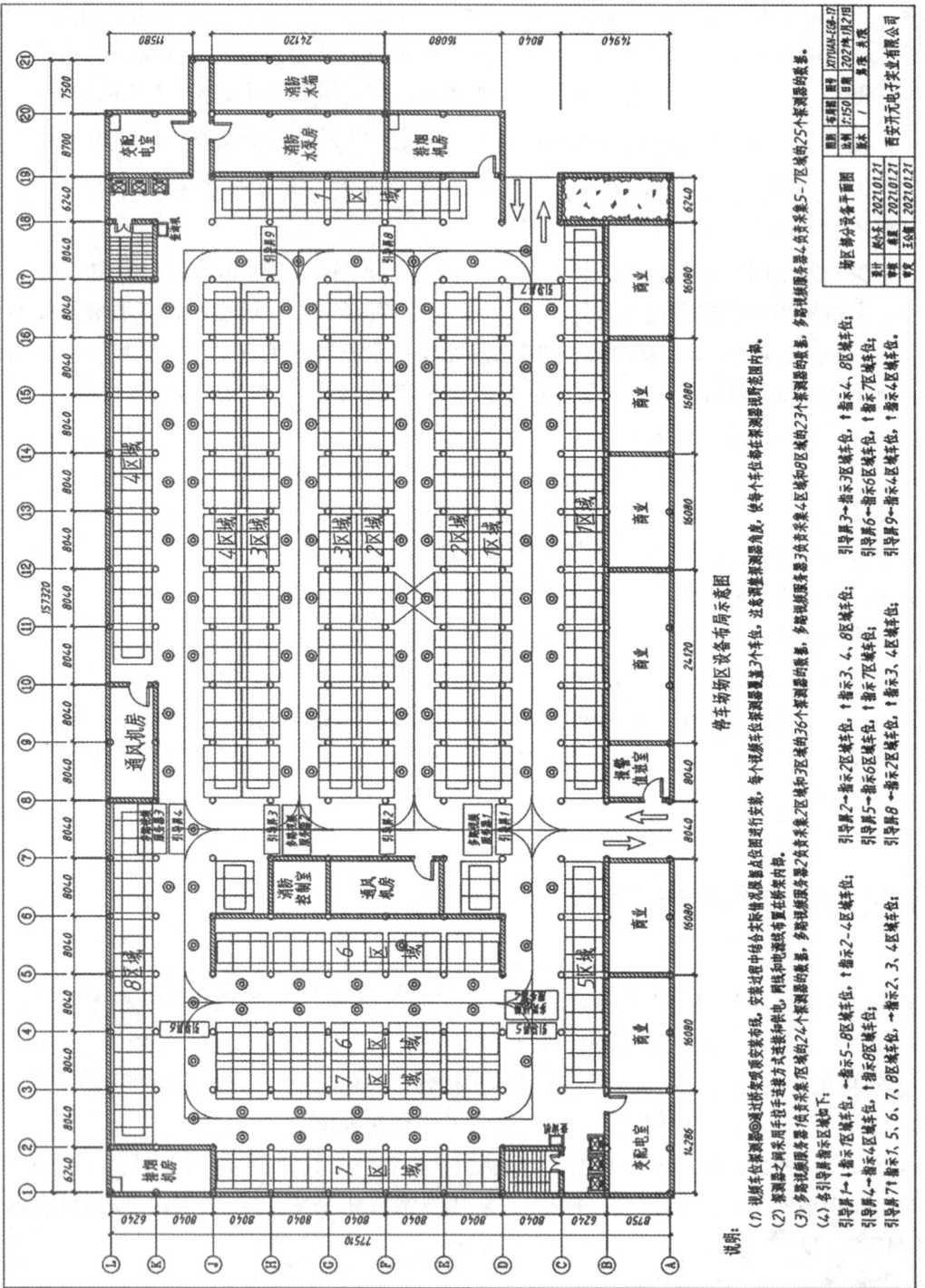

图 8-17 场区部分设备安装施工平面图

在图中清楚标明各种设备之间的连接关系,包括出入口智能通道闸、人脸识别机、传输设备、管理设备等。系统图一般不考虑设备的具体位置、距离等详细情况。如图 8-18 所示为西元小区出入口控制系统图,图幅 A3(297 mm×420 mm),比例 1∶5。

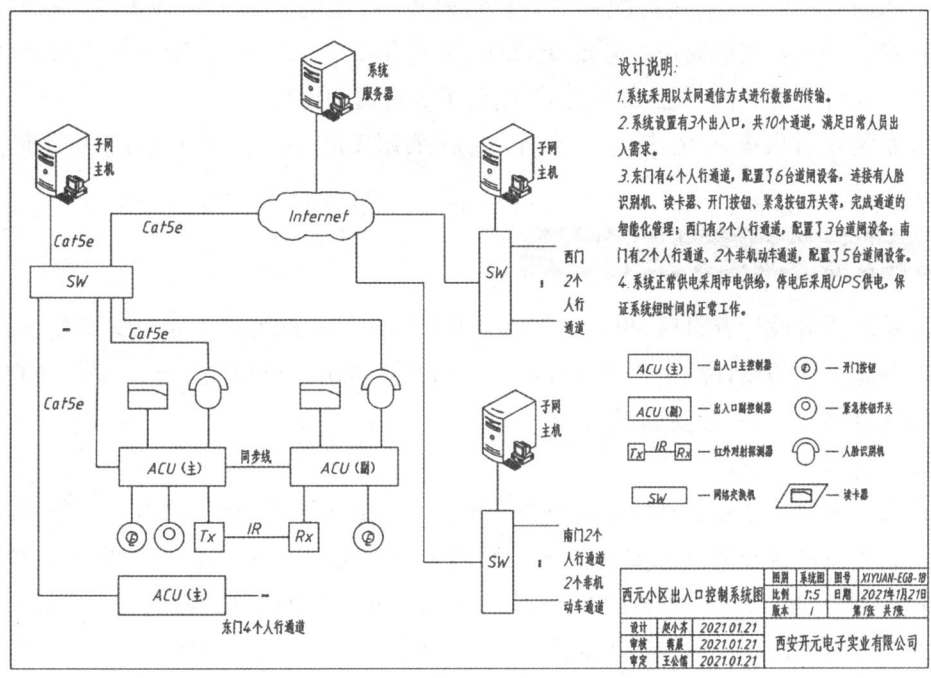

图 8-18　西元小区出入口控制系统图

西元小区出入口控制系统图的图例与说明如下。

1. 图例说明

本系统图图例选取自《安全防范系统通用图形符号》(GA/T 74—2017)中停车场系统的相关图形符号,如表 8-2 所示。

表 8-2　　　　　　　　　　出入口控制系统相关图形符号

序号	名称	图形符号	序号	名称	图形符号
1	出入口主控制器	ACU(主)	5	开门按钮	E
2	出入口副控制器	ACU(副)	6	紧急按钮开关	◎
3	红外对射探测器	Tx —IR— Rx	7	人脸识别机	
4	网络交换机	SW	8	读卡器	

2. 设计说明

（1）系统采用以太网通信方式进行数据的传输。

（2）系统设置有 3 个出入口，共 10 个通道，满足日常人员出入需求。

（3）东门有 4 个人行通道，配置了 6 台道闸设备，连接有人脸识别机、读卡器、开门按钮、紧急按钮开关等，完成通道的智能化管理；西门有 2 个人行通道，配置了 3 台道闸设备；南门有 2 个人行通道、2 个非机动车通道，配置了 5 台道闸设备。

（4）系统正常供电采用市电供给，停电后采用 UPS 供电，保证系统短时间内正常工作。

8.4.2 出入口控制系统施工图设计

完成系统图等设计资料后，出入口控制系统的基本结构和连接关系已经确定，需要进行设备布局等施工图的设计。施工图设计的目的就是规定出入口控制系统相关设备在建筑区域中安装的具体位置，一般使用平面图。

1. 东门出入口通道

东门为人车并行通道，小区内部车辆的出入口也在该处，结合车辆出入口的实际情况，设置人行出入口设备及通道的安装位置。如图 8-19 所示为西元小区东门出入口控制系统的平面示意图，图幅 A3（297 mm×420 mm），比例 1∶60。如图 8-20 所示为其立面示意图，图幅 A3（297 mm×420 mm），比例 1∶60。

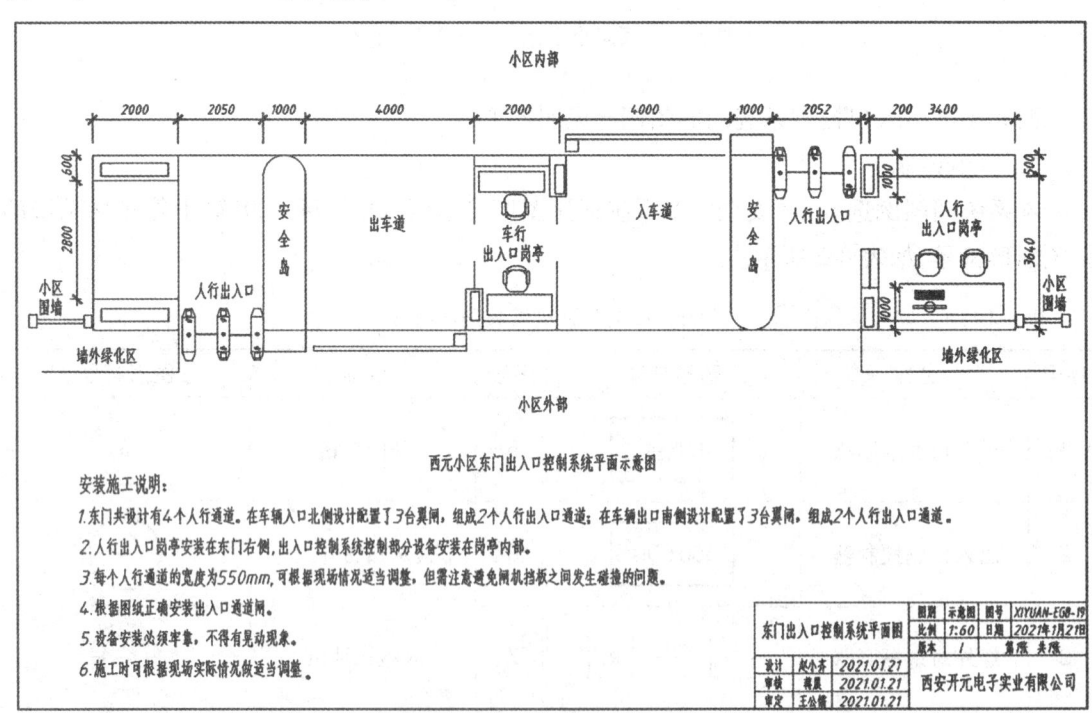

图 8-19　西元小区东门出入口控制系统平面图

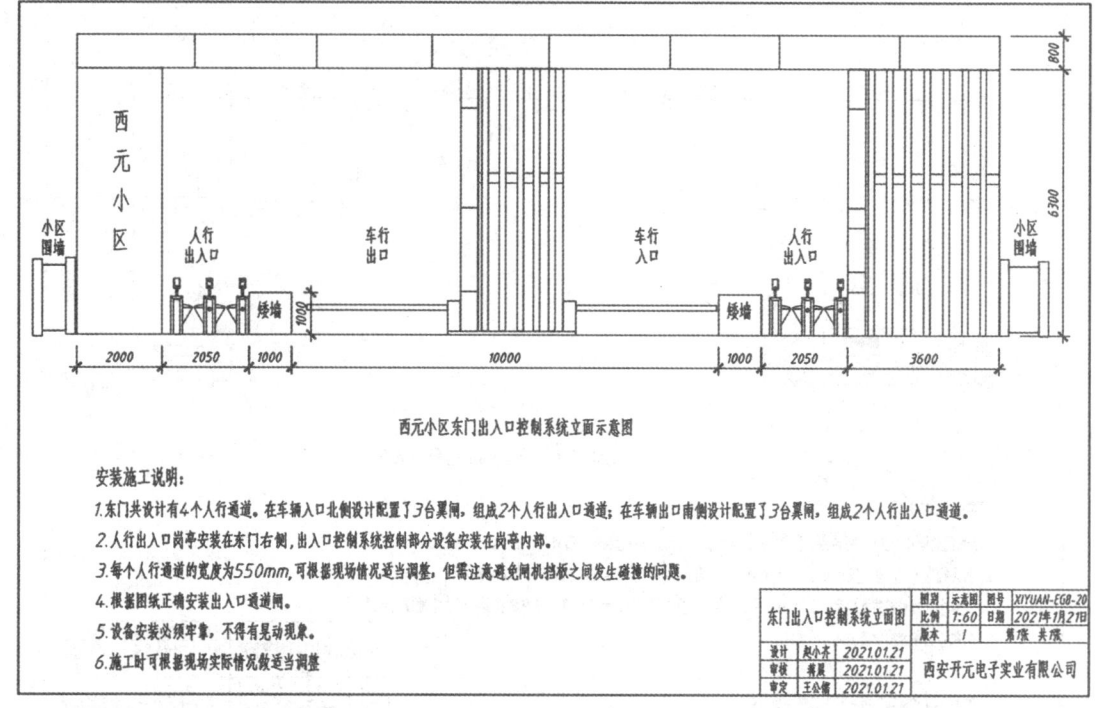

图 8-20　西元小区东门出入口控制系统立面图

东门出入口通道安装施工说明。

（1）东门共设计有 4 个人行通道。在车辆入口北侧设计配置了 3 台翼闸，组成 2 个人行出入口通道；在车辆出口南侧设计配置了 3 台翼闸，组成 2 个人行出入口通道。

（2）人行出入口岗亭安装在东门右侧位置，出入口控制系统控制部分设备安装在岗亭内部。

（3）每个人行通道的宽度为 550 mm，可根据现场情况适当调整，但需注意避免闸机挡板之间发生碰撞的问题。

（4）根据图纸正确安装出入口通道闸。

（5）设备安装必须牢靠，不得有晃动现象。

（6）施工时可根据现场实际情况做适当调整。

2. 西门出入口通道

西门为人行及消防通道，小区的消防通道也在该处，结合消防通道的实际情况，设置人行出入口设备及通道的安装位置。

如图 8-21 所示为西元小区西门出入口控制系统的平面示意图，图幅 A3（297 mm×420 mm），比例 1∶60。如图 8-22 所示为其立面示意图，图幅 A3（297 mm×420 mm），比例 1∶60。

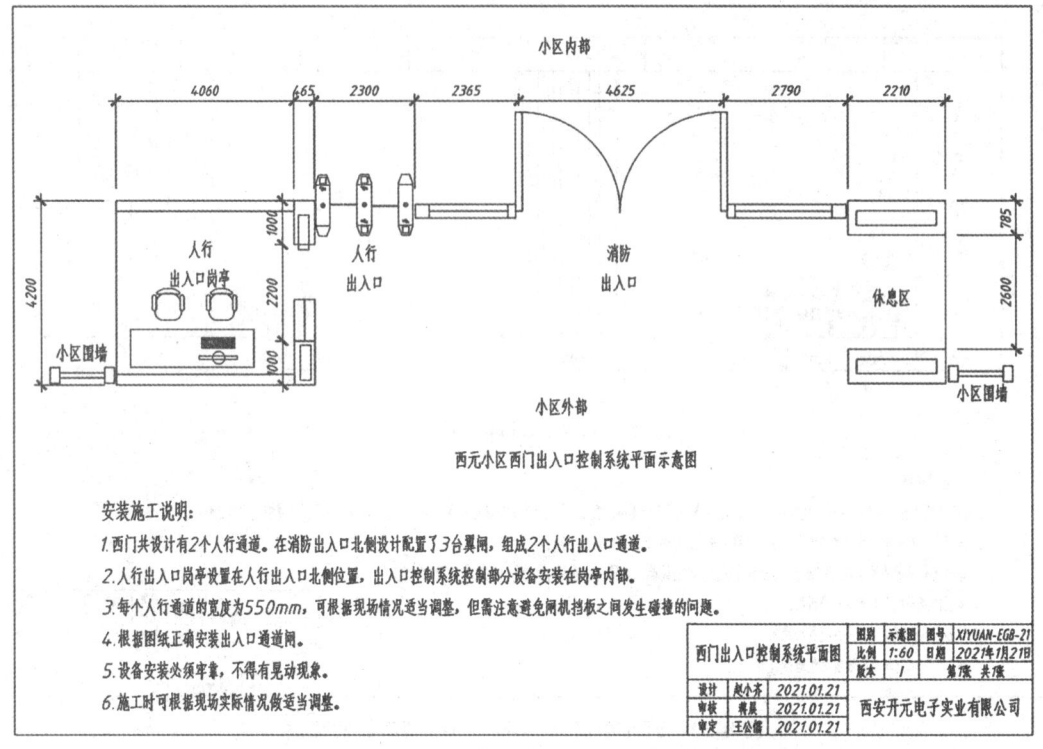

图 8-21　西元小区西门出入口控制系统平面图

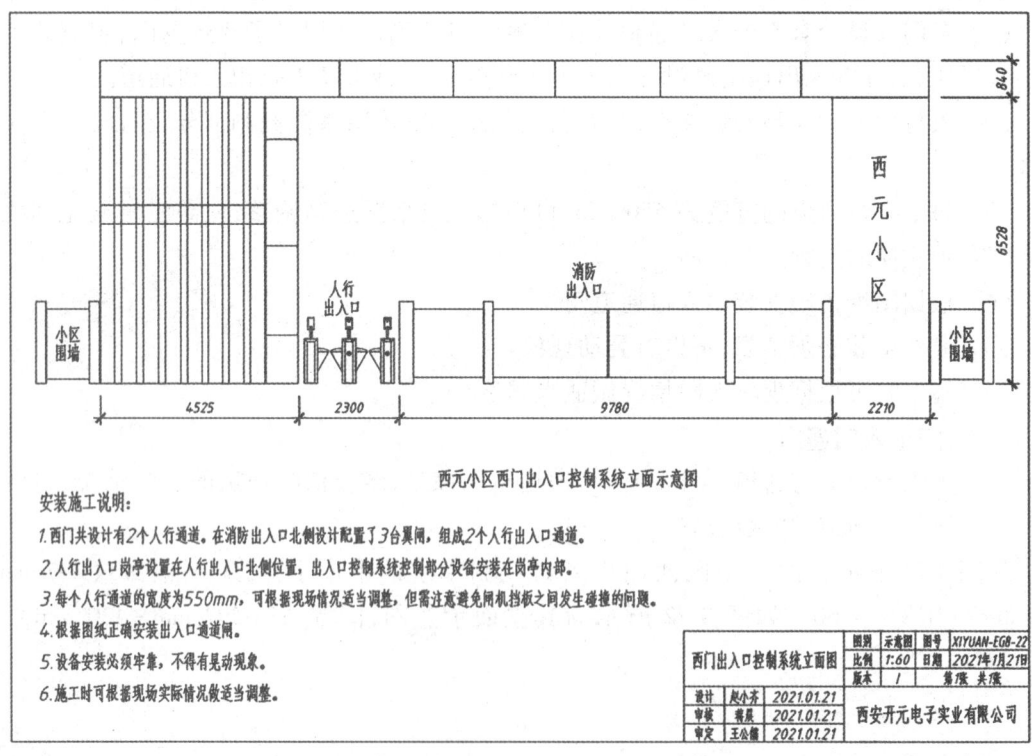

图 8-22　西元小区西门出入口控制系统立面图

西门出入口通道安装施工说明。

（1）西门共设计有 2 个人行通道。在消防出入口北侧设计配置了 3 台翼闸，组成 2 个人行出入口通道。

（2）人行出入口岗亭设置在人行出入口北侧位置，出入口控制系统控制部分设备安装在岗亭内部。

（3）每个人行通道的宽度为 550 mm，可根据现场情况适当调整，但需注意避免闸机挡板之间发生碰撞的问题。

（4）根据图纸正确安装出入口通道闸。

（5）设备安装必须牢靠，不得有晃动现象。

（6）施工时可根据现场实际情况做适当调整。

3. 南门出入口通道

南门为人行及非机动车通道，设置有 2 个人行通道和 2 个非机动车通道。如图 8-23 所示为西元小区南门出入口控制系统的平面示意图，图幅 A3（297 mm×420 mm），比例 1∶60。如图 8-24 所示为其立面示意图，图幅 A3（297 mm×420 mm），比例 1∶60。

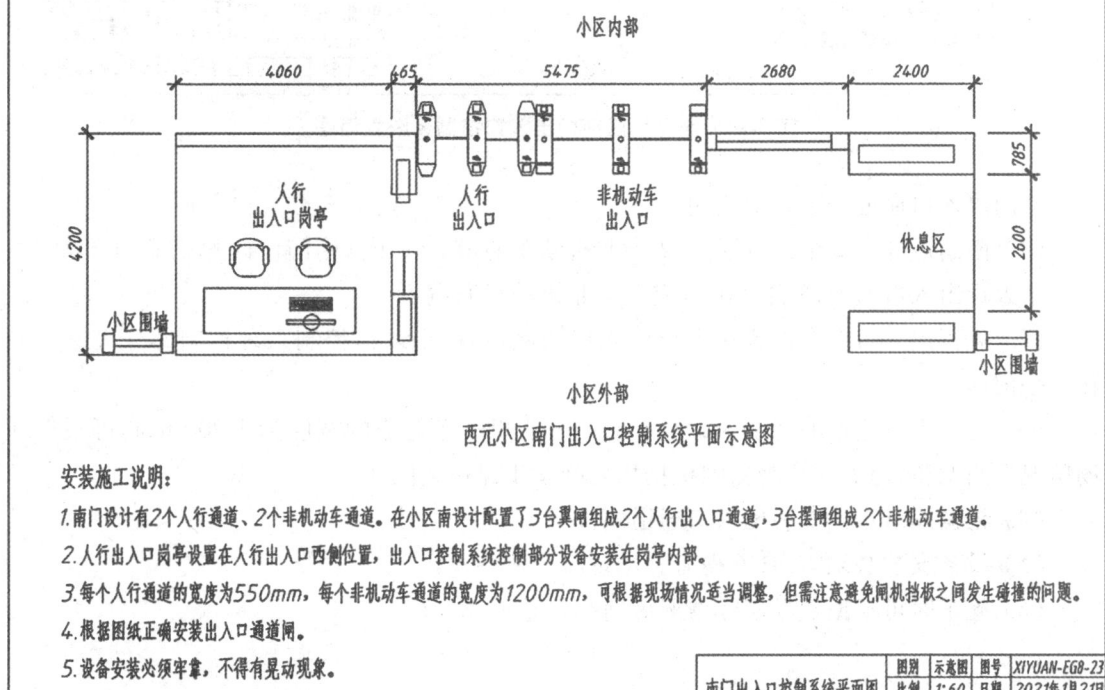

图 8-23　西元小区南门出入口控制系统平面图

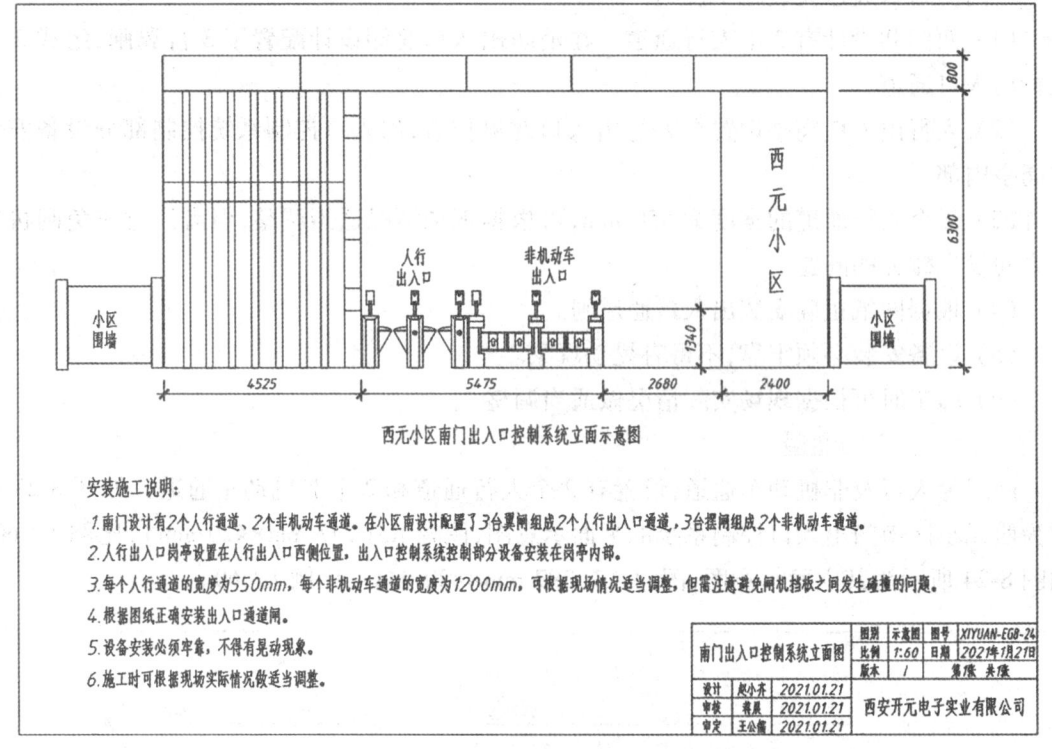

图 8-24 西元小区南门出入口控制系统立面图

西门出入口通道安装施工说明。

（1）南门设计有 2 个人行通道、2 个非机动车通道。在小区南门设计配置了 3 台翼闸组成 2 个人行出入口通道，3 台摆闸组成 2 个非机动车通道。

（2）人行出入口岗亭设置在人行出入口西侧位置，出入口控制系统控制部分设备安装在岗亭内部。

（3）每个人行通道的宽度为 550 mm，每个非机动车通道的宽度为 1 200 mm，可根据现场情况适当调整，但需注意避免闸机挡板之间发生碰撞的问题。

（4）根据图纸正确安装出入口通道闸。

（5）设备安装必须牢靠，不得有晃动现象。

（6）施工时可根据现场实际情况做适当调整。

单元九 信息技术系统设计实例

教学任务

本单元将通过多种不同类型的实际工程案例图来进行信息技术系统设计图展示。

技能目标

(1) 了解不同场合信息技术系统 CAD 图纸应用。
(2) 读懂各种工程所用 CAD 系统图、拓扑图、施工图等。
(3) 能够独立完成一套完整的工程图纸设计绘制。

9.1 西安西元电子科技有限公司平面图

西安西元电子科技有限公司生产基地位于西安高新区草堂科技产业园,工程一期建设项目为 1 栋研发楼和 2 栋厂房,全部为框架结构,总建筑面积为 12 000 m²。其中 1 号研发楼为地上 4 层,地下 1 层,建筑面积为 5 340 m²;2 号生产厂房和 3 号生产厂房均为 3 层,建筑面积均为 3 300 m²。

本节将展示企业网络拓扑图、研发楼一层弱电平面图和生产厂房一层照明平面图。

9.1.1 西元公司网络拓扑图

图幅 A2(594 mm×420 mm),如图 9-1 所示。

9.1.2 西元研发楼一层弱电平面图

图幅 A2 加长(743 mm×420 mm),比例 1∶100,如图 9-2 所示。

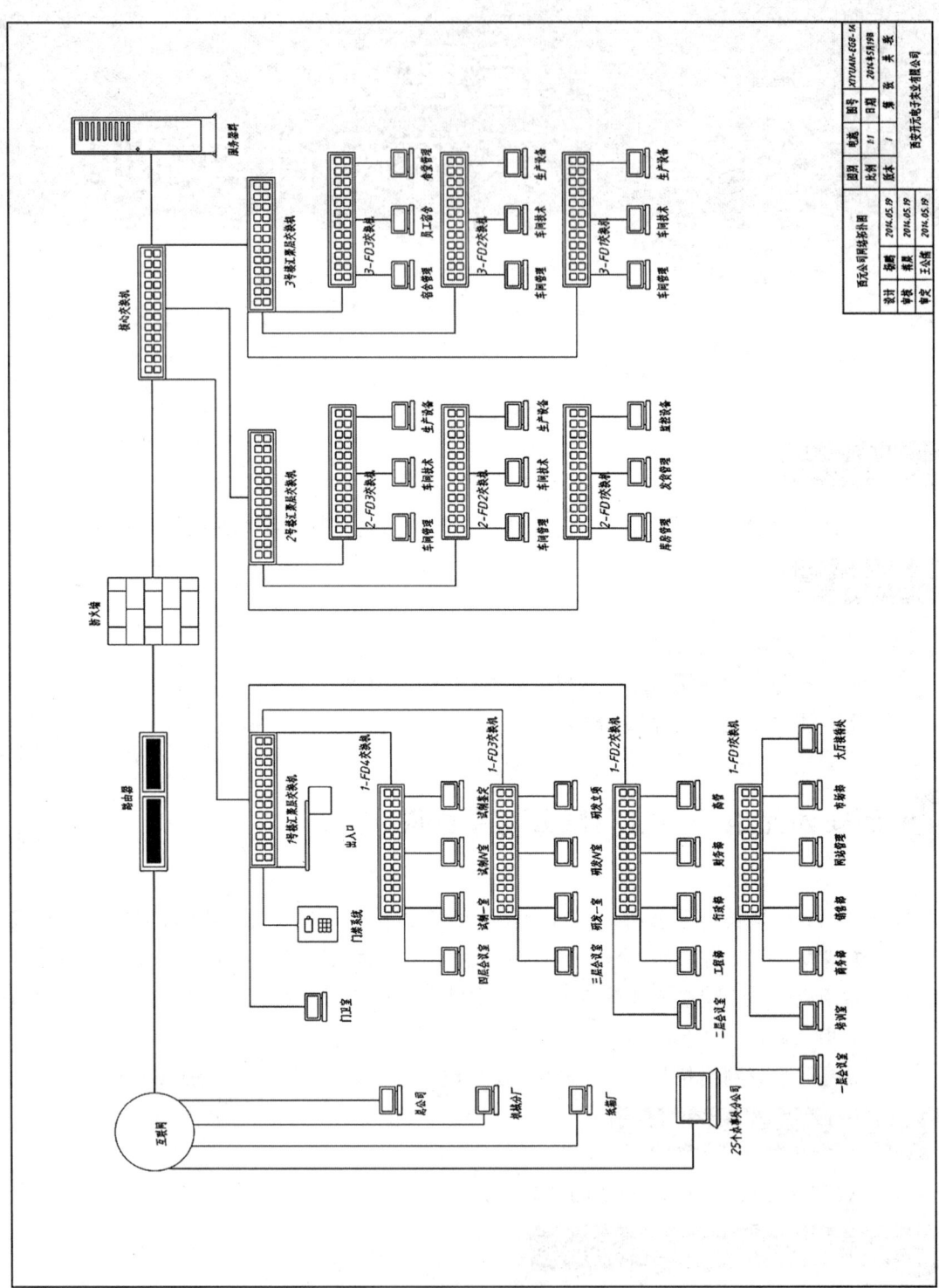

图 9-1 西元公司网络拓扑图

单元九 信息技术系统设计实例

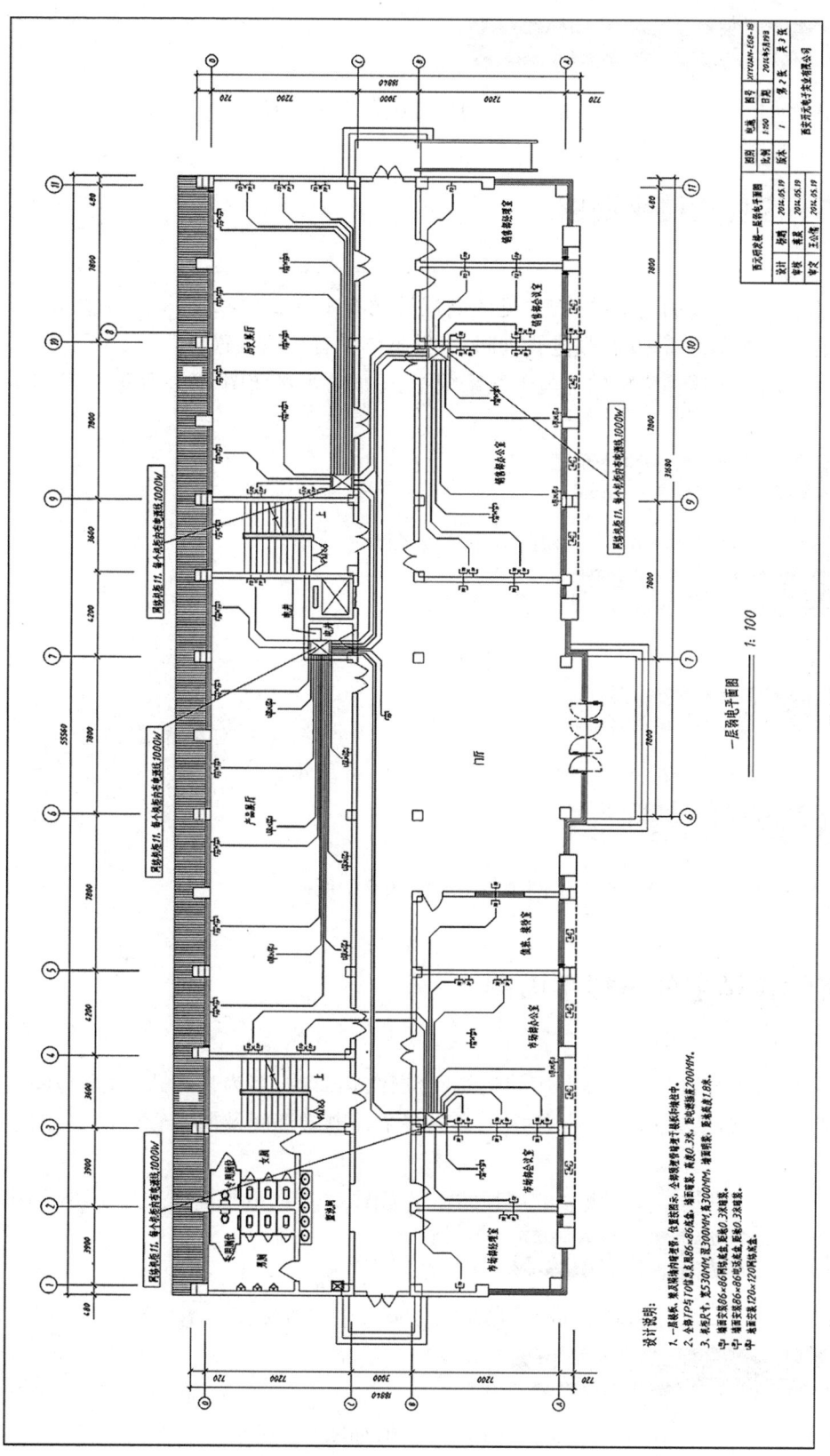

图 9-2 西元研发楼一层弱电平面图

9.1.3 西元生产厂房一层照明平面图

图幅 A2 加长(743 mm×420 mm),比例 1∶100,如图 9-3 所示。

9.2 某小区住宅楼平面图

小区住宅楼是典型的高层结构,常见的高层结构有 1 梯 2 户、2 梯 4 户、2 梯 6 户等,每个楼层设有单独的弱电管理间、强电管理间,大楼整体设有接地装置。

本节将展示某小区住宅楼的配电干线系统图、屋顶防雷平面图、一层照明平面图和一层弱电平面图。

9.2.1 住宅配电干线系统图

图幅 A1(841 mm×594 mm),比例 1∶100,如图 9-4 所示。

9.2.2 住宅屋顶防雷平面图

图幅 A2(594 mm×420 mm),比例 1∶100,如图 9-5 所示。

9.2.3 住宅一层照明平面图

图幅 A2(594 mm×420 mm),比例 1∶100,如图 9-6 所示。

9.2.4 住宅一层弱电平面图

图幅 A2(594 mm×420 mm),比例 1∶100,如图 9-7 所示。

9.3 某学校学生公寓楼平面图

学生公寓为典型的多层密集型房间建筑,楼层结构简单,多为长廊式,多个房间结构相同,线性排列。根据楼层面积大小,选用 1 个或多个强电管理间及弱电管理间,公寓楼整体设有接地装置。

本节将展示某学校学生公寓楼的屋顶防雷平面图、一层弱电平面图和一层照明平面图。

9.3.1 学生公寓屋顶防雷平面图

图幅 A2 加长(743 mm×420 mm),比例 1∶100,如图 9-8 所示。

9.3.2 学生公寓一层弱电平面图

图幅 A2 加长(743 mm×420 mm),比例 1∶100,如图 9-9 所示。

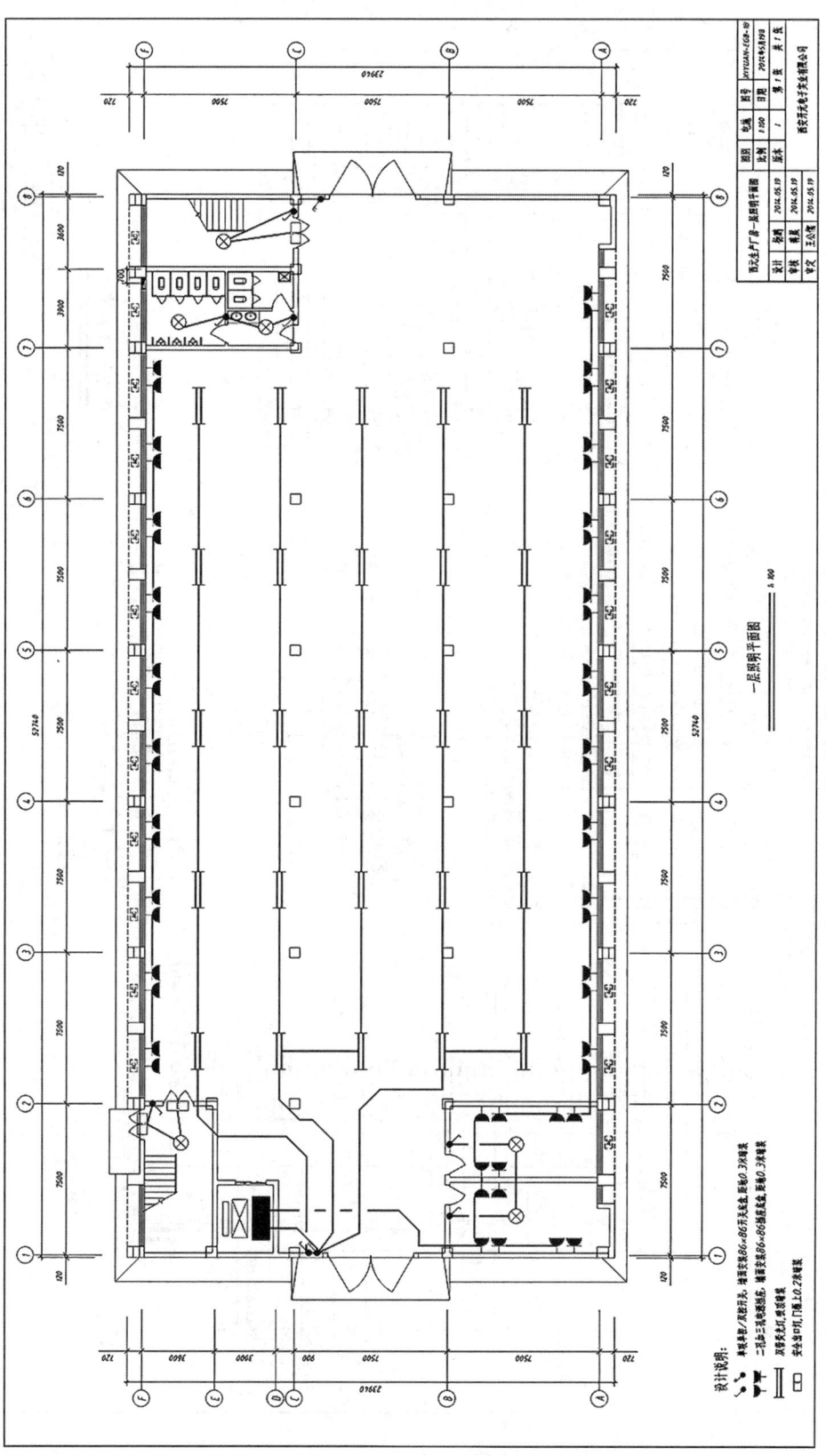

图 9-3 西元生产厂房一层照明平面图

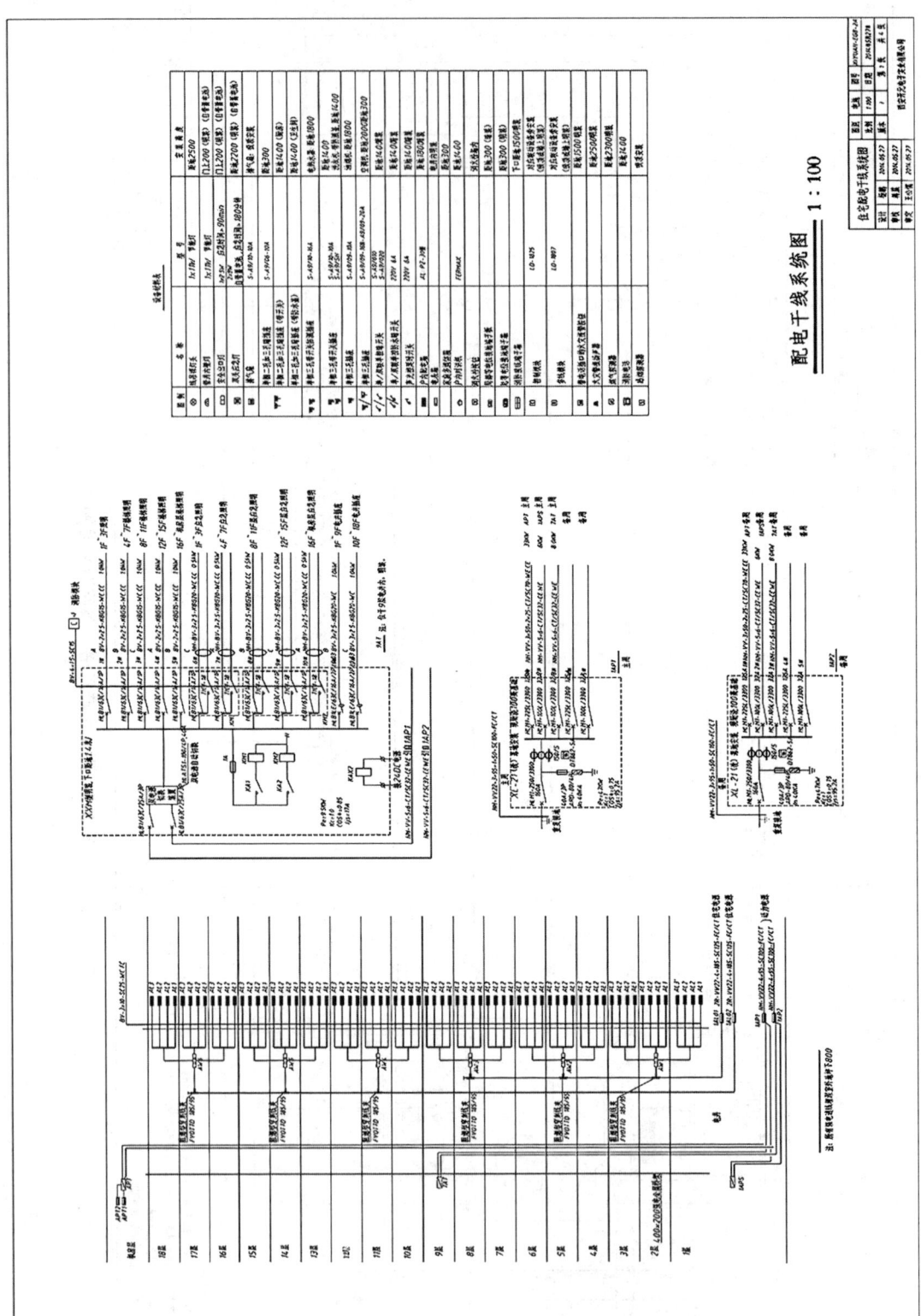

图 9-4 住宅配电干线系统图

单元九 信息技术系统设计实例

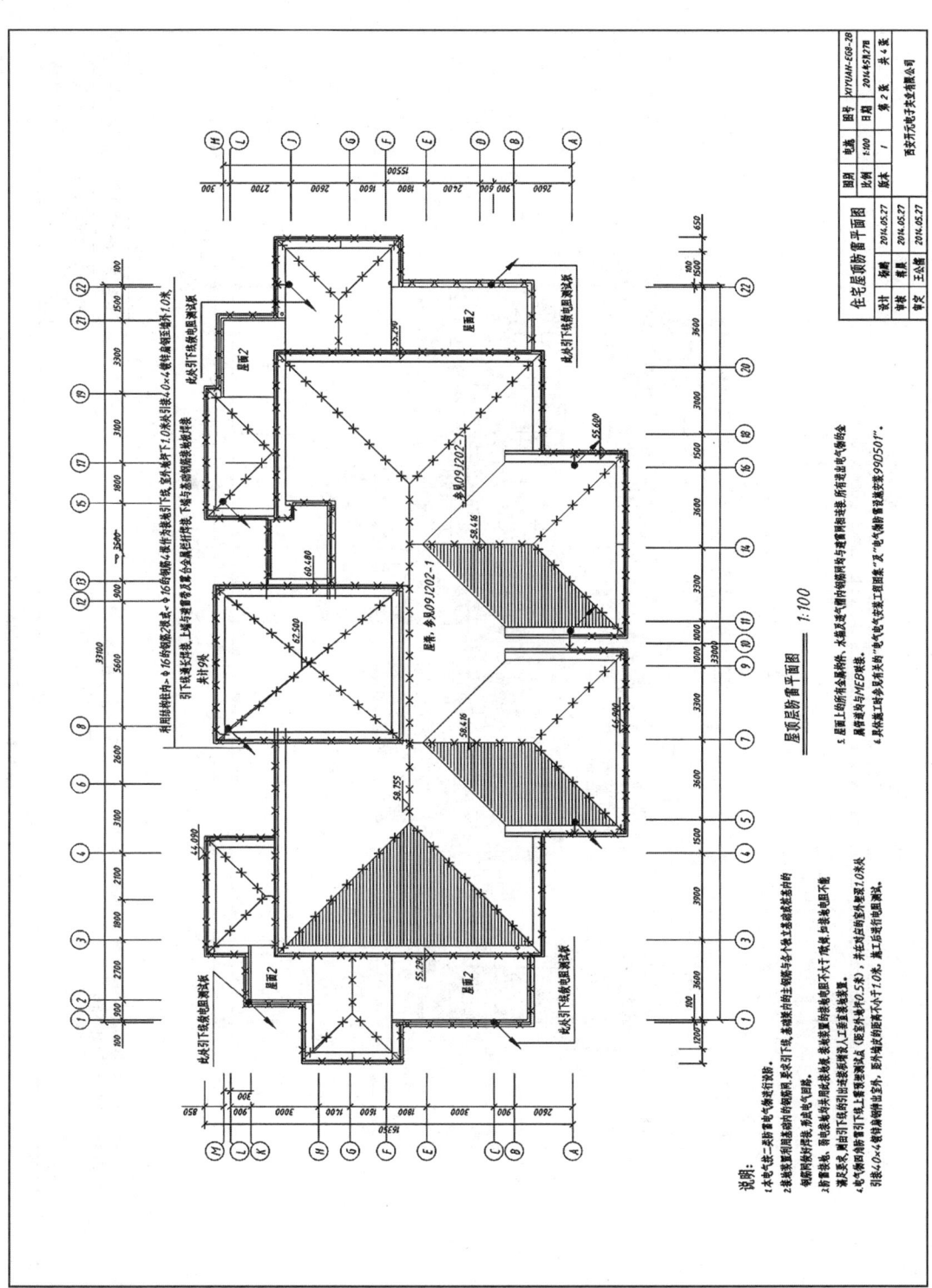

图9-5 住宅屋顶防雷平面图

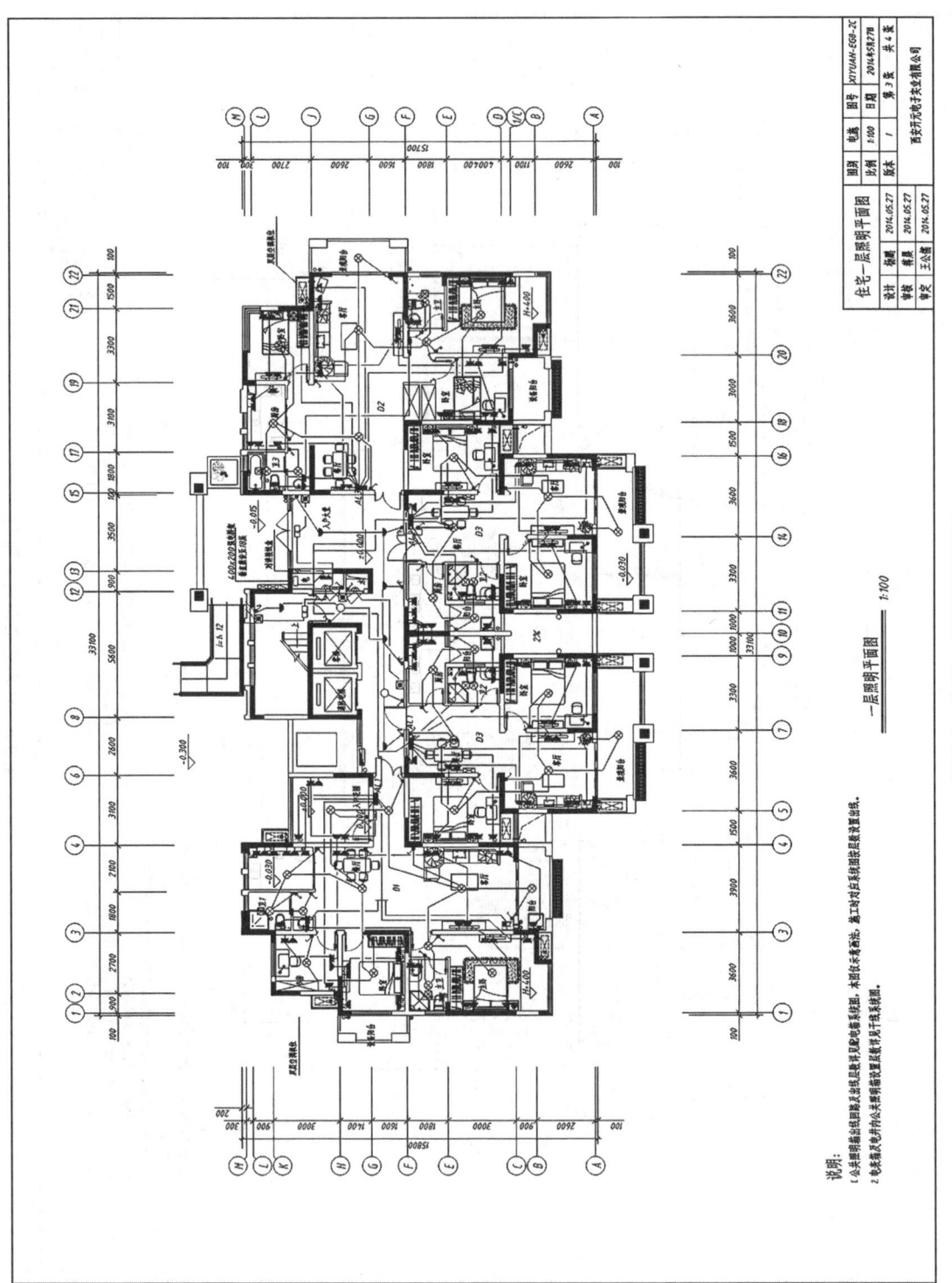

图 9-6 住宅一层照明平面图

单元九 信息技术系统设计实例

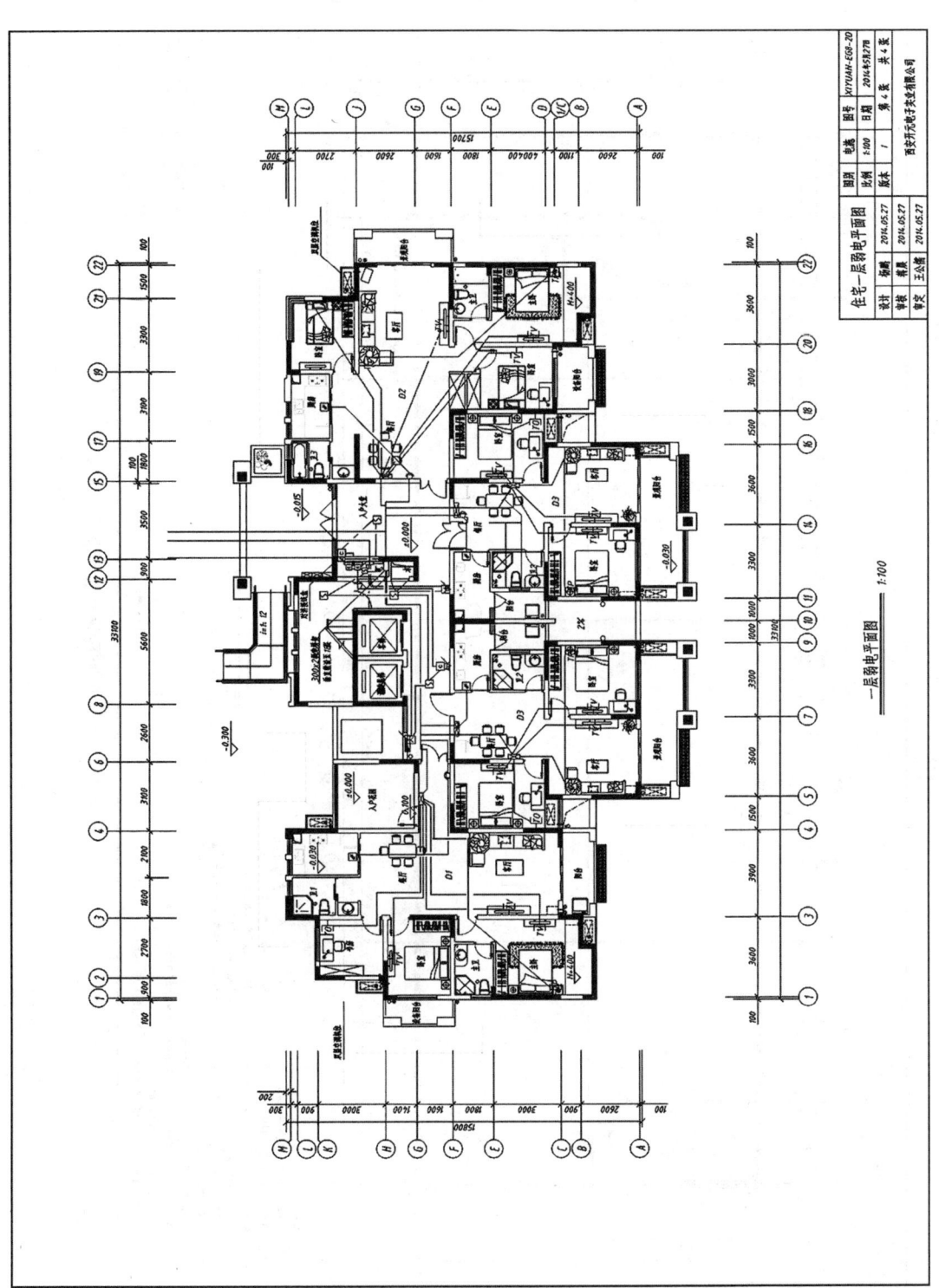

图 9-7 住宅一层弱电平面图

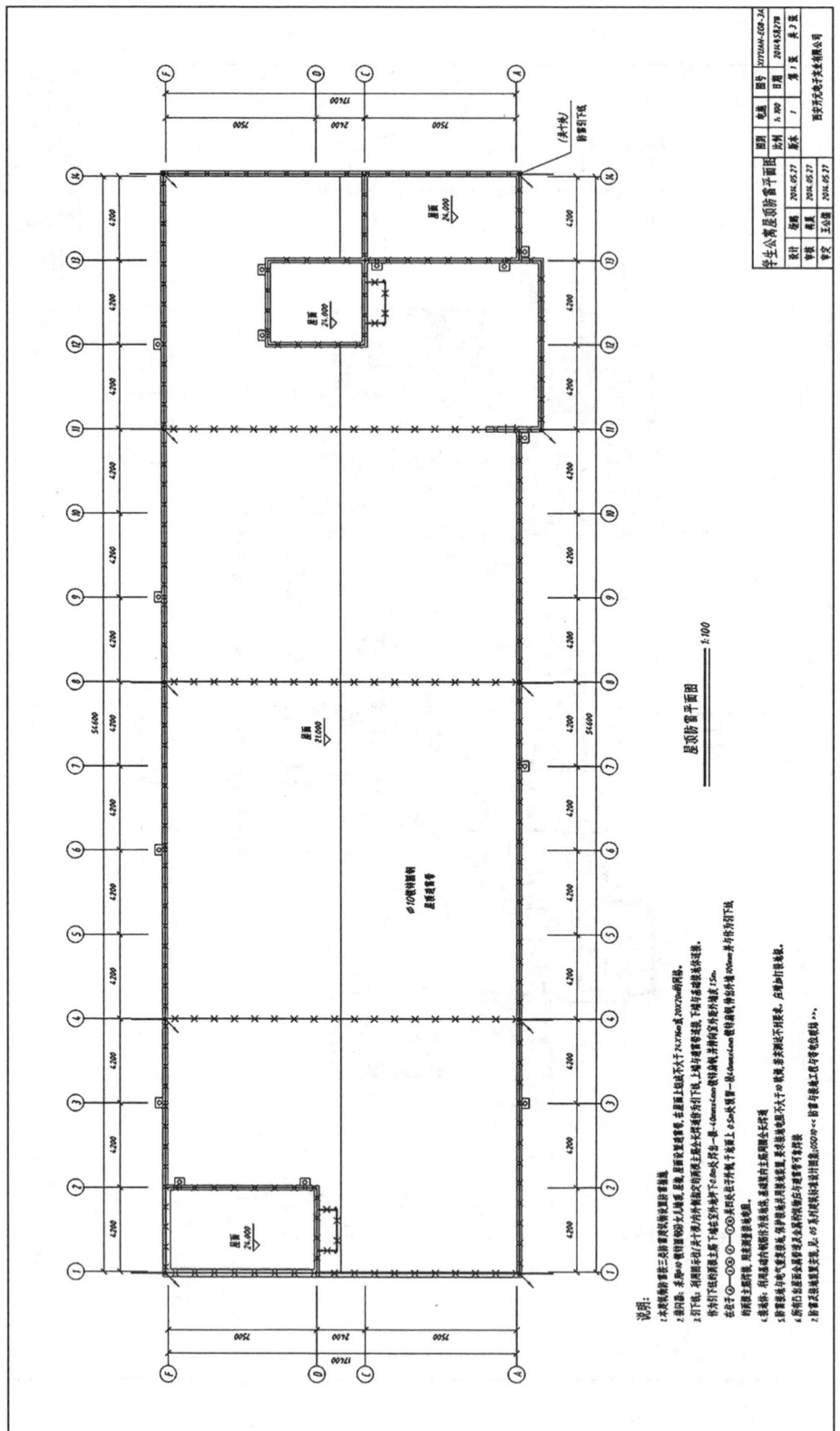

图 9-8 学生公寓屋顶防雷平面图

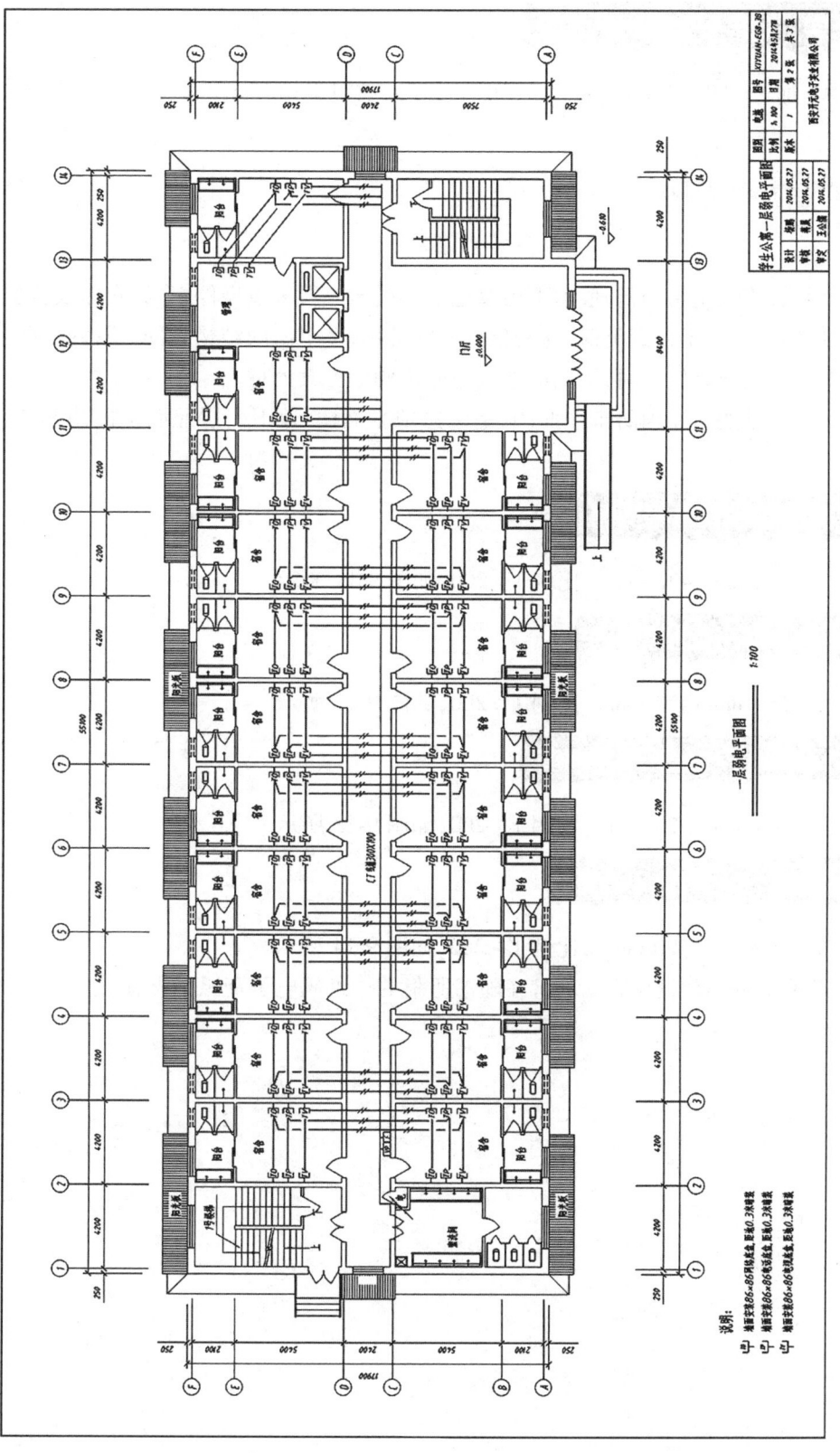

图 9-9 学生公寓一层弱电平面图

9.3.3 学生公寓一层照明平面图

图幅 A2 加长(743 mm×420 mm),比例 1∶100,如图 9-10 所示。

9.4 某酒店平面图

酒店为复合式建筑结构,一般地下层及地上一层至二层多设有停车场、仓库及各类管理中心等,上层结构与学生公寓类似,为密集型房间结构,多个房间结构相同,线性排列。在强电系统和弱电系统设计施工时,不同的楼层应做不同的方案处理。

本节将展示某酒店屋顶防雷平面图、地下接地平面图、地下一层照明平面图和 25 层弱电平面图。

9.4.1 酒店屋顶防雷平面图

图幅 A2(594 mm×420 mm),比例 1∶200,如图 9-11 所示。

9.4.2 酒店地下接地平面图

图幅 A2(594 mm×420 mm),比例 1∶200,如图 9-12 所示。

9.4.3 酒店地下一层照明平面图

图幅 A2(594 mm×420 mm),比例 1∶200,如图 9-13 所示。

9.4.4 酒店 25 层弱电平面图

图幅 A3(297 mm×420 mm),比例 1∶200,如图 9-14 所示。

所有案例 AutoCAD 设计原图均可在随书所附的二维码电子资源中查看。

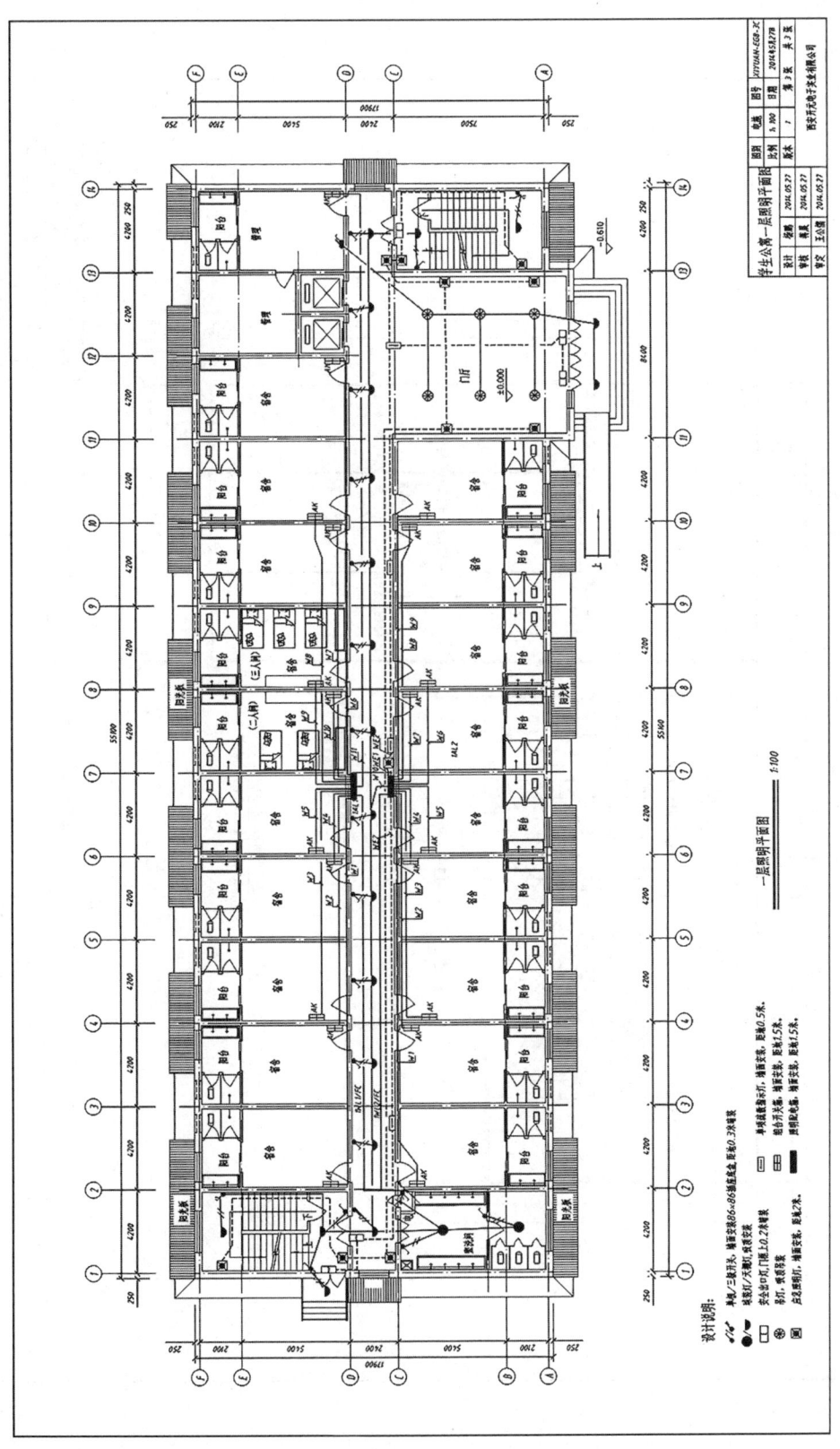

图 9-10 学生公寓一层照明平面图

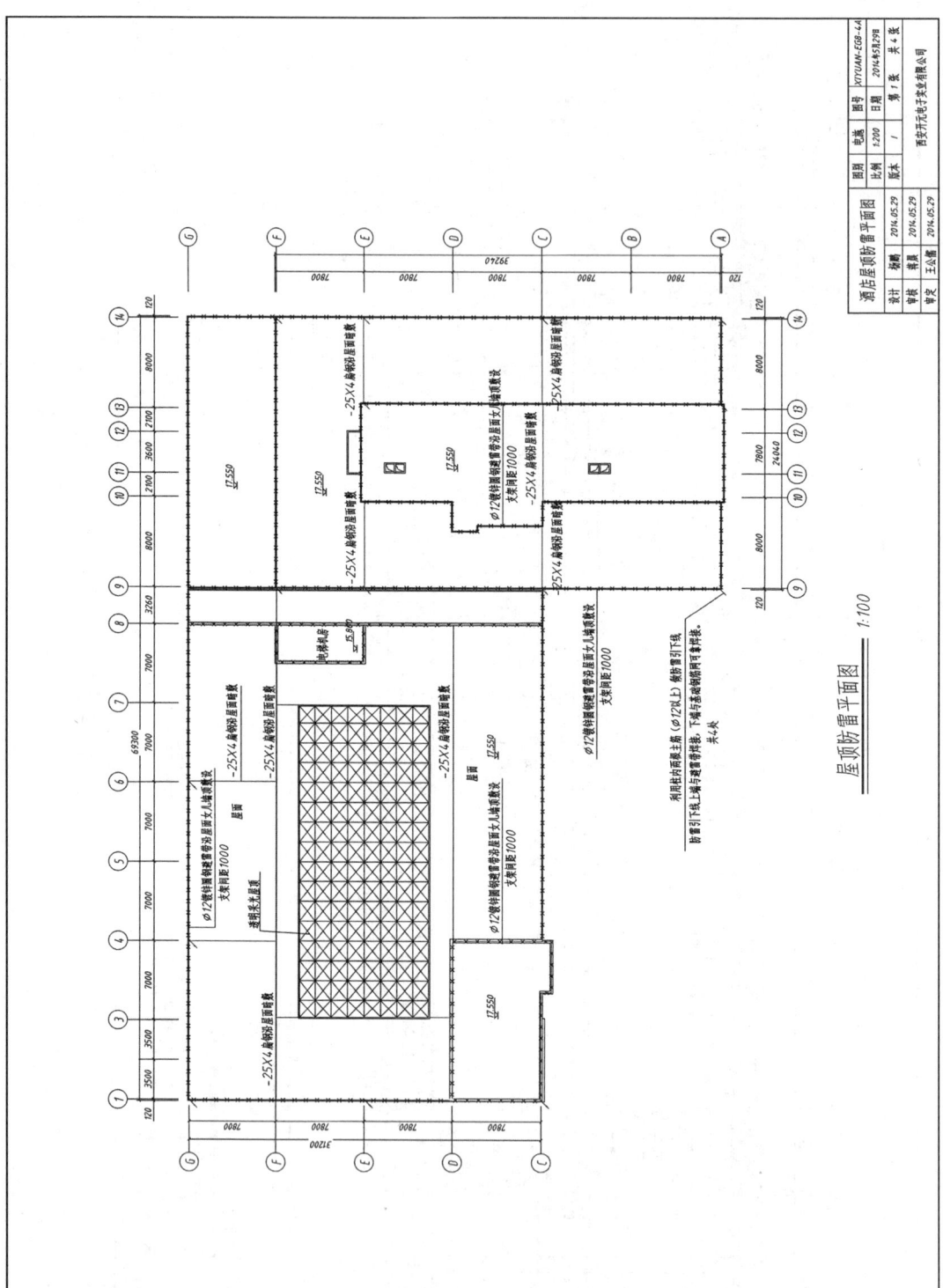

图 9-11 酒店屋顶防雷平面图

单元九 信息技术系统设计实例

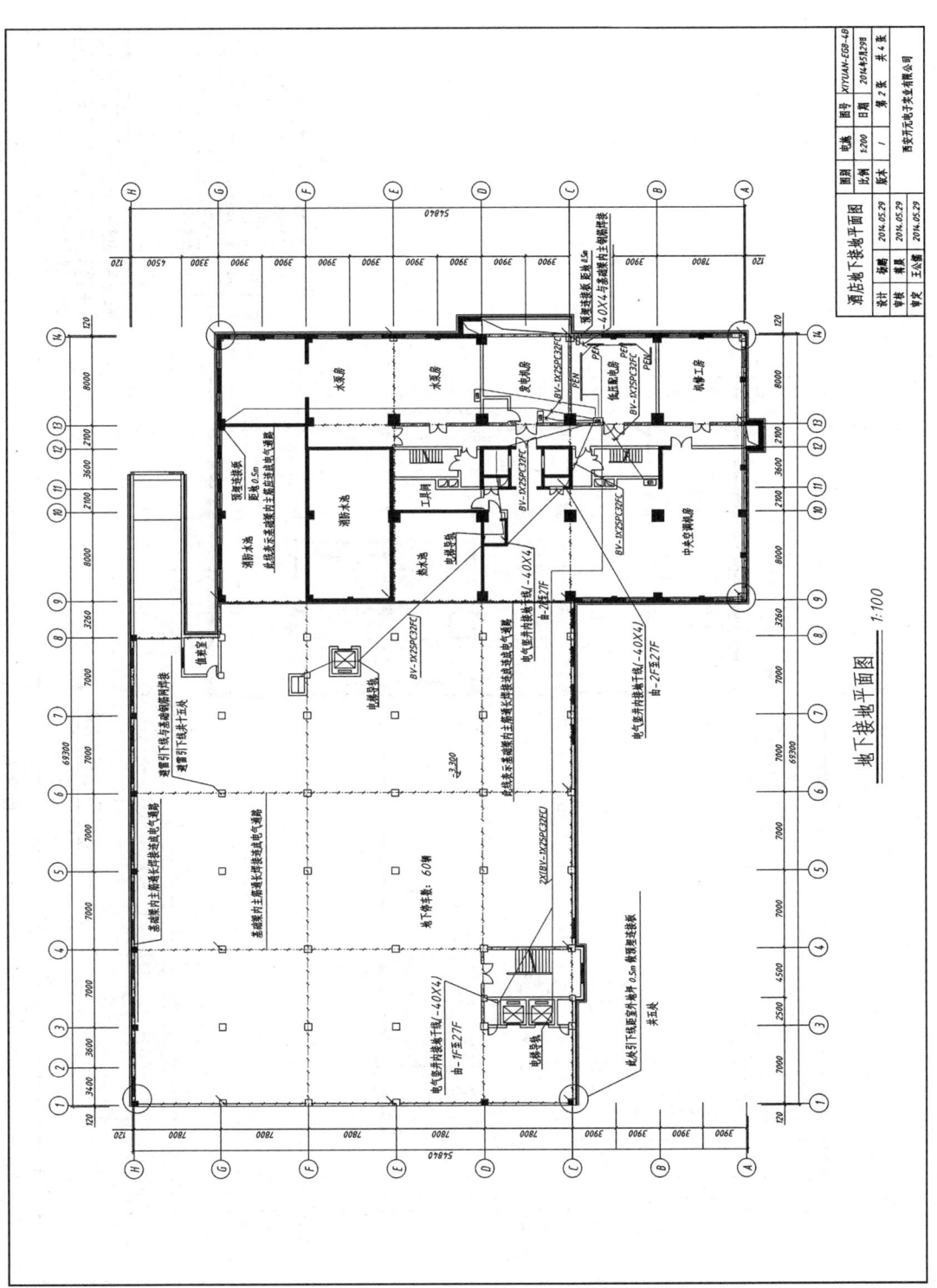

图 9-12 酒店地下接地平面图

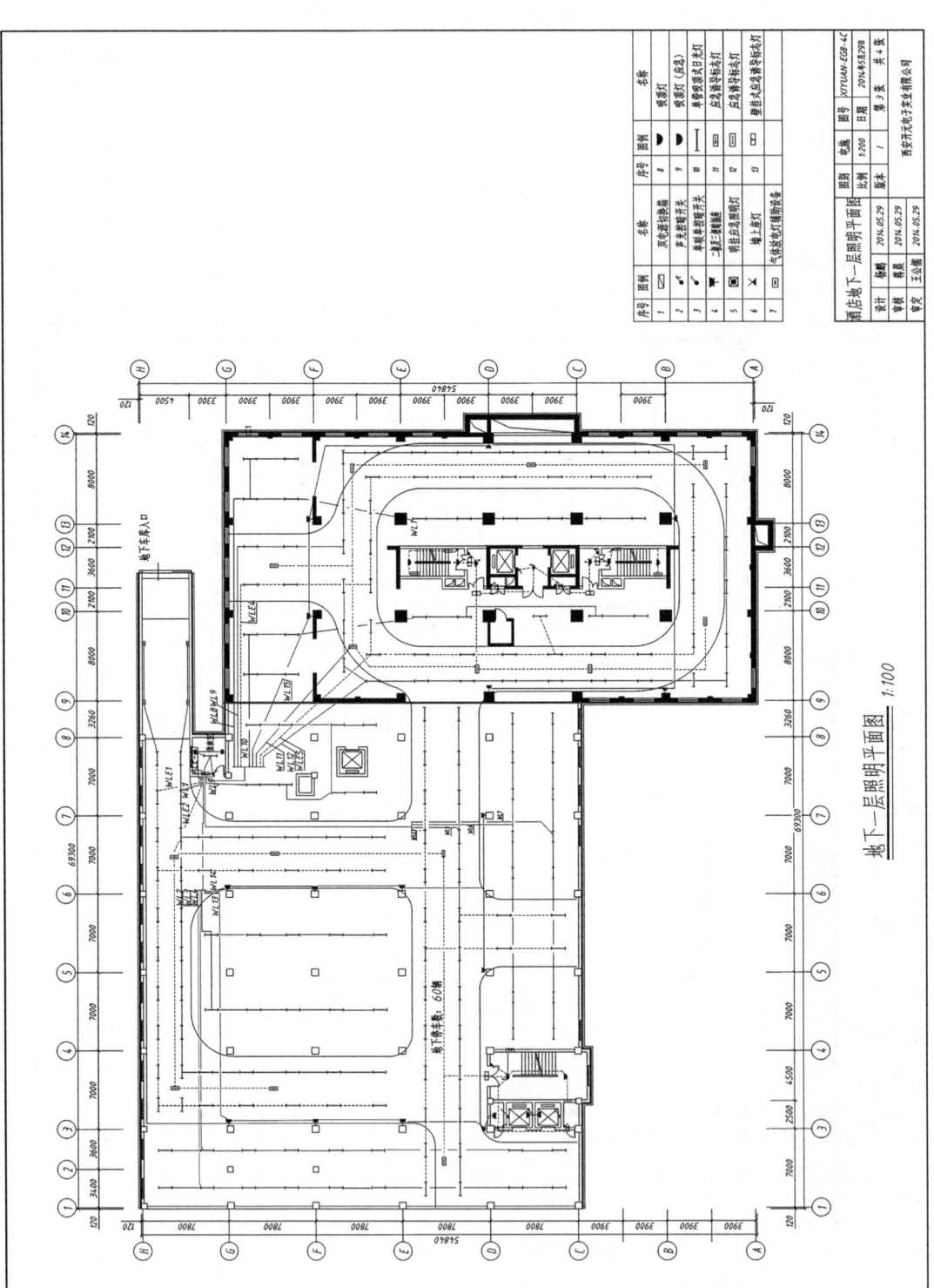

图 9-13 酒店地下一层照明平面图

单元九 信息技术系统设计实例

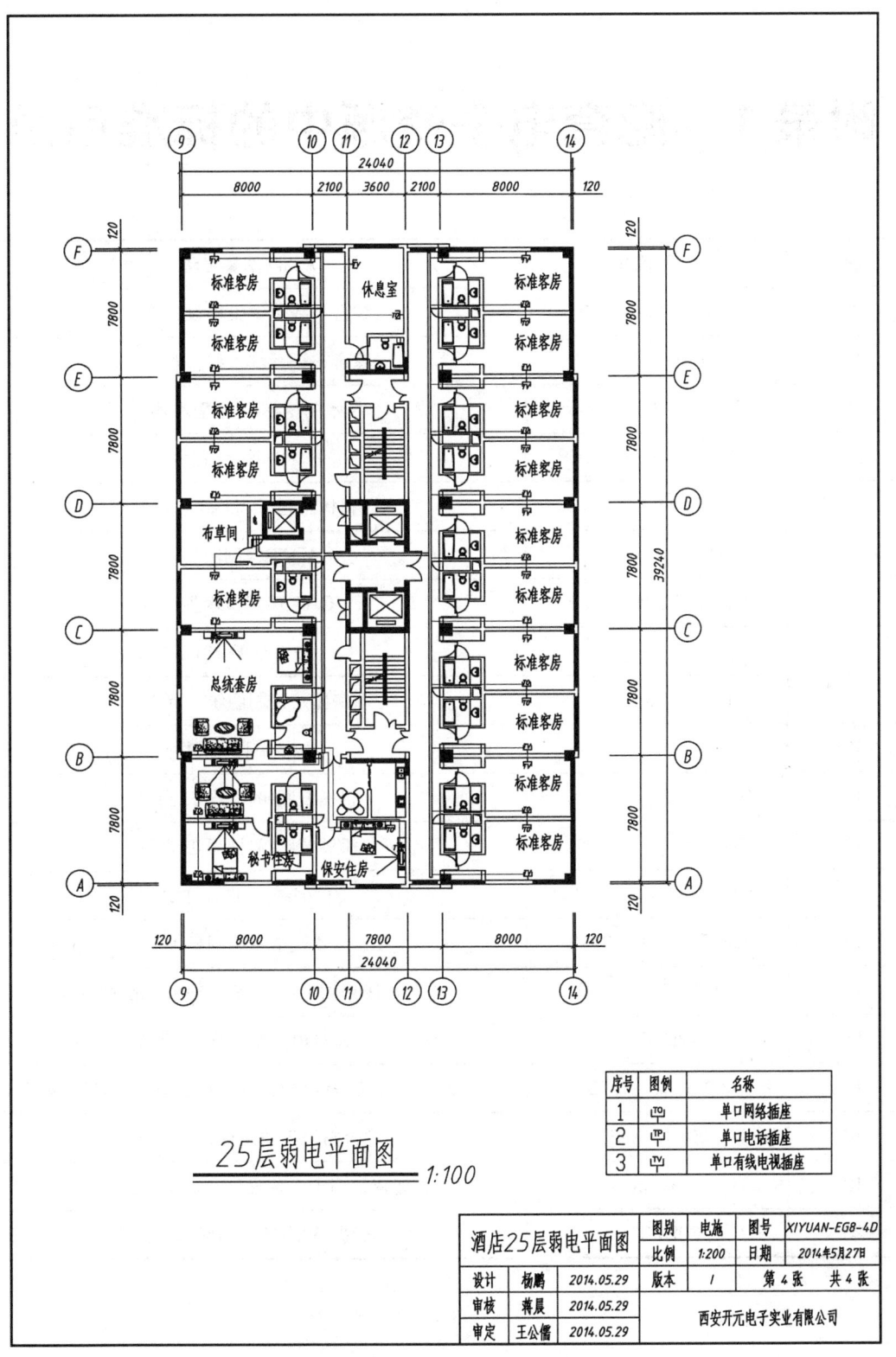

图 9-14 酒店 25 层弱电平面图

附录1 配套电子资源中的标准目录

编号	标准号/图集号	标准/图集名称
1	GB 50311—2016	综合布线系统工程设计规范
2	GB/T 50312—2016	综合布线系统工程验收规范
3	GB/T 14689—2008	技术制图 图纸幅面和格式
4	GB/T 10609.1—2008	技术制图 标题栏
5	GB/T 14665—2012	机械工程 CAD 制图规则
6	GB/T 18229—2000	CAD 工程制图规则
7	GB/T 17304—2009	CAD 通用技术规范
8	GB/T 14690—1993	技术制图 比例
9	GB/T 50001—2017	房屋建筑制图统一标准
10	GB/T 14691—1993	技术制图 字体
11	GB/T 4457.4—2002	机械制图 图样画法 图线
12	GB/T 4458.1—2002	机械制图 图样画法 视图
13	GB/T 4458.4—2003	机械制图 尺寸注法
14	GB/T 50786—2012	建筑电气制图标准
15	GB/T 4728.1—13	电气简图用图形符号 第1部分~第13部分
16	12DX011	《建筑电气制图标准》图示
17	YD 5082—1999	建筑与建筑群综合布线系统工程设计施工图集
18	20X101—3	综合布线系统工程设计与施工
19	09X700	智能建筑弱电工程设计与施工(上、下册)
20	09DX001	建筑电气工程设计常用图形和文字符号

附录2 配套电子资源中的图纸目录

单元	图号	图名
三		西元样板（A1、A2、A2加长，A3、A4有装订线）
		西元样板（A1、A2、A2加长，A3、A4无装订线）
四	XIYUAN-EG4-01	工作组级网络拓扑图
	XIYUAN-EG4-02	部门级网络拓扑图
	XIYUAN-EG4-03	园区级网络拓扑图
	XIYUAN-EG4-04	企业级网络拓扑图
五	XIYUAN-EG5-01	西元教学模型系统图
六	XIYUAN-EG6-01	董事长办公室信息点设计图
	XIYUAN-EG6-02	销售部办公室信息点设计图
	XIYUAN-EG6-03	销售部办公室布线水平路由设计图
	XIYUAN-EG6-04	埋管立面施工示意图
	XIYUAN-EG6-05	跨层埋管布线路由立面示意图
	XIYUAN-EG6-06	同层管理间施工示意图
	XIYUAN-EG6-07	半嵌墙安装网络机柜示意图
	XIYUAN-EG6-08	干线电缆点对点端接方式示意图
	XIYUAN-EG6-09	干线电缆分支接合方式示意图
	XIYUAN-EG6-10	双干线电缆通道施工示意图
	XIYUAN-EG6-11	设备间布局平面图
	XIYUAN-EG6-12	设备间预埋管路施工图
	XIYUAN-EG6-13	地埋布线施工图
	XIYUAN-EG6-14	建筑群之间预埋管路施工图
	XIYUAN-EG6-15	室外架空布线施工示意图
七	XIYUAN-EG7-01	低压配电干线系统图
	XIYUAN-EG7-02	照明系统图
	XIYUAN-EG7-03	住宅强电施工平面图
	XIYUAN-EG7-04	屋顶防雷接地平面图

（续表）

单元	图 号	图 名
八	XIYUAN-EG8-02	停车场摄像机安装位置图
	XIYUAN-EG8-03	楼梯口和电梯轿厢摄像机安装位置图
	XIYUAN-EG8-04	超市摄像机安装位置图
	XIYUAN-EG8-05	宾馆楼层摄像机安装位置图
	XIYUAN-EG8-06	监控中心设备安装施工图
	XIYUAN-EG8-07	西元科技园墙面安装摄像机的加长支架设计图
	XIYUAN-EG8-08	西元科技园墙角安装摄像机的加长支架设计图
	XIYUAN-EG8-09	室外立杆支架设计图
	XIYUAN-EG8-10	西元科技园入侵报警工程系统图
	XIYUAN-EG8-11	西元科技园入侵报警系统3号楼一层施工图
	XIYUAN-EG8-12	某银行入侵报警系统安装施工图
	XIYUAN-EG8-13	西元大厦停车场系统图
	XIYUAN-EG8-14	单排（左）/并排（右）安装示意图
	XIYUAN-EG8-15	西元大厦停车场系统出入口设备布局图
	XIYUAN-EG8-16	西元大厦停车场系统出入口布线路由图
	XIYUAN-EG8-17	场区部分设备安装施工平面图
	XIYUAN-EG8-18	西元小区出入口控制系统图
	XIYUAN-EG8-19	西元小区东门出入口控制系统平面示意图
	XIYUAN-EG8-20	西元小区东门出入口控制系统立面示意图
	XIYUAN-EG8-21	西元小区西门出入口控制系统平面示意图
	XIYUAN-EG8-22	西元小区西门出入口控制系统立面示意图
	XIYUAN-EG8-23	西元小区南门出入口控制系统平面示意图
	XIYUAN-EG8-24	西元小区南门出入口控制系统立面示意图
九	XIYUAN-EG9-1A	西元网络拓扑图
	XIYUAN-EG9-1B	西元研发楼一层弱电平面图
	XIYUAN-EG9-1C	西元生产厂房一层照明平面图
	XIYUAN-EG9-2A	住宅配电干线系统图
	XIYUAN-EG9-2B	住宅屋顶防雷平面图
	XIYUAN-EG9-2C	住宅一层照明平面图
	XIYUAN-EG9-2D	住宅一层弱电平面图
	XIYUAN-EG9-3A	学生公寓屋顶防雷平面图
	XIYUAN-EG9-3B	学生公寓一层弱电平面图
	XIYUAN-EG9-3C	学生公寓一层照明平面图
	XIYUAN-EG9-4A	酒店屋顶防雷平面图
	XIYUAN-EG9-4B	酒店地下接地平面图
	XIYUAN-EG9-4C	酒店地下一层照明平面图
	XIYUAN-EG9-4D	酒店25层弱电平面图

参考文献

[1] 张云杰,邱慧芳. AutoCAD 2010 中文版电气设计基础教程(配光盘)[M]. 北京:清华大学出版社,2013.

[2] 张日晶,路纯红,王渊峰,等. AutoCAD 2010 中文版建筑设计[M]. 北京:机械工业出版社,2011.

[3] 新视角文化行. AutoCAD 2010 中文版完全学习手册[M]. 北京:人民邮电出版社,2012.

[4] 张日晶,康士廷,刘昌丽. AutoCAD 2010 中文版建筑水暖电设计实例教程[M]. 北京:机械工业出版社,2010.

[5] 王公儒. 综合布线工程实用技术[M]. 北京:中国铁道出版社,2011.

[6] 王公儒,蔡永亮. 综合布线实训指导书[M]. 北京:机械工业出版社,2013.

[7] 罗爱玲,张四聪. 工程制图[M]. 西安:西安交通大学出版社,2003.

[8] 国家质量技术监督局等. GB/T 148—1997 印刷、书写和绘图图纸幅面尺寸[S]. 北京:中国标准出版社,1997.

[9] 中国国家标准化管理委员会等. GB/T 14689—2008 技术制图 图纸幅面和格式[S]. 北京:中国标准出版社,2011.

[10] 国家质量技术监督局等. GB/T 14690—1993 技术制图 比例[S]. 北京:中国标准出版社,1994.

[11] 国家质量监督检验检疫总局等. GB/T 50001—2017 房屋建筑制图统一标准[S]. 北京:中国建筑工业出版社,2018.

[12] 国家质量技术监督局等. GB/T 14691—1993 技术制图 字体[S]. 北京:中国标准出版社,1994.

[13] 国家质量技术监督局等. GB/T 18229—2000 CAD 工程制图规则[S]. 北京:中国标准出版社,2001.

[14] 国家质量监督检验检疫总局等. GB/T 4457.4—2002 机械制图 图样画法 图线[S]. 北京:中国标准出版社,2003.

[15] 中国国家标准化管理委员会等. GB/T 14665—2012 机械工程 CAD 制图规则[S]. 北京:中国标准出版社,2012.

[16] 中国国家标准化管理委员会等. GB/T 4458.1—2002 机械制图 图样画法 视图[S]. 北京:中国标准出版社,2003.

[17] 国家质量监督检验检疫总局等. GB/T 4458.4—2003 机械制图 尺寸注法[S]. 北京:中国标准出版社,2003.

[18] 国家质量监督检验检疫总局等.GB/T 50786—2012 建筑电气制图标准[S].北京:中国建筑工业出版社,2012.

[19] 国家质量监督检验检疫总局等.GB/T 4728.2—2018 电气简图用图形符号 第2部分:符号要素、限定符号和其他常用符号[S].北京:中国标准出版社,2018.

[20] 国家质量监督检验检疫总局等.GB/T 4728.7—2008 电气简图用图形符号 第7部分:开关、控制和保护器件[S].北京:中国标准出版社,2008.

[21] 中国建筑标准设计研究院.20X101—3 综合布线系统工程设计与施工图集[S].北京:中国计划出版社,2020.

[22] 中国建筑标准设计研究院.09DX001 建筑电气工程设计常用图形和文字符号[S].北京:中国计划出版社,2010.

[23] 中国建筑标准设计研究院.12DX011《建筑电气制图标准》图示[S].北京:中国计划出版社,2012.